Matthias Huff

**Johnny Cash –
Meine Arme sind zu kurz,
um mit Gott zu boxen**

MATTHIAS HUFF

JOHNNY CASH

MEINE ARME SIND ZU KURZ, UM MIT GOTT ZU BOXEN

DER „MAN IN BLACK"
UND SEINE GLAUBENSREISE

adeo

Der Verlag weist ausdrücklich darauf hin, dass im Text
enthaltene externe Links vom Verlag nur bis zum Zeitpunkt
der Buchveröffentlichung eingesehen werden konnten.
Auf spätere Veränderungen hat der Verlag keinerlei Einfluss.
Eine Haftung des Verlags ist daher ausgeschlossen.

Die automatisierte Analyse des Werkes, um daraus Informationen
insbesondere über Muster, Trends und Korrelationen gemäß § 44b
UrhG („Text und Data Mining") zu gewinnen, ist untersagt.

Copyright © 2023 adeo Verlag
in der SCM Verlagsgruppe GmbH,
Berliner Ring 62, 35576 Wetzlar

3. Auflage 2025
Bestell-Nr. 835374
ISBN 978-3-86334-374-3

Umschlaggestaltung: Andreas Sonnhüter · grafikbuero-sonnhueter.de
Umschlagfoto: picture alliance / Everett Collection |
© 20thCentFox / Courtesy Everett Collection
Satz: Uhl + Massopust, Aalen
Druck und Verarbeitung: GGP Media GmbH, Pößneck
Printed in Germany

www.adeo-verlag.de

INHALT

VORWORT

Anfang 1994 sucht ein Fotograf ein gutes Motiv für ein Album-Cover von Johnny Cash. Der Stil ist klar vorgegeben: stylisch-düster. Die Nashville-Musikindustrie hat den 61-Jäh-rigen fallen gelassen. Jetzt arbeitet das unab-hängige Label American Recordings an sei-nem Comeback und setzt darauf, sein dunkles Image von früher zu erneuern. Zufällig lassen sich zwei Hunde links und rechts neben Johnny Cash nieder. Damit steht das Foto. Mit dem Album „American Recordings" ge-lingt das zweite große Comeback seiner Kar-riere.

„Den damaligen Medien nach zu urteilen, verschaffte mir das über Nacht einen Imagewechsel vom ‚ehemaligen Nashville Star' zur ‚Hip-Ikone'."[1]

Johnny Cash, der plötzlich wieder im Trend liegt, benennt in Interviews zum Album die Hunde „Sünde" und „Erlösung" und po-sitioniert sich so eher beiläufig als Christ: „Sie heißen Sünde und Erlösung. Sünde ist der Schwarze mit dem weißen Streifen; Erlö-sung ist der Weiße mit dem schwarzen Streifen. Das ist sozusagen das Thema des Albums, und ich denke, das trifft es auch für mich. Als ich wirklich schlecht war, war ich nicht nur schlecht. Als ich wirklich versucht habe, gut zu sein, konnte ich nie ganz gut sein. Durch mich ging immer diese schwarze Ader."[2]

Das ist ein guter Spruch in einem Interview. Und gleichzei-tig viel mehr. Nichts kennzeichnet Johnny Cashs Glauben mehr als die Spannung zwischen Sünde und Erlösung. Johnny Cash ist beides: bibeltreuer Christ und „Badass", Kirchgänger und Pionier in Sachen drogengetriebene Rock 'n' Roll-Tourvandalismus. Aber wie sein Sohn John Carter Cash gehe ich davon aus, dass es eine Größe gibt, die jenseits der Widersprüche liegt: „Mein Vater war ein komplizierter Mensch. Daran kommt man nicht vorbei. Er war glaubensfest und in vielerlei Hinsicht wie ein offenes Buch. Aber er war auch sehr tiefgründig, mitunter rätselhaft, faszinierend und unberechenbar. Einige Leute vertraten die Ansicht, er definiere sich durch seine Misserfolge, Süchte und Schmerzen. Kris Kristofferson bezeichnete ihn sehr treffend als ‚einen wandelnden Widerspruch, halb Wahrheit, halb Dichtun'. Aber nicht die Widersprüche machten ihn zu einer großen Persönlichkeit."[3]

„A walking contradiction/partly truth and partly fiction", der Spruch aus Kris Kristoffersons Song von 1971, „The Pilgrim, Chapter 33", gilt über 50 Jahre später umso mehr: Endgültig ist Johnny Cash von Mythen und Legenden überwuchert. Über ihn nur entlang gesicherter historischer Fakten zu erzählen, wäre nicht nur unendlich schwierig, es wäre auch nicht die ganze Geschichte. Was andere über Johnny Cash erzählen und wie er sich erzählt, das gehört unbedingt dazu.[4] Und unter den widersprüchlichen Identitäten, die Kris Kristofferson anbietet, „a pilgrim and a preacher and a problem when he's stoned", gilt die Vorliebe gerade deutscher Interpreten nicht dem Pilger oder dem Prediger, sondern dem „Problem unter Drogen".

Dabei ist der „Preacher" bald nicht mehr nur eine Metapher. 1977 wird Johnny Cash offiziell Prediger.[5] Wie fromm Johnny Cash ist, das ist eigentlich schwer zu übersehen. Einer seiner engsten Freunde ist „Amerikas Pastor" Billy Graham, für den er bei über 30 Massenevangelisationen, den „Crusades", singt. Und vor 150.000 Menschen auf der „Explo '72", einem Event, dem der Mitveranstalter und Hauptsprecher Billy Graham das wirksame Etikett „religiöses Woodstock" verleiht.[6]

In allen seinen Konzerten singt er stets neben Mörderballaden auch Gospels, er veröffentlicht mehrere Gospel-Alben sowie eine Lesung des Neuen Testaments und dreht neben mehreren christlichen TV-Specials auch einen Jesus-Kinofilm.

Der fromme Johnny Cash begeistert Produzenten und Plattenfirmen nicht: „Mir schwant, meine Plattenfirma sieht mich lieber im Gefängnis als in der Kirche."[7]

Johnny Cashs christlicher Glaube wird gern verdrängt, in Deutschland noch stärker als in den USA, wenn ich das richtig sehe.[8] Ein schönes Beispiel ist das Interview von Reinhold Beckmann mit Johnny Cash und June Carter Cash 1988 backstage in Hamburg.[9] Nach der obligatorischen Frage zu den Gefängniskonzerten kommt die ebenso obligatorische Drogenfrage, und Johnny Cash antwortet: „I don't have a problem anymore. I turned it over to God and it's working out really good. I feel good."[10] Reinhold Beckmann übersetzt das live in die Kamera: „Er fühlt sich absolut okay. Die Zeit mit den Drogen und dem Alkohol ist vorbei." Gott fällt unter den Tisch.

Es ist aber auch schwierig. Da ist Johnny Cash so ziemlich der einzige Country-Künstler, den man als liberaler Mainstream-Medienschaffender in Deutschland gut finden kann, ohne seltsam angeschaut zu werden. Der im Plattenladen im Regelfall einen Platz bei den seriösen Pop/Rockkünstlern findet und nicht in der irgendwo versteckten Country-Kiste. Er hat immerhin dieses Badass-Image, und vielleicht ist er gar nicht Country, sondern Crossover. Und dann ist er fromm, sehr fromm, fromm im Stil der Südstaaten. Diese Herausforderung kann man entschärfen, indem man das Christsein in endlosen Aufzählungen untergehen lässt. „Baumwollpflücker. Soldat. Vertreter für Elektrogeräte. Rock 'n' Roll-Pionier. Liebender Ehemann und Vater. Untreuer Drogensüchtiger. Patriarch. Christ und Satansbraten. Patriot und Protestsänger. Die Stimme von Zuchthäuslern, Armen, Veteranen, den amerikanischen Indianern und anderen, deren Stimmen zu oft ungehört blieben."[11] Oft wird es auch völlig marginalisiert, als irritierendes Hobby, irgendwo bei Briefmarkensammeln und Spielzeugeisenbahnen verortet.

Für mich ist sein christlicher Glaube gerade in der Spannung zu seinem Badass-Image zentral für Johnny Cash. Der Kontrast ist schärfer als die Tatsache, dass auch gläubige Christen Sünder bleiben. Seine Plattenfirma verkauft ihn 1966 als „Johnny Cash – Mean As Hell"[12], umso bemerkenswerter ist sein christliches Bekenntnis. „Johnny Cash machte es cool, ein Schurke zu sein, der Christus liebt."[13] Der Künstler geht dabei nicht im christlichen Glauben auf und umgekehrt.

„Lev Grossmann: Sehen Sie sich als christlichen Künstler?
Johnny Cash: Ich bin ein Künstler, der Christ ist. Ich bin kein christlicher Künstler."[14]

Künstler und Christ sind fast nie in ruhiger Balance in ihm, oft im Widerspruch, das beginnt schon bei den ersten Samstagabendkonzerten, bei denen die Rückreise den Gottesdienst am Sonntagmorgen blockiert. Die Größe von Johnny Cash liegt über bloßen Widersprüchen, sie hat etwas damit zu tun, wie ein unerschütterlicher Glaube sich mit äußerster Heftigkeit in den Fallstricken des Lebens verfängt und dennoch behauptet.

Alles an Johnny Cash ist groß. Der Mann war rein körperlich so groß, dass handelsübliche Gitarren an ihm immer aussahen wie Spielzeug. Sein Werk ist unüberschaubar.[15] Die Nachrufe von befreundeten Country-Stars wie Emmylou Harris oder Merle Haggard und dem Rockstar Bono von U2 zielen auf die menschliche Größe, die sich in den Songs nur ausdrückt: „Johnny Cash ist der coolste Mann der *Welt*. Ich glaube wirklich, man hat das Wort Charisma erfunden, um zu beschreiben, was Johnny Cash hat" (Emmylou Harris).[16] „Im Vergleich mit Johnny Cash sind wir alle Weicheier" (Bono).[17] „Er war wie Abraham oder Moses – einer der Großen, die die Erde beehren" (Merle Haggard).[18]

Es heißt, der 9 Jahre jüngere und deutlich kleinere Bob Dylan hätte Johnny Cash beim ersten Treffen wie einen Baum umkreist und ihn dann von unten bewundernd angelächelt,[19] um dann lebenslang zu ihm aufzuschauen.

„Johnny Cash war und ist der Polarstern, an ihm kann man sein Schiff orientieren – der Größte der Größten, damals wie heute. (...) Ich denke, wir können Erinnerungen an ihn haben, aber wir können ihn genauso wenig definieren, wie wir eine Quelle der Wahrheit, des Lichts und der Schönheit definieren können. Wenn wir wissen wollen, was es bedeutet, sterblich zu sein, brauchen wir nicht weiter zu schauen als bis zum Mann in Schwarz."[20]

Darum geht es mir mit dem Blick auf Johnny Cash: über uns als Sterbliche zu erzählen. Im Image von Johnny Cash das Christliche stärker zu gewichten, ist nur der Weg, nicht das Ziel. Es geht mir um den großen christlichen Glauben von Johnny Cash, der mitreißen und begeistern kann.

An der Entwicklung dieses Glaubens gibt es nicht viel zu beschreiben: „Mein Glaube ist heute nicht anders als damals, als ich ein Kind war, nur folgten dann Jahre erwachsenen Lebens, auf denen ich Irrwege ging."[21]

Johnny Cash kennt Gottferne, aber keine Glaubenskrisen. Im Rückblick auf seinen ersten *Altar Call*, das öffentliche Glaubensbekenntnis am Altar, mit 12 Jahren schreibt er: „Ich hätte mir nie träumen lassen, dass ich über so lange Phasen vor Ihm wegrennen würde – keine Verleugnung, aber viele Fluchten."[22]

Johnny Cashs Glaube ändert sich nicht, aber er hat sich im Leben zu bewähren – mit gemischten Resultaten. Und so ist es spannend, entlang seines Lebens die Kämpfe zwischen Künstler und Christ zu erzählen. Der Countryboy aus Arkansas, der Junge vom Land, hat glaubwürdig in Gefängnissen gespielt, mit Präsidenten gespeist, sich mit Konzeptalben für die Armen und die indigene Bevölkerung eingesetzt. Er war eine Zeit lang das Gesicht Amerikas und blieb doch immer dem einfachen Landleben verbunden. Dabei ist immer beides gleichzeitig da: tiefes Gottvertrauen und die ebenso tiefe Sympathie mit der Anfälligkeit des Menschen für das Böse, erlebt am eigenen Körper und in der eigenen Seele.

Um von seinem Glauben zu erzählen, steht ihm als Pfarrer durchaus theologisches Besteck zur Verfügung, doch häufiger erzählt er Geschichten. In einem seiner schönsten Gospelsongs, „Half a Mile a Day" (John R. Cash), verlegt Johnny Cash seinen eigenen langsamen und unsteten Weg ins Paradies in eine alte Dame: Der Sänger läuft nach einem Konzert durch die nächtliche Stadt und landet in einer kleinen Kirche. Er setzt sich neben eine kleine alte Dame in der hintersten Bank. Dort werden gerade Zeugnisgeschichten erzählt, ein Mann versichert dem Priester, dass er schnell und präzise wie ein Pfeil ins Himmelreich gelangen will, ein zweiter möchte wie ein Klipperschiff störungsfrei dorthin segeln, der dritte mit einem gigantischen Flugzeug auf silbernen Flügeln weit über allem Ärger und allen Versuchungen den Himmel ansteuern. Dann steht die kleine alte Dame auf und spricht, nicht zur Gemeinde, nicht zum Priester, sondern mit dem Blick nach oben: Angesichts all ihrer Irrwege, Versuchungen und Fehler schafft sie höchstens eine halbe Meile am Tag in Richtung Himmel.

Nun ist Johnny Cash alles andere als eine unauffällige alte Dame in der letzten Kirchenbank. Seine Kämpfe zwischen Gut und Böse, zwischen Sünde und Erlösung finden im grellen Scheinwerferlicht statt. Aber bei allem Stolpern und Straucheln trägt der Glaube aus seiner Baumwollpflücker-Kindheit in den Südstaaten ihn bis zum Lebensende.

Nach dem Tod seiner Frau June gibt er schwerkrank der Musikjournalistin Silvie Simmons eines seiner letzten Interviews: „Er saß eine Weile still da, seine halb erblindeten Augen starrten ins Nichts. Bis ich ihm eine Frage stellte: War er wütend auf Gott, weil Er ihn hier allein gelassen hatte? Er umklammerte die Armlehnen seines Rollstuhls und setzte sich aufrecht hin, die dunklen Augen funkelten. ‚Niemals, niemals‘, knurrte er – und wer schon einmal mit einem Johnny-Cash-Knurren bedacht wurde, der wird es nicht auf die leichte Schulter nehmen. ‚Nein, ich bin nicht wütend auf Gott. Wegen nichts.‘ Als die Krankenschwester kam, um ihn hinauszurollen, drehte er sich um und lächelte. ‚Meine Arme‘, sagte er, ‚sind zu kurz, um mit Gott zu boxen.‘"[23]

KAPITEL 1: ERLÖSUNG

Ende 1954 in den Sun Studios in Memphis. Memphis ist die Musikmetropole der Südstaaten mit einer magnetischen Wirkung auf afroamerikanische und weiße Musiker vom Land. Die Sun Studios sind die Geburtsstätte des Rock 'n' Roll. Produzent Sam Phillips hat gerade Elvis Presley entdeckt und hält schon mal Ausschau nach dem nächsten potenziellen Star. Gerade spielen drei Automechaniker und ein Kühlschrankvertreter vor. Johnny Cash ist der Sänger der Truppe, er arbeitet mit denkbar geringem Erfolg als Vertreter für die „Home Equipment Company". Über seinen Bruder hat er drei am Feierabend musizierende Automechaniker kennengelernt: Marshall Grant, Bass, Luther Perkins, Gitarre, und A. W. „Red" Kernodle, Steel-Guitar, der allerdings schon nach dem ersten Vorspielen die Band verlässt.

Schon lange hat Johnny Cash das Studio und Sam Phillips belagert, nun bekommt er die Chance zum Vorspielen mit Band. Sie spielen „I Was There When It Happened" (Jones/Davis), einen aktuellen Gospelsong. Johnny Cash weiß zwar, dass Sam Phillips nicht auf Gospel steht, aber er hofft, der Song stimmt ihn um. Das klappt nicht. Sam Phillips ist angetan, der raue Sound der Band hat was und der Sänger ohnehin. Aber Gospel gehen nun mal nicht. Sam sucht nicht die nächste Gospelband, sondern den nächsten Elvis. Mit einem eigenen Song, der nicht Gospel ist, könne er gern wiederkommen, teilt er Johnny Cash mit. Angesichts der asymmetrischen Machtverhältnisse knickt Johnny Cash ein, taucht beim nächsten Mal mit „Hey Porter" (John R. Cash) auf und seine Karriere startet.

Für Johnny Cashs Glauben lohnt es, einen Blick auf den Song zu werfen, den er so starrsinnig wie vergeblich Sam Phillips andient und der erst einmal liegen bleibt. „I Was There When It Happened" (Jones/Davis) ist ein aktueller Gospelhit in den Südstaaten von Jimmie Davis, zwei Mal demokratischer Gouverneur von Louisiana und Country-Star.

Der Song feiert die Erlösung: Der Sänger hat erlebt, wie Jesus ihn rettete, wie er ihm vergab, das ist wirklich, und er wird es verkünden. Damit schlägt der Song den Grundton des christlichen Glaubens von Johnny Cash an: Freude. Die Erlösung ist im Hier und Jetzt greifbar. Das Himmelreich ist nicht etwas, für das man als Christ in einem entsagungsreichen Leben hart arbeiten muss und auf das man nur hoffen kann. Die Erlösung von unseren Sünden kann jederzeit in unserem Leben geschehen. Wir können im Endlichen eins werden mit dem Unendlichen[1], das Himmelreich ist ein anderes Dasein, das in die Welt hineinragt. In der King James Bible, die Johnny Cash vorrangig liest, ist das Reich Gottes nicht „mitten unter Euch", sondern „within you", und so taucht es in einem der bekanntesten Aussprüche von Johnny Cash auf: „Ich habe Drogen und etwas von allem anderen ausprobiert, und es gibt nichts auf der Welt, was die Seele mehr befriedigt, als wenn das Reich Gottes in dir wächst."[2] Und so ist Jesus zunächst einmal der Erlöser von unseren Sünden, nicht der Verkünder schöner ethischer Botschaften.

> Die Pharisäer wollten von Jesus wissen: „Wann wird denn Gottes Reich kommen?" Er antwortete ihnen: „Gottes Reich kann man nicht sehen wie ein irdisches Reich. Niemand wird sagen können: ‚Hier ist es!' oder ‚Dort ist es!' Denn Gottes Reich ist schon jetzt da – mitten unter Euch."
> Lukas 17, 20-21 (Hfa)

In „Man in Black", seiner ersten Autobiografie von 1975, ist Johnny Cash da energischer und vor allem expliziter als meist: „Auf einigen

Kirchen würde Er seinen Namen nicht sehen wollen, weil sie ihn auf einen bloßen Propheten oder einen philosophierenden Weltverbesserer reduzieren und seine Göttlichkeit leugnen. Ich bin toleranter gegenüber Menschen anderer Religionen, die traditionell die Göttlichkeit Jesu ablehnen, als gegenüber Menschen, die behaupten, Christen zu sein, aber die Jungfrauengeburt, die Auferstehung oder eines seiner Wunder leugnen."[3]

Die Erlösungsfreude des Refrains könnte so jederzeit auch in einem eigenen Johnny-Cash-Song vorkommen. Die Grenze zwischen eigenen Songs und Covern ist im Bereich von Country, Blues und Folk sehr fließend, ganz im Gegensatz etwa zum Singer-Songwriter-Genre. Johnny Cash kann sich Songs in einem so außerordentlichen Maß aneignen, dass das seine Fähigkeit als Songwriter bisweilen in den Schatten stellt. Und dennoch spielen die von ihm selbst geschriebenen Songs eine besondere Rolle. Ich vermute, in einem eigenen Song würde er es dabei bewenden lassen, Erlösungsfreude zu feiern. Dagegen verteidigt „I Was There When It Happened" in den Strophen den Glauben gegen Zweifler und Agnostiker. Ob wir gerettet sind oder nicht, dazu können wir schon etwas sagen, ich war dabei, ich sollte es wissen.

Im Deutschen steht „Glauben" sprachlich nah an „Nichtwissen". Der Song aber ist sehr klar: Erlösung ist nicht nur eine unmittelbare Erfahrung, sie ist auch Wissen. Wissen, das sich hier nicht auf die Bibel beruft, sondern auf die persönliche Erfahrung. Der seit der Aufklärung gängige Kompromiss, Glaube in ein Reservat ungesicherter privater Überzeugung neben der allgemeingültigen Vernunft zu verbannen, wird ausgeschlagen. In der Strophe befindet sich der Song in der Offensive von Paulus mit der Haltung: „Ihr haltet unseren Glauben für blanken Unsinn – na und?"

> Was aber haben sie dann noch zu sagen, all die gebildeten
> Leute dieser Welt, die Kenner der heiligen Schriften und
> die Philosophen? Hat Gott ihre Weisheiten nicht als Unsinn
> entlarvt? Denn Gott in seiner Weisheit hat es den Menschen
> unmöglich gemacht, mit Hilfe ihrer eigenen Weisheit Gott zu
> erkennen. Stattdessen beschloss er, alle zu retten, die einer
> scheinbar so unsinnigen Botschaft glauben. Die Juden wollen
> Wunder sehen, und die Griechen suchen nach Weisheit. Wir
> aber verkünden den Menschen, dass Christus, der von Gott
> erwählte Retter, am Kreuz sterben musste. Für die Juden ist
> diese Botschaft eine Gotteslästerung und für die Griechen
> blanker Unsinn. Und dennoch erfahren alle, die von Gott
> berufen sind – Juden wie Griechen –, gerade in diesem
> gekreuzigten Christus Gottes Kraft und Weisheit.
>
> 1. Korinther 1, 20-25. (Hfa)

Noch kennzeichnender ist die Erlösungsfreude im Refrain für den christlichen Glauben von Johnny Cash. Er hat in einem bemerkenswerten Maß keine Angst vor Gott. Sich jederzeit selbst als Sünder erkennend, zeigt er ein faszinierendes Vertrauen auf Gott und hat die Gewissheit, erlöst und geborgen zu sein. In dieser freudigen Sicherheit schwingt der Paulus der Römerbriefe mit, durch den auch der angstgeschüttelte Mönch Martin Luther seinen Frieden fand und den strafenden Gott durch den gnädigen ersetzte.

> Ich rede aber von der Gerechtigkeit vor Gott, die da kommt
> durch den Glauben an Jesus Christus zu allen, die da glauben.
> Denn es ist hier kein Unterschied: Sie sind allesamt Sünder
> und mangeln des Ruhms, den sie vor Gott haben sollten, und
> werden ohne Verdienst gerecht aus seiner Gnade durch die
> Erlösung, die durch Christus Jesus geschehen ist.
>
> Römer 3, 23-24 (Luther 2017)

Wenn Johnny Cash ein Problem hat mit dem Vertrauen auf Gott, dann eher mit einem Zuviel als einem Zuwenig. So schreibt er über die erste Phase, in der er Amphetamine schluckte: „Als ich begann, Pillen zu nehmen, glaubte ich allen Ernstes, Gott hätte sie mir geschickt, damit ich ein besserer Bühnenkünstler werde."[4]

Johnny Cash steht nicht in der Gefahr, sich mit guten Werken das Paradies erarbeiten zu wollen, also mit Gott dealen zu wollen. Das schwungvolle Bild, dass seine Arme zu kurz sind für den Boxkampf mit Gott, fängt auch die unüberbrückbare Distanz des sündigen Menschen zu Gott ein, die jedes Verhandeln ausschließt. Cash steht eher in der Gefahr, zu sorglos Gottes Vergebung seiner Sünden einzukalkulieren.

Der traditionelle Gospel „The Old Account Was Settled Long Ago" begleitet Johnny Cash über lange Zeit. Er findet sich auf dem ersten Gospelalbum, es ist der erste Titel, den er auf Billy Grahams Crusades singt, und er singt ihn auch im Weißen Haus und in San Quentin. Wenn der Song das Wissen feiert, dass ein noch so altes und so großes Sündenkonto immer schon durch Jesus beglichen wurde, ist die Gefahr mit Händen zu greifen, es bei einem so generösen Gläubiger mit dem Anhäufen neuer Schulden nicht allzu genau zu nehmen.

> Gott hat den Schuldschein, der uns mit seinen
> Forderungen so schwer belastete, für ungültig erklärt.
> Ja, er hat ihn zusammen mit Jesus ans Kreuz genagelt und
> somit auf ewig vernichtet.
> Kolosser 2, 14 (Hfa)

„Es gibt drei Arten von Menschen, die einen, die Gott dienen, nachdem sie ihn gefunden haben, die anderen, die sich bemühen, ihn zu suchen, da sie ihn noch nicht gefunden haben, und wieder andere, die dahinleben, ohne ihn zu suchen und ohne ihn gefunden zu haben. Die ersten sind vernünftig und glücklich, die letzten sind verrückt und unglücklich; die in der Mitte sind unglücklich und vernünftig."[5]

Nach der ebenso groben wie zupackenden Unterteilung des christlichen Philosophen Blaise Pascal gehört Johnny Cash unbedingt zur ersten Art von Menschen, allerdings so, dass die Übersetzung von „Finden" in „Dienen" stetig hakt. Sünde und Erlösung sind bei Johnny Cash kaum eine Frage von Vorher und Nachher.

Seine zweite Ehefrau June Carter Cash kann auf ein richtiges Bekehrungserlebnis als Zehnjährige zurückblicken: „Ich glaube, dass ich zu den wenigen Glücklichen gehöre, die die Feuerzungen wie am Pfingsttag gesehen haben. Der Heilige Geist ist wirklich in meinen Körper eingedrungen, hat mich verändert und mich zu einem neuen Menschen gemacht."[6]

Johnny Cash gehört zu der weniger glücklichen Mehrheit ohne einen solchen klaren Entscheidungsmoment. Auch wenn er immer wieder Erlösungserfahrungen macht und weiß, wovon er in „I Was There When It Happened" singt – es gibt bei ihm nicht *das* eine große Bekehrungserlebnis. Mehrfach folgt er im Gottesdienst dem Aufruf, nach vorn zu kommen und Gott in sein Leben einzuladen, die sogenannten *Altar Calls*, der erste mit 12 Jahren. Und er lässt sich mehrere Male neu taufen, unter anderem im Jordan während der Dreharbeiten zu „Gospel Road". 1973, in der Mitte seiner christlichsten Phase, schließt das Album „Any Old Wind That Blows" mit dem Song „Welcome Back Jesus" (John R. Cash). Die Bekehrung ist bei ihm kaum die eine definitive Umkehr. Es ist eine Wiederkehr – und die ist gut im Plural möglich. Einen Charakter aber behält sie: Es ist immer ein persönliches Bekenntnis zum christlichen Glauben und nicht nur eine blutleere kulturelle Prägung.

1978 klärt Johnny Cash mit seinem späteren Biografen Patrick Carr, dass er nicht aufdringlich missionieren will, aber dennoch klar entschieden ist:

„Patrick Carr: Eines der Dinge, die ich immer an dir mochte, ist, dass du ein überzeugter Christ bist und trotzdem mit Leuten arbeitest und Zeit verbringst, die man als schwarze Schafe betrachten könnte oder die nicht so christliche Gewohnheiten haben. Durchgeknallte Musiker, weißt du? Und du scheinst in der Lage zu sein, in beiden Welten zu leben.

Johnny Cash: Es ist nicht so, dass ich in beide Richtungen gehe. Ich mache keine Kompromisse. Ich mache keine Kompromisse bei meinem Glauben. Wenn ich mit jemandem unterwegs bin, der nicht über Religion sprechen will, spreche ich nicht darüber. Ich dränge mich niemandem in irgendeiner Weise auf, auch nicht mit Glaubensdingen. Wenn man jemandem etwas aufzwingt, ist man verletzend, finde ich. Obwohl ich evangelikal bin und die Gute Nachricht jedem weitersage, der sie hören will."[7]

Johnny Cash benutzt den Begriff „evangelikal" selten, aber er benutzt ihn. In Deutschland steht „evangelikal" als Sammelbegriff für das freikirchliche Spektrum jenseits der Landeskirchen und ist nicht nur geliebt wegen seines konservativen Klangs. Auch wenn die kirchliche Landschaft in den USA anders ist, lässt sich Johnny Cashs Glaube in dem evangelikalen Profil fassen, das Thorsten Dietz beschreibt: „Evangelikale erkennt man an folgenden Merkmalen: an der Betonung der Bekehrung, am Ansporn zur Weltveränderung, an der Höchstschätzung der Bibel und an der Konzentration auf Jesus Christus als Erlöser."[8] Thorsten Dietz und Jürgen Mette haben in den letzten Jahren die Entwicklung des Begriffes und der Evangelikalen in den USA und Deutschland beschrieben.[9]

Wenn ich bei Johnny Cash immer wieder Spiegelungen evangelikaler Diskussionen in Deutschland heute finde, ist das hoffentlich nicht nur meinem Blickwinkel geschuldet. Johnny Cash hat seinen Glauben besonders offensiv gelebt in der Zeit und dem

Umfeld, die die evangelikale Bewegung in Deutschland maßgeblich inspiriert haben – die USA der frühen 70er-Jahre mit der prägenden Figur Billy Graham.[10]

Aber wenn schon Billy Graham im evangelikalen Kontext für die Offenheit gegenüber anderen Konfessionen und Religionen steht,[11] so ist Johnny Cash da noch deutlich liberaler. Als Künstler und Weltreisender ist er kein Freund konfessioneller Enge. Allein schon wegen Vivian, seiner tiefgläubigen ersten Ehefrau, hat er großen Respekt vor dem katholischen Glauben. In seinem Tourbus hängt neben einem Navajo-Traumfänger ein Kreuz der Heiligen Brigitta.

„Auf meinen Reisen nach Europa, Asien und Australien ist mir immer klarer geworden, dass das Evangelium die einzige Lehre ist, die wirklich funktioniert, und zwar für alle Menschen. Konfessionen sind wichtig, um eine Gruppe von Gläubigen zusammenzubringen und sie zu stärken und zu motivieren, aber wenn diese oder jene Konfession anfängt zu glauben oder, noch schlimmer, zu lehren, dass ihre spezielle Interpretation des Wortes Gottes die einzige Tür zum Himmel öffnet, dann halte ich das für gefährlich."[12]

Als er 1986 sein Paulus-Buch veröffentlicht, möchte ihn ein Interviewer in journalistischer Kurzform auf eine konfessionelle Perspektive festnageln. Indem er mit stoischer Sachlichkeit zu genau argumentiert und theologisch hochgestochen formuliert, lässt Johnny Cash ihn auflaufen:

„‚Ist es aus baptistischer Sicht geschrieben?', fragte einer. ‚Sie sind doch Baptist, oder nicht?'

‚Paulus war kein Baptist', antwortete ich, ‚er hat diejenigen getadelt, deren Lehre Johannes den Täufer in den Mittelpunkt stellte.'

‚Dann sind Sie vielleicht Katholik?', fragte er.

‚Vielleicht', sagte ich, ‚denn *katholisch* bedeutet *allgemein*'.

‚Aber Sie meinen nicht die römisch-katholische Kirche?‘, fragte er.

‚Nein‘, sagte ich. ‚Paulus war Jude. Er war ein Gesetzeslehrer.‘

‚Dann ist es aus jüdischer Sicht geschrieben, oder?‘

‚Nein, aus meiner‘, sagte ich.

‚Aber Sie sind Baptist?‘

Am Ende entschloss ich mich zu einer grundsätzlichen Antwort: ‚Ich, der ich glaube, dass Jesus von Nazareth, ein Jude, der Christus der Griechen, der Gesalbte Gottes ist (geboren aus dem Samen Davids, aus dem Glauben Abrahams, und es wurde ihm als Rechtschaffenheit zugeschrieben), bin in den wahren Weinstock eingepfropft und einer der Erben des Bundes, den Gott mit Israel geschlossen hat.‘

‚Was?‘

‚Ich bin Christ‘, sagte ich, ‚stecken Sie mich nicht in eine andere Schublade.‘“[13]

Johnny Cash ist so überkonfessionell, dass Protestanten und Katholiken im nordirischen Bürgerkrieg 1980 einen Waffenstillstand schlossen, um ihn in einer Kirche in Belfast auftreten zu lassen.[14] Aber die Grundmelodie seines Glaubens wird immer die evangelikale Südstaatenprägung aus der Kindheit behalten.

KAPITEL 2: BAUMWOLLFELDER

Johnny Cash wird am 26. Februar 1932 in Kingsland/Arkansas als Sohn von Ray und Carrie Rivers Cash geboren, als viertes von sie-

ben Kindern. Als er drei Jahre alt ist, zieht die Familie nach Dyess/Arkansas. Ein Sozialprogramm im Rahmen des „New Deal" von Franklin D. Roosevelt bietet mittellosen Farmern die Chance, ein eigenes Stück Land, sumpfig und mit Dornenbüschen übersät, urbar zu machen.

„Die Baumwolle, die wir erzeugten, wurde der Gemeinschaftsernte zugeführt, die sich in größerem Umfang zu besseren Preisen verkaufen ließ als einzelne kleine Erntemengen. Ich wuchs also, wie schon gesagt, in einer Art Sozialismus auf. Vielleicht wäre ‚Kommunalismus' das bessere Wort."[1]

Wie für Kinder üblich beginnt Johnny Cash früh, Wasser aufs Feld zu bringen, und etwa mit 10 Jahren dann selbst zu pflücken.[2] Sein Vater ist ein harter, verschlossener Mann, der es Johnny Cash schwer macht, das zweite Gebot zu befolgen, und mit dem er erst spät seinen Frieden macht. Und natürlich ist der Vater entschiedener Gegner von Musik, die in seinen Augen Zeitvergeudung ist. Die Mutter hingegen, die singt, Gitarre und Geige spielt, unterstützt Johnny in seinen Neigungen.

In einer seiner zentralen Kindheitserzählungen verbindet Johnny Cash in seiner zweiten Autobiografie (1997, „Cash") Mutter, Musik und Gott: „Das erinnert mich an den Tag, als ich in den Stimmbruch kam und meine Mutter zum ersten Mal diese neuen

Baßtöne von mir hörte. Ich kam singend zur Hintertür herein, und sie wandte sich erschrocken vom Herd ab und fragte: ‚Wer war das?' Ich sang ihr noch etwas mehr vor und erforschte meinen neuen Stimmumfang. Als ich entdeckte, wie tief ich runterkam, füllten sich ihre Augen mit Tränen, und sie sagte: ‚Du klingst genauso wie mein Daddy.' Dann sagte sie: ‚Diese Gabe ist ein Geschenk Gottes, mein Sohn. Vergiß das nie.'"[3]

In zwei Gospelsongs über Kindheitserinnerungen, die Johnny Cash singt, erscheint mütterliche Liebe als irdische Stellvertretung der Liebe Gottes. In „Suppertime" (I. Stanphill), einem Song, den er im Lauf seiner Karriere immer wieder aufnimmt,[4] blendet die Stimme der Mutter, die die Stimme der Kinder zum Abendessen nach Hause ruft, langsam über in das Bild Gottes und den Ruf zum „greatest suppertime of them all with our Lord". Und ganz ähnlich taucht in „Are All the Children in" (C. Starrett) von seinem ersten Gospelalbum die Frage der Mutter, ob alle Kinder zu Hause sind, auch in der Todesstunde wieder auf.[5]

Die bedingungslose Liebe Gottes, der wir Menschen nur unzulänglich nacheifern können,[6] trägt für Johnny Cash mütterliche Züge. Und ohne ideologische Genderfragen bekommt dadurch sein Bild des liebenden Gottes eine kräftige weibliche Einfärbung. Als Antwort auf diese bedingungslose Liebe, gut zu sein, erweist sich als ähnlich schwierig wie aus Angst. Der Rat der Mutter wird ihn nicht daran hindern, in den 60er-Jahren mit seiner Stimme ausgesprochen fahrlässig umzugehen. Und schon als die Mutter seine Stimme als „Gabe Gottes" identifiziert, ist Johnny bereits rauchend und renitent als der schwierige Sohn gegenüber dem zwei Jahre älteren Jack unterwegs.

Die Liebe ist langmütig und freundlich, die Liebe eifert nicht, die Liebe treibt nicht Mutwillen, sie bläht sich nicht auf, sie verhält sich nicht ungehörig, sie sucht nicht das Ihre, sie lässt

> sich nicht erbittern, sie rechnet das Böse nicht zu, sie freut
> sich nicht über die Ungerechtigkeit, sie freut sich aber an der
> Wahrheit; sie erträgt alles, sie glaubt alles, sie hofft alles,
> sie duldet alles.
>
> 1. Korinther 13, 4-7 (Luther 2017)

Von dessen Tod handelt die zweite zentrale Kindheitserzählung: Jack stirbt mit 14 Jahren, als er beim Bau von Zäunen für die Schule in eine Kreissäge gerät. Der zwei Jahre jüngere Johnny ist währenddessen beim Angeln. Von bösen Vorwarnungen getrieben, hatte er seinen Bruder zwar angefleht, mit ihm angeln zu gehen, aber im Endeffekt faulenzt er, während sein Bruder, für die Familie arbeitend, sich tödlich verletzt. Dass sein Vater wenig später äußert, es hätte den falschen Sohn getroffen, ist so hart wie naheliegend.

Jack war der gute Bruder, der vorbildliche Sohn, der nachts die Bibel las, während Johnny Radio hörte.[7] Jacks Berufsziel war klar: Er würde die Tradition des Großvaters William Henry Cash fortführen, der Farmer und reitender Prediger war. Johnny sieht sich nach Jacks Tod mit dem Auftrag konfrontiert, das Predigeramt zu übernehmen – was er nicht so kann wie Jack, nicht will. Aber Johnny Cash als Gospelsänger wird immer etwas von diesem Auftrag in sich tragen. Sein erster *Altar Call* mit 12 Jahren ist eng an Jack gebunden[8] und der Bruder bleibt als Gewissensinstanz sein Leben lang präsent: „Manchmal sage ich mir: ‚Nun, was würde Billy Graham darüber denken?' Aber normalerweise ist es: ‚Was würde mein Bruder Jack tun?'"[9]

Der Titel des Songs „Jesus was Our Saviour/Cotton was Our King" (B. J. Shaver) ist eine Art Parole für diese Art von Kindheit. Johnny Cash nimmt ihn 1975 auf. Er läuft auf die Pointe hinaus, dass Jesus der Erlöser bleibt, wenn die Baumwolle nicht mehr König ist. Auch Johnny Cash bleibt Jesus treu, während er die

Baumwolle gern hinter sich zurücklässt. Es ist erstaunlich, wie viele der frühen Blues-, Folk- und Countrysänger, ob afroamerikanisch oder weiß, tatsächlich in ihrer Kindheit mit Baumwollfeldern zu tun hatten. Johnny Cash benutzt seine Baumwollpflücker-Vergangenheit, um seine Authentizität als Countrysänger zu belegen, und liest in „Cash" erst einmal den modernen Country-Fans die Leviten, dass sie keine Ahnung hätten von der Schönheit der Baumwolle und der Härte des Baumwollpflückens.[10] Aber nur in einer sehr verzerrten akademischen Perspektive ist dies damit Baumwollpflücker-Musik. Im Zuge des Folkrevivals der 50er- und 60er-Jahre genießt es das studentische Publikum, in den urbanen Clubs „authentische Baumwollpflücker" musizieren zu hören. Doch Größen wie B. B. King und Muddy Waters waren bereits privilegierte Traktorfahrer auf den Baumwollplantagen. Sie wurden zu Profimusikern, nicht, um die werktägliche Landarbeit zu vertonen, sondern für die Stimmung am Freitag- und Samstagabend in der Stadt.

Auch bei Johnny Cash spricht alles dagegen, dass er gern Pflücker war; auch bei ihm ging es um Musik *statt* Baumwolle. Besonders pointiert kommt das in „I Never Picked Cotton" (C. Williams/ B. George) daher. Diesen Song singt Johnny Cash 1996 auf „Unchained": Der Sohn von Baumwollfarmern gerät auf die mit Whiskey, schnellen Autos und langhaarigen Mädchen gepflasterte schiefe Bahn. Als jemand ihn als Baumwollpflücker beschimpft, schlägt er ihn tot. Auf dem Weg zum Galgen hat er nicht viel, worauf er stolz sein kann, aber doch das eine: nie Baumwolle gepflückt zu haben.

Johnny Cash versucht, auf allen für einen armen Südstaatenjungen klassischen Wegen dem Land und der Armut zu entkommen. Ein Versuch, in einer Automobilfabrik in Memphis zu arbeiten, scheitert, ebenso der Job in der Margarinefabrik, in der auch sein Vater das Familieneinkommen aufbessert. Doch dieser

Ausflug liefert ihm immerhin beim Eintritt in die Armee die Berufsbezeichnung „Buttermaker". 1950 geht Johnny Cash zur Air Force, von 1951 bis 1954 ist er knapp drei Jahre lang in Deutschland stationiert. Aber vorher, noch in der Ausbildung in den USA, verliebt er sich auf einer Eislaufbahn Hals über Kopf in die 17-jährige Vivian Liberto, ein katholisches Südstaatenkind. Nach drei Wochen steht für ihn fest: Sie und keine andere wird er einmal heiraten.

Dann geht es ab nach Deutschland. Er erwirbt sich einen Ruf als erstklassiger Funker und eignet sich einige Deutschkenntnisse an. Gern führt er später bei Auftritten in Deutschland sein „GI German"[11] vor. In Deutschland geht er auch die ersten Schritte als Musiker: Er kauft sich für 20 Mark die erste Gitarre und singt in einer Unterhaltungsband. Nur sechs Jahre nach Kriegsende nennt sich die Band an dem Ort, an dem Hitler „Mein Kampf" schrieb, „Landsberg Barbarians".

„Bei der Luftwaffe habe ich Dinge gelernt, die jedem Soldaten beim Militärdienst beigebracht werden: zu fluchen, nach Frauen Ausschau zu halten, zu trinken und mich zu prügeln."[12] Andererseits bleibt er eifriger Kirchgänger und ist völlig auf Vivian fixiert, die er kaum kennt und doch über drei Jahre mit Briefen regelrecht überschüttet.

Diese inneren Widersprüche werden in der Cash-Literatur gern Namen zugeordnet, auch von ihm selbst: In seiner Kindheit heißt er „J.R.", wohl ein Kompromiss der Eltern zwischen „John" und „Ray", beim Eintritt in die Armee wird er zu „John R. Cash", als Rockabilly-Musiker in Memphis ist er dann „Johnny Cash".

KAPITEL 3: TEENIESTAR

Am 4. Juli 1954 landet Johnny Cash, aus der Armee ehrenvoll entlassen, in Memphis.

Er heuert bei der „Home Equipment Company" an und wird zum erfolglosen Vertreter für Kühlschränke und andere Haushaltsgeräte. Im August 1954 heiraten Vivian und er tatsächlich, im Juni 1955 kommt mit Rosanne das erste Kind auf die Welt. Insgesamt bekommen die beiden vier Töchter. An den Wochenenden probt er mit der Band aus Automechanikern, die er in Memphis über seinen Bruder kennenlernte, mit so gut wie keinem Equipment und sehr limitierten instrumentalen Fähigkeiten.

Dass Johnny Cash von 1954 bis 1958 Künstler bei Sun Records ist, ist mehr als eine Datenlage. Seine Karriere beginnt im Zentrum der Bewegung, die die populäre Musik revolutioniert. Am 5. Juli 1954, einen Tag, nachdem Johnny Cash in Memphis angekommen ist, gelingt Sam Phillips in den Sun Studios mit Elvis Presley und „That's Alright Mama" (A. Crudup) der Durchbruch zum Rock 'n' Roll. Nach Johnny Cash nimmt er Carl Perkins und Jerry Lee Lewis unter Vertrag – 1956 werden die vier als „Million Dollar Quartet" zusammen jammen.

Lange muss der Erfolgsproduzent Sam Phillips Johnny Cash beim Vorspielen wohl nicht überreden, ihn zum nächsten Elvis zu machen, wenn er zunächst auf Gospelsongs verzichtet. Und wirklich wird er als Rockabilly-Star etwas in die Richtung des nächsten Elvis.

Vermutlich wäre Johnny Cash auch ohne diese Verbindung Musiker geworden, allerdings wohl eher konventioneller Gospel- oder Countrymusiker. Der Start im Epizentrum des Rock 'n' Roll gibt der Karriere von Johnny Cash einen enormen Energieschub und seinem Image eine dauerhafte Prägung.

Erst drei Jahre später, 1957, veröffentlicht Johnny Cash den Song „I Was There When It Happened" als Beiwerk auf seinem ersten Album „Johnny Cash: With His Hot and Blue Guitar". Und erst 1959 kann er sein erstes Gospelalbum veröffentlichen.

Sam Philipps hat in den Sun Studios mit B. B. King, Howlin' Wolf und vielen anderen zunächst afroamerikanischen Rhythm & Blues aufgenommen. Dann mischt er ihn mit Hillbilly. Nur wenn man afroamerikanischen Blues ausschließlich als getragene Klage einsamer Männer versteht, will das nicht recht zusammengehen. Doch die hochtanzbare und hochsexualisierte Musik afroamerikanischer Profimusiker für den Freitag- und Samstagabend passt hervorragend zum Hillbilly mit etwa denselben Zielen.

Musikalisch gibt es kaum Grenzen, weiße und afroamerikanische Musiker tauschen wild Songs, Stile, Arrangements untereinander. Aber die Rassentrennung erfordert Mitte der 50er noch weiße Künstler, um das weiße Mehrheitspublikum zu erreichen. Den Weißen mit dem schwarzen Feeling (und vor allem am Anfang mit Songs von afroamerikanischen Künstlern) hat Sam Phillips mit Elvis Presley gefunden. Rock 'n' Roll stürmt das Radio, Elvis schwingt sein Becken, Mädchen kreischen.

Natürlich ist es eine ungerechte und falsche Vereinfachung, dass Rock 'n' Roll sinnfrei von der Hüfte abwärts auf die Fans zielte, bis Bob Dylan auch das Hirn ansprach. Aber Rock 'n' Roll Mitte der 50er im engsten Sinn ist tanzendes und singendes Werbeverhalten, eine gern auch sehr explizite Tradition von afroamerikanischen Musikern, mit weißen Performenden für ein weißes Publikum etwas domestiziert.

„Come On and Dance With Me", „I Want to Hold Your Hand", „Shake, Rattle & Roll", „Rock Me Baby All Night Long": das ist Johnny Cash nicht. Schon vom Lebensstil her nicht. Während der drei Jahre jüngere, ledige Elvis auf gemeinsamen Touren backstage fröhlich alles mitnimmt, was sich anbietet, ringt der gläubige Ehemann und Vater Cash in der Garderobe nebenan zumindest in den ersten Jahren noch hart mit sich. Und Johnny Cash singt nicht über Sex. Die einzige Ausnahme, die ich kenne, ist „Locomotive Man" (John R. Cash), und da vermute ich, dass er der Versuchung, sein Lieblingsthema „Züge" auch einmal auf diese Art auszuspielen, nicht widerstehen konnte.[1]

Auf den Touren der Sun-Musiker gibt es ein merkwürdiges Ritual – seltsam, aber kein Scherz: Bevor Jerry Lee Lewis, der „The Killer"-Virtuose des exzessiven Rock 'n' Roll-Pianos, auf die Bühne geht, hält er den anderen in der Garderobe stets eine Predigt darüber, dass sie alle in der Hölle landen werden.

„Jerry Lee nahm die Dinge tatsächlich ziemlich ernst. Als er zu Sun kam, hatte er gerade die Bibelschule verlassen, und so mussten wir uns in der Garderobe manch eine Predigt anhören. Meistens ging es darum, daß der Rock 'n' Roll uns und unser Publikum in Sünde und Verdamnis führen würde, was nach Jerry Lees Überzeugung jedesmal geschah, wenn er einen Song wie *Whole Lot Of Shakin' Going On* sang. ‚Hier stehe ich und tue etwas, was Gott nicht gefällt, ich führe die Menschen in die Hölle!', verkündete er voller Inbrunst. ‚Genau da werde ich auch hinkommen, wenn ich weiterhin so ein Zeug singe, und ich weiß es.' Dann erzählte er uns, daß wir alle mit ihm in der Hölle landen würden.'"[2]

Der schlechte Ruf der Musik als Teufelswerk kommt auf einem langen Weg in die Rock 'n' Roll-Garderobe.[3] In der amerikanischen Musiktradition steht besonders der Blues im Verdacht, „Teufelsmusik" zu sein. Es gibt eine bekannte Sage um den legendären Bluesgitarristen Robert Johnson, der 1938 bereits mit 27 Jahren starb, vermutlich von einem eifersüchtigen Ehemann vergiftet. An einer Kreuzung nahe Clarksdale/Mississippi habe er dem Teufel seine Seele verkauft, um fürderhin als schnellster Blueser zu brillieren, so die Legende.

Johnny Cash reagiert auf die aufgeheizte Angstlust von Jerry Lee Lewis denkbar entspannt.[4] Das ist nicht seine Welt. Er ist mit seiner Musikauswahl eigen, lässt sich von niemandem, auch keinem Produzenten und keiner Plattenfirma, zu Songs überreden, die er als gegen Gott gerichtet versteht. Aber er ist zuversichtlich, dass Gott Musik mag und auch bei weltlichen, eher rustikalen Songs hinter ihm steht: „Ich wollte immer einen Gospel-Hit, aber Gott gab mir stattdessen ‚A Boy Named Sue', und ich bin glücklich damit."[5]

Eine große Bedeutung hat für ihn aber die Unterscheidung zwischen weltlicher und christlicher Musik. Johnny Cash war in einer Kultur aufgewachsen, die ein sehr ausgeprägtes Gefühl für den Unterschied zwischen Musik für den Samstagabend und den Sonntagvormittag hat. Das bekommt noch 1957 Ray Charles zu spüren; als er mit dem Hit „Halleluja I Love Her So" (R. Charles) beide Sphären vermischt, provoziert er heftigen Widerstand. Auch wenn Johnny Cash die Gospelsongs aus der Kirche in die Konzerthallen nimmt und neben Mörderballaden platziert, heißt das nicht, dass für ihn die Grenzen verschwimmen.

Geleitet von dem Ansatz, dass Jesus vorrangig in der Hölle zu finden ist, sucht der amerikanische Autor Richard Beck die christliche Botschaft von Johnny Cash vor allem in weltlichen Hits wie „Folsom Prison Blues".[6] Ich möchte dafür lieber erst einmal auf seine Gospelsongs schauen. Künstler und Christ sein – nicht „christlicher Künstler" –, das heißt auch, dass beide Sphären einen Eigenwert und eine eigene Dynamik haben. Auf dem Weg zum Rock 'n' Roll-Star tritt aber die christliche Botschaft in Johnny Cashs Musik erst einmal zurück.

Die frühe Rock 'n' Roll-Welle treibt Johnny Cashs Aufstieg zum Star voran, aber er behält dabei ein sehr eigenes Profil. Stilistisch gilt er nicht wirklich als Rock 'n' Roller, sondern eher als country-lastiger Rockabilly. Rein musikalisch sind die Grenzen zwischen Rhythm & Blues, Rock 'n' Roll und Rockabilly verschwommen, doch das ist ein Thema für Seminararbeiten zu Definitionsfragen im Musikstudium. Der Unterschied liegt eher in der inneren Haltung. Rockabilly ist entspannter, hat ein weiteres Themenspektrum und hat sich als langlebiger erwiesen als der reine Rock 'n' Roll.[7] Dessen Hochphase endet schon in den 50ern, und er ist heute kaum mehr als ein Thema für Tanzschulen und runde Geburtstage.

Bereits der Song, den Johnny Cash Sam Phillips statt „I Was There When It Happened" anbietet, hat mehr vom lebenslangen Johnny-Cash-Stil als vom Rock 'n' Roll: „Hey Porter" (John R. Cash). Ein im fernen Deutschland geschriebener Song über Heimweh. Im Zug kann es der Sänger kaum erwarten, endlich die Grenze zu den Südstaaten, die „Mason-Dixie-Line", zu überqueren. Johnny Cash wird immer wieder Train-Songs schreiben. Züge sind seine Übermetapher, das Bild für eigentlich alles: Heimkehr, Abschied, vergebliche Liebe, glückliche Liebe, Sehnsucht und Tod. Und sie verbinden den „Geschichtsprofessor der Countrymusik" mit der Tradition.

Der Song hat was, aber für die B-Seite hätte Sam Phillips gern was mit Liebe. Johnny Cash liefert „Cry! Cry! Cry!" (John R. Cash). Geordert hat Sam Phillips einen „real weeper"[8], einen Schmachtfetzen; er bekommt weder das noch einen Partysong, sondern etwas eher Garstiges: Der Sänger bemüht sich vergeblich um ein im Nachtleben hoch dotiertes Mädchen, und er sagt ihr voraus, dass ihr Stern irgendwann sinken wird. Und dann werden die Einsamkeit und die Tränen auf ihre Seite wandern.

Trotzdem, Sam Phillips hat recht: Ein Song über „Boy meets Girl" geht besser als einer über Heimweh und Züge. Die Radio-DJs spielen lieber die B- als die A-Seite. Die Single wird mit Platz 14 in den Country-Charts ein bemerkenswerter Erfolg für einen New-

comer. Und auch damit hat Sam Phillips recht: Selbstgeschriebene Songs sind hilfreich, um Johnny Cash nicht einfach nur als den nächsten Elvis, sondern als Rivalen mit einem unterscheidbaren Profil aufzubauen.[9]

„Cry! Cry! Cry!" hat schon alles, was die meisten Love-Songs der Sun-Phase ausmachen wird: „So Doggone Lonesome" (John R. Cash), „There You Go" (John R. Cash), „Next in Line", (John R. Cash) „Train of Love" (John R. Cash), „Home of the Blues" (Cash/McAlpin/Douglas). Das Thema ist Liebeskummer. Die Frauen, um die es geht, beachten den Sänger fatalerweise und zu Unrecht nicht, sind dabei zu gehen oder schon gegangen. Aber wenn überhaupt jemand weinen wird, dann ist es das Mädchen. Der Sänger weint nicht, seine Haltung in den Songs ist nicht Liebeskummer. Eher Achselzucken als großes Drama. Oder auch großes Drama als Achselzucken präsentiert, wie in dem Song, bei dem man den Tod der Geliebten vermuten kann, „Guess Things Happen That Way" (J. Clement). Die Erinnerung an sie wird verblassen. Der Sänger mag das nicht und vermutet doch, genauso wird es kommen.

In „Big River" (John R. Cash), einem der ganz großen Songs von Johnny Cash, ist der Sänger als armer Kerl so manisch wie vergeblich einer Femme fatale den ganzen Mississippi entlang hinterhergejagt. Im klassischen Country-Stil war das auch eine gute Gelegenheit, die amerikanische Landkarte zu besingen. Aber der Sänger hat die Jagd aufgegeben, geschlagen sitzt er am Fluss, hält fest, dass seine Tränen für diese Frau den Mississippi überfluten werden und er hier sitzen bleiben wird, bis er stirbt. Die innere Haltung des Sängers, Rhythmus, Stimme, alles ist ausgesprochen stoisch. Die Songs wirken wie Etüden in Haltung,

Unerschütterlichkeit ob der Broken-Hearts-Affären, der Liebes-
härtefälle des Lebens.

Und genau das vermittelt der legendäre „Boom Chicka Boom"-
Sound der Sun-Jahre. Worüber auch immer gesungen wird, die
Band lässt sich nicht aus dem Rhythmus bringen, das Tempo ist
meist medium, mal etwas langsamer, mal etwas schneller. Ein
Sound, entstanden aus Not und Zufällen, abgedämpften Saiten,
da die E-Gitarre keinen Lautstärkeregler hat, und dem Ringen
darum, überhaupt einen gemeinsamen Groove hinzubekommen.[10]

Und dann wird der minimalistische Sound zur Methode und
zum Programm gemacht:

„Wissen Sie, warum diese ganzen Supergitarristen das gesamte
Griffbrett von oben bis unten beackern? Nun, sie suchen nach dem
richtigen Sound. Ich habe ihn gefunden." (Luther Perkins)[11]

Mit denkbar wenigen Noten erzeugt Luther Perkins den größt-
möglichen Effekt. Gitarrenvirtuosen werden dann gedrängt, die
Schlichtheit von Luther Perkins nachzuahmen, und das ist gar
nicht so einfach. Der Sound der Band, der sich entlang ihrer Fähigkeiten entwickelt, ist der optimale Hintergrund für den frühen
Johnny Cash, mit einem einzigen Ziel: die Stimme und das Charisma des Sängers nach vorne zu spielen.

„Die Platte klang wie eine Stimme aus der Mitte der Erde",[12]
beschreibt Bob Dylan seinen ersten Eindruck von Johnny Cash
im Radio. Nicht sonderlich geplant entwickelte sich wohl auch
die Bühnenperformance: Marshall Grant am Kontrabass ist im
Vollkörpereinsatz, Gitarrist Luther Perkins dagegen so starr, dass
später bereits leichte Kopfbewegungen von ihm Szenenapplaus
ernten. Als professioneller Entertainer bewegt sich Johnny deutlich weniger als Marshall, etwas mehr als Luther, zugewandt, aber
im Prinzip in sich ruhend. Ekstase ist Sache des Publikums. Den
Hüftschwung von Elvis gibt es nur als in die Konzerte eingestreute
Parodie-Nummer.

Dennoch wird Johnny Cash zwar nicht der nächste Elvis, aber doch ein Teeniestar, mit einer nicht wirklich darauf angelegten Musik. Für den Kreischfaktor reicht es vermutlich, dass er irgendwas im Bereich gerade angesagter Musik spielt, extrem gut aussieht und eine markerschütternde Stimme hat. Johnny Cash ist auf der großen Rock 'n' Roll-Teenieparty dieser Jahre der wirklich Coole, der, der es nicht nötig hat, auf der Tanzfläche herumzukaspern.

June Carter bekommt mit, wie Elvis Presley versucht, Johnny Cash nachzuahmen: „Das ist es, was die Mädchen verrückt macht', sagte Elvis, ‚Cash muss nicht einen Muskel bewegen, er steht einfach da und singt.'"[13]

Die interessanteste Quelle für Johnny Cashs erotische Ausstrahlung ist Country-Superstar Dolly Parton, wegen ihres Stylings gerade in Deutschland als Songwriterin notorisch unterschätzt. Sie erzählt gern, dass sie lernte, was Sex-Appeal ist, als Johnny Cash sie als 13-Jährige in der Grand Ole Opry vorstellte. Und dass sie das erste Mal „alles fühlte, was ein Mädchen fühlen kann", als sie Johnny Cash auf der Bühne sah.[14]

Im klassischen Musikpromotion-Stil zeichnet Sam Phillips als Werbung für die vierte Single das Image von Johnny Cash: „(…) gut aussehend, dunkel und stark, mit den Augen eines Träumers und einem eindringlichen und einsamen Zug in seiner Stimme, die in jedes Herz dringt und seine Geheimnisse teilt."[15]

Neben dem Dunklen und dem Erotischen bleibt noch die Komponente: rebellisch und gefährlich. Im Dezember 1955 erscheint einer der beiden Songs, die das Werk von Johnny Cash prägen: „Folsom Prison Blues" (John R. Cash). Der Song, mit dem er noch sein letztes Konzert 48 Jahre später eröffnen wird. Johnny Cashs uneitles Songwriting wird oft unterschätzt, weil seine Verse meist so einfach, selbstverständlich und unmittelbar einleuchtend daherkommen. Bei aller Einfachheit steckt „Folsom Prison Blues" voller Spannung. Entschieden kreativ spielt in dem Lied über einen Gefängnisinsassen ein Zug die Hauptrolle. Der sich nähernde Zug erzeugt das Gefühl maximaler Unfreiheit. Als der Zug zum Greifen nahe ist, imaginiert der Gefangene in seiner Zelle die Reichen im noblen Speisewagen mit teuren Zigarren – die berechtigte Wut des Underdogs, die seine Schuld nicht relativiert. Und als der Zug sich entfernt, sorgt er für die Vision der Befreiung, von der der Gefangene selbst weiß, dass er sie nicht verdient hat. Das ist großes Drama auf kleinstem Raum. Schuldeinsicht, Reue, Wut, Sehnsucht, alles bleibt in größter Spannung nebeneinanderstehen.

Die Erinnerung an die Mutter, die immer mahnte, ein braver Junge zu sein und sich vor Waffen zu hüten, ist äußerst konventionell. Aber sie ist offensichtlich nur die Rampe für den äußerst unkonventionellen Mordgrund, die wohl berühmtesten Zeilen von Johnny Cash: „I shot a man in Reno / Just to watch him die". Das ist das nicht weiter aufzulösende Fundament des Songs: das unerklärliche, unmotivierte Böse.

Einerseits ist der Song in der Musik und den Textfragmenten so stark einem anderen Song entlehnt, dass das juristisch relevant wird.[16] Andererseits macht Johnny Cash mit entscheidenden Änderungen daraus den Song, der seinen Sound und sein Image 1955 definiert. Ja, Johnny Cash kann sich andere Songs zu eigen machen, aber die ganz großen Augenblicke kommen dann zustande, wenn Schreiben, Stimme und Performance zusammenfallen. „Folsom Prison Blues" ist der optimale Song für den „Boom Chicka Boom"-Sound in der kargen Variante, er nimmt den Rhythmus des Zuges auf und bettet die Haltung des Mörders zwischen stoischer Akzeptanz seiner Schuld, Wut und Sehnsucht darin ein.

Auch wenn es bei Sünde und Schuld Anknüpfungspunkte zur christlichen Botschaft gibt, ist „Folsom Prison Blues" für mich ein Schmuckstück aus Johnny Cashs weltlicher Abteilung, die erste von so vielen Mörderballaden. Und natürlich verkauft sich von der späten 3-Platten-Kompilation „Love, God, Murder" das von „Folsom Prison Blues" eingeleitete „Murder"-Album mit Abstand am besten.

Zu den tiefen Wurzeln von Mörderballaden schlägt Johnny Cash in den Liner Notes zur Kompilation „Murder" den ganz großen Bogen: „Der erste schriftlich überlieferte Mord in der Geschichte der Menschheit war es, als Abel seinen Bruder Kain tötete. Zweifellos haben die Menschen schon damals Lieder darüber geschrieben und gesungen, und wir haben es seitdem immer wieder getan. Es liegt mir fern, den Tod von Jesus von Nazareth als Mord zu bezeichnen, aber ich muss sagen, er hatte alle Merkmale eines Lynchmordes (...) Wir haben im 20. Jahrhundert über Machine Gun Kelly, Pretty Boy Floyd, John Dillinger und eine Menge anderer gesungen. Unsere Helden in den Liedern waren zum größten Teil Anti-Establishment. (...) Wir, das Volk, versetzen uns in die Lage des Sängers. Wir wollen seinen Schmerz, seine Einsamkeit spüren. Wir wollen Teil dieser Rebellion sein. Hier ist also meine persönliche Auswahl meiner Aufnahmen von Liedern über Räuber, Lügner und Mörder. Diese Lieder sind nur zum Hören und Singen gedacht. Geht nicht hinaus und tut es."[17]

Mörderballaden mit ganz unterschiedlichen Zielen und Färbungen gibt es als kulturellen Bestand der Menschheit und tief verankert gerade im angloamerikanischen Erbe. Johnny Cashs Mörderballaden sind meist großangelegte Explorationen des Bösen. Er versetzt sich dabei so überzeugend in die Rolle des Mörders, dass die Grenzen zum Sänger und zum Guten wanken – aber sie fallen nicht.

Darin liegt für Kultregisseur Quentin Tarantino bei aller Nähe der Unterschied zwischen Cash und einem Gangsta-Rapper: „Ich habe mich oft gefragt, ob Gangsta-Rapper wissen, wie wenig sich ihre Geschichten über das Getto-Gangsterleben von Johnny Cashs Geschichten über das Leben der Hinterwäldler-Gangster unterscheiden. Ich weiß es nicht, aber was ich weiß, ist, dass Johnny Cash es weiß. (...) Cash singt Geschichten von Männern, die versuchen zu entkommen. Dem Gesetz zu entkommen, der Armut zu entkommen, in die sie hineingeboren wurden, dem Gefängnis zu entkommen, dem Wahnsinn zu entkommen, den Menschen zu entkommen, die sie quälen. Aber das Einzige, dem Cash sie nicht entkommen lässt, ist die Reue. Im Gegensatz zu den meisten Gangsta-Raps handeln Cashs Songs über das Verbrecherleben nur selten von den Hoch-Zeiten. Die meisten Songs spielen, nachdem die Zellentür zugefallen ist oder der Hammer des Richters einen Mann zum Tode verurteilt hat. Wenn ein Mann sich für das, was er gewählt hat, dem Strick oder 99 Jahren in einem Käfig stellen muss, wenn er die Geschichte dieser Entscheidungen erzählt, erzählt er sie nicht mit Bravado, sondern mit einem überwältigenden Gefühl des Bedauerns. Bedauern über die Freiheit, die er verloren hat. Bedauern über das Nicht-Leben, das ihm bevorsteht."[18]

Cashs Balladen handeln von der Reue danach, von dem Zuggeräusch, das den Gefangenen quält, vom Lachen der getöteten Geliebten, ihren Schritten in seinem Kopf – von den Konsequenzen der bösen Tat. Cash folgt dem Bösen bis in die Tiefen, aber es wird nicht verherrlicht. Das heißt nicht, dass es sich bei den Songs um moralische Warnschilder vor dem Bösen handelt, an denen es im Country nicht mangelt. Davon hat allenfalls „Don't Take Your Guns to Town" (John R. Cash) etwas, bei dem die warnende Mutter im Mittelpunkt steht. Aber wenn Johnny Cash „Folsom Prison Blues" auf der Bühne performt, lässt wirklich nichts auf eine Moralpredigt schließen. „Folsom Prison Blues" mit dem hypnotischen Rhythmus unter seiner tiefen, ungerührten Stimme ist ein publikumswirksamer Flirt mit dem Bösen – das damit nicht aufhört, das Böse zu sein.

Die Mörderballaden sind immer auch Ausdruck von Rebellion und Anti-Establishment. Und der Faszination des Bösen. Allein die Faszination von Waffen kann Johnny Cash sehr wohl nachvollziehen, wildes Herumballern gehört zu seinem Repertoire der Tourexzesse, er baut sich eine Waffensammlung auf und ist leidenschaftlicher Jäger.

Neben das bereute Böse in der zweiten Single „Folsom Prison Blues" tritt mit der dritten Single „I Walk the Line" (John R. Cash) das gefährdete Gute. Das Lied, das Johnny Cash Anfang April 1956 in den Sun Studios aufnimmt, erhält seine Energie aus den Kämpfen der vergangenen fünf Jahre. Entwickelt hat es sich während seiner Militärzeit.

Dazu gibt es die schöne Anekdote, dass das Summen im Song auf einen Fehler zurückgeht. Als Johnny Cash eine Tonbandaufnahme der „Landsberg Barbarians" abhört, läuft das Tonband rückwärts, und Johnny Cash übernimmt den seltsamen Sound. Vor allem aber basiert der Song auf fünf Jahren Anfechtungen: Das Eheversprechen, das er Vivian nach nur drei Wochen Bekanntschaft kurz vor seinem Dienst in Deutschland gab, hat er entgegen aller Wahrscheinlichkeit und allen Prognosen gehalten. Zwischen Eheversprechen und Heirat liegen drei Jahre und ein Briefwechsel mit manchmal mehreren Briefen am Tag. Aber: Die Verlobung hatte sich gegen die Soldatenzeit mit reichlich Alkohol und deutschen Fräuleins zu behaupten. Und die Phase, in der er nach der Heirat als erfolgloser Kühlschrankvertreter regelmäßig zu Hause ist und Vivian und er so etwas wie ein normales Eheleben führen, ist nur kurz. Bald folgt die Rockstar-Existenz mit langen Abwesenheiten auf Tour, Alkohol und Groupies. Die Argumentation „Ich tue das doch alles nur für uns" ist nicht gelogen, aber auch nicht tragfähig. Ohne im Detail nachzuforschen, wann er wo wie welchen Anfechtungen erliegt: Johnny Cash weiß, dass er seinen eigenen christlichen Ansprüchen als Verlobter und jetzt als Ehemann und Vater nicht genügt. Und gibt sie dennoch nicht auf, gibt den Kampf nicht auf.

Die Strophen des Songs bieten einfache Liebesverse, mit Ausnahme vielleicht des Verses über die losen Enden einer Krawatte, die zum Knoten gebunden werden wollen: „I keep the ends out for the tie that binds.“ Alles läuft auf das mantraähnliche „Because you're mine / I walk the line“ hinaus, schwer auf Deutsch zu fassen: „Ich bleibe auf Linie“ ist nicht ganz dasselbe. Es ist naheliegend, das wie Merle Haggard etwas aberwitzig zu finden: „Johnny Cash was out of line all his life (...) ‚I walk the line‘ was kind of ludicrous for him to sing. He never walked any line.“[19]

Aber der Song ist ja keine Tatsachenbehauptung. Ich sehe „I Walk the Line“ nicht als „gefühlvolles schnörkelloses Liebeslied in der Tradition von Jimmie Davis' ‚You Are My Sunshine‘ (...).“[20] Als solches wäre es schon auffallend banal. Aber es ist auch kein Lied darüber, dass der Sänger sich etwas vormacht – diese Art von Songs der Marke „Dich vergessen ist so einfach, ich schaff das 1.000 Mal am Tag“[21] sind gerade im Country-Standard. Keine Spur von Ironie, keine Spur von „Ihr wisst schon, dass ich das so nicht meine“. Aber musikalisch und textlich Einfachheit in höchster Anspannung. Bob Dylan, der gern auch mal weit über 10 Strophen für ein Lied braucht, fasziniert an Johnny Cashs Song das Einfache: jedes Wort wie gemeißelt, und dahinter steht alles Nichtgesagte, Ausgelassene.[22] Davon lebt „I Walk the Line“. Der Sänger weiß, dass er vermutlich nicht anständig bleiben wird und gibt gleichzeitig den Anspruch nicht auf. Ich verstehe den Song als eine Beschwörung, ein Pfeifen im Wald der Gefahren, ein musikalisches Bollwerk gegen die Versuchung. Der „Boom Chicka Boom“-Sound schwebt hier förmlich.[23] Der Song ist fragil, er kann abstürzen.

Sei nicht schnell mit deinem Munde und lass dein Herz nicht
eilen, etwas zu reden vor Gott; denn Gott ist im Himmel und du
auf Erden; darum lass deiner Worte wenig sein. Denn wo viel
Mühe ist, da kommen Träume, und wo viele Worte sind,
da hört man den Toren.

Prediger 5, 1-2 (Luther 2017)

Während es schon sehr schwer ist, das robuste „Folsom Prison
Blues" covernd zu ruinieren, kann „I Walk the Line" in seiner Einfachheit, von Unbefugten performt oder selbst als Allstar-Finale
mit Johnny Cash bei Tribute-Veranstaltungen[24] schnell seine Mitte
verlieren. Besonders schlimm ergeht es dem Song beim obskuren
Brauch der 60er-Jahre auf dem deutschen Musikmarkt, anglo-
amerikanische Künstler ihre Hits auf Deutsch singen zu lassen. Als
„Wer kennt den Weg / den Weg zurück" wird das Lied zum Schla-
ger mit einem interessanten Rhythmus.

Johnny Cash sagt in einem späten Interview, mit „I Walk the
Line" habe er Sam Phillips einen verdeckten Gospelsong unter-
geschmuggelt[25] – immerhin stand er noch unter Gospelverbot,
zumindest für Singles. Zweifelsohne lässt gerade die Zeile „Because you're mine / I walk the line" auch eine spirituelle Interpretation zu. Auch mit Gott als Adressaten gilt dann: Das ist keine
Tatsachenbehauptung, es ist eine Beschwörung in dem Wissen,
wie schwer ihm das Gutsein aus Liebe fällt, wie dünn die Linie ist.

„Folsom Prison Blues" und „I Walk the Line" sind die beiden ersten Songs bei seinem letzten Konzert 2003. Die Faszination des
Bösen und die Beschwörung des Guten bleiben die Grundspan-
nung in Johnny Cashs Werk.

Ein Rock 'n' Roll-Teeniestar zu werden mit einem Song über
einen soziopathischen Mörder und einem über voreheliche Treue,
das muss man auch erst einmal schaffen. Johnny Cashs Karriere
erhält den Schwung aus den wilden frühen Jahren des Rock 'n'

Roll, sein Image bekommt die dunkle Färbung des Rebellischen und Wilden. 1986 singt er mit Carl Perkins, Jerry Lee Lewis und Roy Orbison auf dem Album „Class of '55: Memphis Rock & Roll Homecoming", zweifelsohne bedeutet es ihm etwas, den Rock 'n' Roll mit aus der Taufe gehoben zu haben. Aber sein Werk überlebt und überragt die Epoche, in der er beginnt. Country und Rock 'n' Roll, Tradition und Moderne, Stoizismus auf der Bühne, Ekstase im Publikum, Mord und Jesus – Johnny Cash hätte nicht einmal die erste Konzeptphase einer modernen marktforschungsgetriebenen Markenbildung überstanden. Zusammengehalten werden diese Widersprüche durch Johnny Cash als Person.

Er bleibt noch bis zum Herbst 1958 bei Sun Records. So wie für manche Fans und Interpreten der Sun-Records-Cash der „einzig wahre Cash" ist, so diagnostizieren andere für die letzten Sun-Jahre den Abstieg in harmlose Teenie-Unterhaltungsmusik. Verantwortlich wird dafür gerne die Zusammenarbeit mit Cashs lebenslangem Freund Jack Clement gemacht, der als Produzent ein Faible für Opulentes und Sentimentales hat.

Letztlich beginnt jetzt nach dem glorreichen Start die Langstrecke der nächsten 45 Jahre, mit Höhen und Tiefen, gleichermaßen von der Kunst getrieben wie vom Musikgeschäft. Was Johnny Cash am Vertragsende mit Sun Records noch als Pflichtaufnahmen abliefert, enthält zwangsläufig nicht nur Perlen. Als B-Seite einer Single erreicht Anfang 1958 der dritte Klassiker aus den Sun-Jahren „Big River" (John R. Cash) Platz 4 der Country-Charts. Platz 1 erreicht die A-Seite, die „Ballad Of A Teenage Queen" (J. Clement), ein rührseliger Song über ein Mädchen, das seine Hollywood-Karriere zugunsten des „Boys Next Door" aufgibt. Johnny Cash veranstaltet auf einigen Tourstationen dann auch gleich „Teenage Queen"-Contests – in Kanada tritt ein junges Mädchen namens Joni Mitchell an.[26] Ziemlich schlimm für Mörderballadenfreunde, aber ich vermute, gar nicht so schlimm für den Dorfjungen aus den Südstaaten.

KAPITEL 4: WURZELN

Am 10. Mai 1962 spielt Johnny Cash sein erstes Konzert in der New Yorker Carnegie Hall, eine seltene Ehre für einen Country-Künstler. Columbia Records hat alles für ein Livealbum eingerichtet. Doch es wird nie erscheinen – Johnny Cash vermasselt die Chance komplett. Er ist ein amphetamingeschütteltes nervliches Wrack und seine Stimme versagt bereits am Anfang des Konzertes.

In der Welt von Pop und Rock gäbe es für diese besondere Bühne nur ein Repertoire: die eigenen Hits, möglichst viel Aktuelles, möglichst viel eigene Songs. Johnny Cash hatte etwas anderes geplant: eine Hommage an den „Singing Brakeman", den singenden Eisenbahn-Bremser Jimmie Rodgers. Etwas verstörend erscheint er in Eisenbahnerkluft mit einer Eisenbahnerlampe in der Hand – und scheitert.

Johnny Cash fühlt sich einer musikalischen Welt verpflichtet, in der die Bindung an die Tradition entscheidend ist. „That ain't no part of nothing" – das ist kein Lob größtmöglicher Originalität, sondern das wird dem Bluegrass-Musiker Bill Monroe als seine heftigste Kritik zugeschrieben. Johnny Cash bekennt sich zu einer Kultur, in der es selten nach innen oder nach vorne geht, sondern immer zur Gemeinschaft, zu den Wurzeln und vor allem „back home", zurück in die Heimat. Es ist das Lebensgefühl, Teil von etwas Größerem zu sein, Teil einer Kette, Zwerg auf den Schultern von Riesen.[1] Mit dem Künstlerbild des alle Konventionen sprengenden, nur aus sich selbst schöpfenden Originalgenies kommt man hier nicht sehr weit.

Es ist ohnehin ein sonderbares Künstlerbild, das reale Kunstproduktion kaum widerspiegelt: gebunden an den selbstbestimmten, auf Selbstverwirklichung getrimmten Menschen der westlichen Moderne.[2] Aber natürlich hat die Moderne ihr Geschäft der Entwurzelung so erfolgreich betrieben, dass es auch für Johnny Cash nicht mehr um das Agieren in einer verbindlichen Tradition geht, sondern um ein Bekenntnis, eine Wahl. Bei der es nicht ohne Widersprüche abgeht.

Einerseits gilt Johnny Cash als „Geschichtsprofessor der Countrymusik"[3], mit einem geradezu enzyklopädischen Bewusstsein für die Tradition. Das teilt er mit Bob Dylan. Andererseits basiert seine Karriere darauf, dass seine Wirkung Genre- und Kulturgrenzen überschreitet. Sein „Boom Chicka Boom"-Sound speist sich aus vielen Einflüssen, ist aber so eigenständig wie unverwechselbar. Verwurzelung, das ist für Johnny Cash halb Wahrheit, halb Dichtung, gelebte Praxis und Beschwörung.

Wenn er in seiner zweiten Autobiografie „Cash" umfangreich über andere Künstler und die Tradition schreibt, dann geht es nicht nur um Einflüsse oder Vorbilder – er verortet sich selbst. Lässig in das Buch gestreut ist die Geschichte seiner musikalischen Sozialisation – den ersten Gesang hören, das erste Lied singen, das erste Lied im Radio hören. Ich lese das zusammen als sehr bewusste Hommage an seine Wurzeln. „Mom hatte Großvater Rivers Begabung und seine Liebe zur Musik geerbt. Sie konnte Gitarre spielen und auch Geige. Außerdem konnte sie gut singen. Den ersten Gesang in meinem Leben hörte ich von ihr, und das erste selbstgesungene Lied, an das ich mich erinnern kann, war eines der religiösen Lieder, die sie als Kind gelernt hatte. Ich war ungefähr vier Jahre alt und saß auf der Veranda vor unserem Haus direkt neben ihr auf einem Stuhl. Sie sang ‚What would you give' – und ich stimmte ein und sang die Zeile weiter – ‚in exchange for your soul.'"[4]

Der traditionelle Song „What Would You Give (In Exchange For Your Soul)" war 1936, als Johnny Cash vier Jahre alt war, der erste große Hit der Monroe Brothers. Ein Bluesgrass-Song, damals der aktuell angesagte Musikstil, benannt nach der Grasfärbung in Kentucky. Bill, der jüngste der Monroe Brothers, griff zur Mandoline, weil Gitarre und Fiddle schon durch die älteren Brüder belegt waren, und wurde zum „Vater der Bluesgrass-Musik".

Die Mischung aus schnellen Rhythmen, hohen Stimmen und schwindelerregenden Instrumentalparts ist heute der Inbegriff bodenständiger, authentischer Countrymusik. Die damals so noch nicht hieß, der Begriff kommt erst in den 40er-Jahren auf. Noch läuft die meist von Geige, Banjo und Gitarre getragene Musik unter dem allgemeinen Label „Folk" oder unter „Old-Time-Music". Der schönste Ausdruck ist „Hillbilly-Musik", die Musik aus dem Appalachen-Gebirge, seit dem Ende des 19. Jahrhunderts beleumundet als besonders rückständige Region. Und der Hügel-Billy ist das amerikanische Pendant zum Landei oder dem Hinterwäldler, „der in den Bergen lebt, nicht groß was zu sagen hat, sich so anzieht, wie er es vermag, spricht, wie ihm der Schnabel gewachsen ist, Whiskey trinkt, wenn er welchen bekommt, und nach Lust und Laune durch die Gegend ballert."[5]

Der größte Hit der Monroe Brothers ist „Blue Moon Of Kentucky" (B. Monroe), sofort von Elvis gecovert. Im Repertoire der Monroe Brothers koexistieren wie damals üblich weltliche und christliche Titel zwanglos und haben beide Hitpotenzial. Vielleicht steht die Erinnerung an den Monroe-Brothers-Hit auch für eine Welt, in der das Christentum entgegen dem Trend der Moderne weiter in die Alltagskultur eingebettet blieb.[6] Und für ein leichtes Bedauern darüber, dass Johnny Cash nach dem Gospelverbot durch Sam Phillips kein religiöser Hit oder auch nur eine religiöse Single[7] gegönnt war.

„Soweit ich mich erinnern kann, war der erste Song, den ich gesungen habe, ‚I Am Bound For The Promised Land'. Ich saß hinten auf einem Tieflader auf dem Weg nach Dyess, Arkansas"[8], erinnert sich Johnny Cash. Diese Story hat es in sich. „I Am Bound For The Promised Land" ist ein traditioneller Gospel mit enormem Tiefgang.

Kurz etwas zu den Begriffen: Was wir in Deutschland unter „Gospel" führen, läuft in Nordamerika eher, die Lage ist natürlich komplex, unter „Spiritual" oder „Black Gospel". Also die traditionellen afroamerikanischen christlichen Lieder. Sie teilen wesentliche musikalische Elemente mit den Liedern, die für die Arbeit auf dem Feld entstanden, vor allem den „Call and Response", den Wechsel von Sänger und Chor, Vorarbeiter und Arbeiter, Prediger und Gemeinde. „Gospel" steht in den USA, neben der christlichen Botschaft aus den „Gospels", den Evangelien, für jedwede Art von religiösem Lied. Es ist fast deckungsgleich mit „Hymns", das vielleicht noch stärker das in der Kirche gesungene Lied meint. „White Gospel" ist eine Bezeichnung für kirchliche Lieder, die nicht wesentlich durch die afroamerikanische Musiktradition geprägt werden. Weil der Begriff „Hymnen" auf Deutsch aber eher auf Abwege führt, benutze ich „Gospel" allgemein als Bezeichnung für ein christliches Lied. Mit Johnny Cashs Sprachgebrauch „White Gospel" und „Black Gospel"[9] unterscheidend, wo es eine Rolle spielt.

Die ersten beiden religiösen Alben von Johnny Cash nutzen die Begriffe „Hymns" beziehungsweise „Hymns of the Heart", am Ende seines Lebens wird das Album „My Mother's Hymn Book" mit Johnny Cash solo an der Gitarre veröffentlicht.[10]

In dem Kirchenliederbuch von Mutter Carrie Cash stand demzufolge auch „I Am Bound For The Promised Land" (Trad.), ein Song, der deutlich macht, dass eine vermeintliche harte Grenze zwischen „White" und „Black" Gospel oft arg willkürlich gezogen ist. Entstanden ist das Lied wohl im 18. Jahrhundert im weißen Kontext, eine wesentliche frühe Plattenaufnahme liefert 1927 Alfred Karnes, der weiße Baptistenpfarrer mit der abgrundtiefen Bassstimme.[11] Johnny Cash singt ihn auf „My Mother's Hymn Book" in der Traditionslinie von Alfred Karnes und dann auch Hank Williams. Aber in einer enormen Bandbreite von Versionen gehört der Song auch fest zur afroamerikanischen Tradition. Im Besonderen in Verbindung mit Harriet Tubman, die zunächst selbst der Sklaverei entfloh und dann ab Mitte des 19. Jahrhunderts als „Schaffnerin" der „Underground Railroad" zur legendären Sklavenbefreierin wurde. Eine Version von „I Am Bound For The Promised Land" gilt als ihr „Goodbye Song" bei ihrer ersten Flucht, der Song also, mit dem sie chiffriert die Zurückbleibenden über ihre Flucht informierte. Harriet Tubman bekommt den Ehrentitel „The Moses of Her People"[12], die Flucht des Volkes Israel aus Ägypten ist die entscheidende Folie für die ersehnte Befreiung aus der Sklaverei.

In Dyess gab es kaum Afroamerikaner, die Annäherung war Johnny Cashs Armeezeit vorbehalten. Aber das „Black-Gospel"-Repertoire gehörte zu den prägendsten Einflüssen schon seiner Kindheit und Jugend.

Am 4. Dezember 1956 kommen in den Sun Studios vier Rock 'n' Roller zu einer lockeren Jam-Session zusammen, berühmt geworden als „Million Dollar Quartet": Die vier Südstaatenjungs Carl Perkins, Jerry Lee Lewis, Elvis Presley und Johnny Cash greifen neben aktuellen Hits gern zu den Gospelgassenhauern wie „Down By The Riverside" und „When The Saints Go Marching In", mit denen sie alle aufwuchsen.

„Barney Hoskins: Haben Sie jemals mit Elvis über Gospel gesprochen?

Johnny Cash: Oh ja. Wir haben fast nur darüber gesprochen … na ja, wir haben auch über Mädchen gesprochen! Elvis und ich haben bei vielen Shows zusammen in der Garderobe gesungen und automatisch landeten wir immer bei Black Gospel. Das ist es, was er in Tupelo gehört hat, und ich war in Arkansas, nur vierzig Meilen entfernt."[13]

Im afroamerikanischen Spiritual geht es nicht nur um den faszinierenden Prozess der Überblendung des afrikanischen musikalischen Erbes mit der europäischen und auch indigenen Musik. Der Spiritual war das wesentliche Medium, in dem sich die Afroamerikaner das Christentum aneigneten.[14] Und Moses und Ägypten sind kulturell als Paradigma der Befreiung so präsent, dass sie auch zum Streit unter Pastoren taugen. Der demokratische Politiker und Baptistenpastor Jesse Jackson wirft Billy Graham eine zu große Nähe zur Macht vor, indem er ihm unterstellt, statt die Sklaven zu befreien, spiele er lieber Golf mit dem Pharao.[15]

In der afroamerikanischen Tradition ist das „Gelobte Land" gleichzeitig Kanaan, Kanada und das Jenseits. In Johnny Cashs Erinnerungen auch noch Dyess. Auf dem Lastwagen und dem Weg in eine bessere Zukunft singend vollzieht er die Doppelbedeutung aus Irdischem und Spirituellem nach. Es ist so unmöglich wie unsinnig, in den Spirituals die Hoffnung auf ein besseres Leben, auf irdische Befreiung und die Hoffnung auf das Jenseits zu trennen. Die innere Auflehnung gegen irdische Ungerechtigkeit und der Trost bei dem Gedanken an ein besseres Jenseits blockieren sich nicht gegenseitig, sie verstärken sich.

Der Akzent der afroamerikanischen Tradition auf dem Kampf um irdische Befreiung der Unterdrückten im Namen Christi prägt auch die Art und Weise nachhaltig, wie Johnny Cash glaubt. Auch wenn unter den Unterdrückten, für die Johnny Cash singen wird, Afroamerikaner nicht unbedingt eine herausgehobene Stellung einnehmen, gehört die Ablehnung der Rassentrennung zum selbstverständlichen Fundament seiner Weltsicht. Er wird sich mit dem Ku-Klux-Klan anlegen und in seiner Johnny-Cash-TV-Show vielen afroamerikanischen Künstlern eine große Bühne bieten. Auch das verbindet ihn mit dem Evangelikalismus von Billy Graham, der bei Themen wie Abtreibung und Homosexualität durchaus konservative Positionen vertrat, sich aber früh und klar gegen

Rassentrennung positionierte und in seiner Arbeit Gleichberechtigung lebte.

Die Ambivalenz des christlichen Glaubens zwischen Freiheit von allem Irdischen und sozialer Verpflichtung hat schon Martin Luther pointiert formuliert: „Ein Christenmensch ist ein freier Herr über alle Ding und niemand untertan. Ein Christenmensch ist ein dienstbarer Knecht aller Ding und jedermann untertan."[16] Freiheit im Sinne individueller schrankenloser Selbstverwirklichung spielt bei Johnny Cash für den Rock- und Country-Kontext eine erstaunlich geringe Rolle. In einem seiner zentralen Lieder, „I Walk the Line" (John R. Cash), sehnt er sich danach, dass ihn Liebe bindet. Aber Freiheit von irdischen Mächten nicht nur als mentaler Abstand, sondern als Befreiung verstanden, als Kampf gegen Unterdrückung, sie prägt in der afroamerikanischen Tradition Johnny Cashs Werk und dafür ist „I Am Bound For The Promised Land" ein starkes Signal.

„Das Radio war für uns unentbehrlich, ja geradezu lebensnotwendig. Ich kann mich noch genau an den Tag erinnern, als wir unseres bekamen, ein Sears Roebuck aus dem Versandhandel mit einer großen ‚B'-Batterie. Wir kauften es mit dem Geld von Daddys Staatsdarlehen in dem Jahr, als er und Roy anfingen, unser Land zu roden. Ich kann mich noch an den ersten Song erinnern, den ich in diesem Radio gehört habe, ‚Hobo Bill's Last Ride' von Jimmie Rodgers, und wie real, wie vertraut mir das Bild des Mannes erschien, der einsam und allein in einem kalten Güterwaggon starb."

Ganz am Beginn dessen, was später Countrymusik heißen wird, ist Jimmie Rodgers der Inbegriff des weitgereisten, erfahrenen „Rambling Man".[17] Viele der frühen Hillbillymusiker waren tatsächlich Hobby- oder Teilzeitmusiker. Aber das Image von Jimmie Rodgers als „Singing Brakeman", ein Bremser bei der Bahn, der nebenher singt, ist so verklärt wie das des nebenher singenden Baumwollpflückers. Die tatsächliche Lage ist etwas komplexer:

Geboren 1897 wollte Jimmie Rodgers schon als Jugendlicher Musiker werden, doch sein Vater verpflichtete ihn auf die solide Tätigkeit bei der Bahn. Mit 27 Jahren musste er sie wegen der Diagnose Tuberkulose aufgeben. Er schlug sich mit Musik und anderen Jobs durch, bis er als 30-Jähriger zum Star wurde. Das Geld kam so schnell herein, wie es wieder ging. Mit 35 starb er an Tuberkulose.

Als Musiker profitierte er von den Erfahrungen des Bahnerlebens und vom Image des „Singing Brakeman". Auf YouTube kann man Jimmie Rodgers noch in einer TV-Produktion in Arbeitermontur in einem nicht so wirklich echt wirkenden Bahnhof singen sehen.[18] Das ist das Image, dem Johnny Cash auch bei seinem scheiternden Carnegie-Hall-Auftritt 1962 Tribut zollen will. Und der Hobo, der bitterarme, auf Güterzügen schwarzfahrende Wanderarbeiter, den Jimmie Rodgers besingt, ist in Johnny Cashs Kindheit nicht so mythisch, wie er später in der Countrymusik wird. Da die Farm die Familie nicht immer ernähren konnte, nimmt sein Vater verschiedene Nebenjobs an, zu denen er auf Güterzügen gelangt. Seinen Vater in der Nähe des Hauses vom Zug abspringen zu sehen, gehört zu den frühesten Kindheitserinnerungen von Johnny Cash.[19]

Jimmie Rodgers ist für Johnny Cash auch so etwas wie ein Vorfahre im gefährlichen Image. Sein einschlägiger Vers „I shot a man in Reno / Just to watch him die" hat einen Vorgänger in Jimmie Rodgers Mordplan an der untreuen Geliebten: „I'm gonna shoot poor Thelma / Just to watch her jump and fall", darauf verweist Johnny Cash noch in seinem letzten Interview.[20] In der Rick-Rubin-Phase nimmt er diesen Song, „T for Texas (Blue Yodel No. 1)" (J. Rodgers) mit einer jungen Bluesband auf, und keine Frage: das ist ein Bluessong, auch schon bei Jimmie Rodgers. Blues von einem Weißen. Blues allerdings mit Jodeleinlagen. Mit den „Blue Yodel"-Songs bricht in den USA eine schiere Jodelwelle aus – ein wahrhaft multikulturelles Phänomen. Aus den Alpen von Einwanderern mitgebracht, setzt das Jodeln sich zuerst in der afroamerikanischen Szene fest, bis es von bluesaffinen weißen Musikern adaptiert wird – und Jimmie Rodgers ihm zum Durchbruch verhilft. Natürlich wird unter dem bierernsten Rick Rubin nicht gejodelt, anders bei der Dylan/Cash-Session 1969, da *lässt* Johnny Cash allerdings jodeln: Er nötigt den neun Jahre jüngeren Cash-Fan Bob Dylan, bei den Jimmie-Rodgers-Songs die Jodelparts zu übernehmen, bis der sich dann irgendwann doch weigert, weiterzujodeln.

Hank Williams taucht in Johnny Cashs Erinnerungen auf, als er kurzfristig Gesangsunterricht erhält, den seine Mutter sich vom Munde abgespart hat. Die Gesangslehrerin bittet ihn nach einigen alten irischen Balladen um etwas anderes:

„Okay, das reicht', sagte sie. ,Ich möchte, daß du mir jetzt etwas ohne Begleitung vorsingst, irgendetwas, was dir gefällt.' Ich sang ihr einen Song von Hank Williams vor. Ich glaube, es war *Long Gone Lonesome Blues*. Als ich fertig war, sagte sie: ,Nimm nie wieder Gesangsunterricht. Laß dir bloß nicht durch mich oder irgendjemand anderen deinen Gesangsstil verändern.' Dann schickte sie mich nach Hause."[21]

Dafür, dass er mit June Carter die Patin von Hank Williams jr. heiratet, nach Hank Williams' Tod dessen zweite Frau tröstet und das Album „Johnny Cash singt Hank Williams" herausbringt, spielt Hank Williams eine erstaunlich geringe Rolle in Johnny Cashs Erinnerungen.[22] In der Kindheit hätte er allerdings auch nichts zu suchen. Hank Williams ist neun Jahre älter als Johnny Cash, seine Karriere startet, als Johnny Cash 14 Jahre alt ist.[23]

Im Hank-Williams-Song nimmt die Gesangslehrerin den eigenen Johnny-Cash-Stil wahr. Hank Williams ist für Johnny Cash keine

Figur, die Verwurzelung verspricht, mehr ein gefährlich nahes Spiegelbild. Jimi Hendrix, Janis Joplin und Jim Morrison haben die Sex-Drugs & Rock 'n' Roll-Selbstzerstörung nicht erfunden, aber auch Johnny Cash, der sie 10 Jahre lang exzessiv leben wird, kann schon auf Vorgänger zurückgreifen. Die Parole liefert Countrysänger Faron Young 1955 mit dem Song „Live Fast, Love Hard, Die Young" (J. Allison) nach.

Gelebt hat sie bereits Hank Williams. Der erste Countrysänger, der zum Popstar wird, stirbt mit 29 Jahren in der Silvesternacht 1952. Auf der Rückbank eines hellblauen Cadillacs auf dem Weg zu einem Gig in Canton/Ohio. Unbemerkt, irgendwann in der Nacht, an einem durch Medikamente und Alkohol verursachten Herzinfarkt. Der selbstzerstörerische Drogen- und Tourlebensstil gilt denn auch in den 50ern als „Hank Williams-Syndrom". Und Johnny Cash avanciert zum ersten Anwärter auf seine Nachfolge.

Ebenfalls ein armer Countryboy aus dem Süden, am 17. September 1923 in einem Dorf in Alabama geboren, pflückt Hank Williams als Kind zwar nicht Baumwolle, verkauft aber Erdnüsse und Zeitungen und putzt Schuhe. Nach einem langen Vorlauf startet seine Karriere richtig nach dem Zweiten Weltkrieg. Er ist der Mann der Stunde, als die Country-Musikindustrie einen neuen Kommerzialisierungsschub erhält. Manche Promotion-Tools allerdings weisen noch in die Vergangenheit: In der Nachfolge der durch den Wilden Westen ziehenden Quacksalber bieten die tourenden „Medicine Shows" Wundermittel mit viel Unterhaltungsprogramm an. Hank Williams ist noch Anfang der 50er mit dem „Hadacol Caravan" unterwegs – Hadacol ist angeblich ein Stärkungsmittel mit Vitaminen, aber gerade in Gegenden mit Alkoholbeschränkungen ist es besonders beliebt, weil es 12 Prozent Alkohol enthält. Eine überragende Rolle spielt das Radio. Radiowerbung ist noch recht jung und wird häufig gebucht, an der Spitze stehen als Kunden Mehlfirmen in der Annahme, dass beim Radiohören gerne gebacken würde. [24]

Auch der erste Radioauftritt von Johnny Cash ist gesponsert, er schlägt aus seinem Haushaltsgeräte-Chef eine 15-minütige Radiosendung heraus, nicht mehr als ein Dokument der allerersten Gehversuche als Profimusiker.[25] Bei Hank Williams enthalten diese Shows relevante und teilweise aufregende Entdeckungen. „Hank Williams – Only Mother's Best" präsentiert auf 3 LPs ein eigenständiges, starkes und sehr gospellastiges Repertoire. Auf dem Cover schafft es Hank Williams, halbwegs elegant den Mehlsack neben der Gitarre zu tragen.

1949 werden die Hillbilly-Charts in Country-Charts umbenannt – und Hank Williams wird der Frontmann der durchstartenden Nashville-Musikindustrie. Er steht einerseits fest auf dem Boden der „Old-Time-Music" und wirkt andererseits doch weit darüber hinaus.[26] Er präsentiert die Hillbilly-Musik elegant und swingend, kombiniert ländliche Gospelmusik mit „Honky Tonk"-Sound.[27] Die Rolling Stones haben mit „Honky Tonk Woman" (M. Jagger / K. Richards) den zutiefst amerikanischen Ausdruck

für das europäische Bewusstsein konserviert. Honky Tonks sind entschieden rustikale Kneipen mit Alkoholausschank und Livemusik, auf Deutsch lägen wir irgendwo bei Spelunkenmusik mit Ragtime-Einschlag. Und vor allem ist Hank Williams ein genialer Songwriter, dessen Songs in der gesamten populären Musik gecovert werden.

Diese Ambivalenz prägt sein Image bis heute. Einerseits ist er ganz Country. Als es im „Blues Brothers"-Kinofilm die Band in „Bob's Country Bunker" verschlägt, läuft ein Cover von Hank Williams, „Your Cheating Heart" (H. Williams), und der Widerstand gegen den Chicago-Sound der Blues Brothers bricht sich beim Wirt Bahn in dem Vorwurf: „This ain't no Hank Williams Song." Andererseits ist es Hank Williams, den Leonard Cohen in „Tower of Song" (L. Cohen) als unerreichbares Songwriting-Idol würdigt – er hört ihn husten, hundert Stockwerke über ihm.

Hank Williams steht dabei auch für den von Leid und Exzess geprägten, sich selbst verzehrenden Lebensstil. So wie später bei Johnny Cash wird es auch bei Hank Williams zum Vabanquespiel, ob er zu Konzerten auftaucht – und wenn ja, wie er drauf ist. Unmöglich herauszufinden, welcher Faktor welche Rolle bei seiner Drogensucht spielt: die angeborene Rückenkrankheit, die ständig behandelt werden muss, der Tourlebensstil oder die fatale erste Ehe mit Audrey. Sie könnte als Künstlerehe fast ein Zerrbild der der Beziehung von Johnny Cash und June Carter sein. Nur ist die künstlerische Begabung hier klar einseitig verteilt: Wann immer sich Audrey als Duettpartnerin durchsetzt, wird ihre Stimme später in der Abmischung marginalisiert, soweit es möglich ist. Aber aus den wilden und erbitterten Kämpfen zwischen den beiden entstehen „Love/Hate-Songs"[28], die die Basis des großen Country-Songbooks sind: „Your Cheating Heart", „You Win Again", „Cold, Cold Heart" (alle H. Williams). Und es sind mit wenigen Ausnahmen diese weltlichen Songs, gerne auch „Jambalaya" (H. Williams) als Cajun-Partysong, mit denen Hank Williams seine großen Hits hat, obwohl er auch leidenschaftlich und umfangreich religiöse Songs singt.

Das Nebeneinander von weltlichen und religiösen Songs, das noch die Welt der Carter Family und der Monroe Brothers prägt, steht bei Hank Williams unter Spannung. Auf dem Höhepunkt seines Ruhms besteht er darauf, „Recitation Songs" aufzunehmen, weitgehend gesprochene, sentimentale und moralische, meist religiöse Werke. Ein „Recitation Song" verbindet eine kurze Story mit einer knackigen Botschaft, etwa so wie in „Be Careful of Stones that You Throw" (Bonnie Dodd): Die Nachbarin des Sängers verleumdet in dessen Vorgarten mit ihrem Kind an der Hand ein „Girl down the street". Das Kind läuft auf die Straße – und wird vom „Girl down the street" gerettet, das dabei stirbt.

Die „Recitation Songs" drohen für den Popstar Hank Williams ein Imageproblem mit einer ganz praktischen Seite zu werden: Sollten es die Songs unter seinem Namen in Honky-Tonk-Jukeboxen schaffen, könnte das die Stimmung in den Spelunken entschieden trüben. Der Kompromiss: Hank Williams veröffentlicht die Songs als „Luke the Drifter", und kommuniziert überall, wer hinter der Maske steckt. Luke the Drifter dient Hank Williams als Alter Ego. Während Hank in den Honky-Tonk-Kaschemmen Stimmung macht, macht Luke the Drifter sich ernsthafte Gedanken. Der stärkste von Hank Williams geschriebene „Recitation Song", „Men With Broken Hearts" (H. Williams), fordert dazu auf, diese leidenden lebenden Toten nicht zu verurteilen, da Gott auch die „Men With Broken Hearts" schuf. Als Johnny Cash 2001 zum Hank-Williams-Tributalbum „Timeless" den abschließenden Song beisteuert, wählt er einen „Luke the Drifter"-Song: „I Dreamed About Mama Last Night" (F. Rose).

Die enge Bindung an die Countrymusic und trotzdem die Wirkung darüber hinaus, die Spannung zwischen weltlichen und spirituellen Songs – es ist weit mehr als nur die Drogensucht, die Hank Williams und Johnny Cash verbindet. Am 28. März 2003, ein halbes Jahr vor seinem Tod, verfolgt Johnny Cash im Country-Kabelsender CMT eine Abstimmung über den wichtigsten männlichen Country-Künstler aller Zeiten.[29] Nach Platz 3 bleiben eigentlich nur noch Hank Williams und Johnny Cash übrig. Hank Williams landet auf Platz 2, Johnny Cash auf Platz 1.

Mittlerweile ist Johnny Cash selbst Wurzel geworden. Die Menge und Breite seiner Rezeption sind unüberschaubar, auch wenn man nicht komplex nach Einflüssen schaut, sondern schlicht nach dem expliziten Umgang mit dem Namen Johnny Cash. Für Songs mit „Johnny Cash" im Titel gibt die GEMA-Repertoire-liste eine zu große Anzahl an Treffern an, ganz zu schweigen von „Johnny Cash" in den Lyrics. Selbst wenn man berücksichtigt, dass „Johnny Cash" sich einfach gut singen lässt und im Englischen auch noch auf vieles reimt, ist das beeindruckend. Methodisch, re-präsentativ und strukturiert angegangen wäre das mindestens eine Aufgabe für eine Doktorarbeit. Stattdessen hier ein ganz kurzer Blick[30]: Schwerpunkte liegen in Hip-Hop und Country, Rock und Pop kommen vor, Jazz scheint unterrepräsentiert. Es geht selten lustig zu, „A Girl Named Johnny Cash" ist die Ausnahme.

Neben Songs, die Johnny Cash vermissen, wird gerne das klas-sische Bildungserlebnis der Popkultur gefeiert: „Wann hörte ich wo und wie mit welchem Effekt das erste Mal welche Songs?" Ry Cooder hört in „Johnny Cash" „Hey Porter" bei den Schulaufgaben und möchte im Zug mitfahren. An „I Walk the Line (Revisited)" hat Johnny Cash 2001 noch mitgewirkt. Als sein Ex-Schwieger-sohn Rodney Crowell im Auto mit Vater und Opa das erste Mal „I Walk the Line" hört, ist es für ihn das erste von drei großen Kunst-erlebnissen – gefolgt von der Mona Lisa und Shakespeare.

Überhaupt wird Johnny Cash gern im Auto gehört. Im Country-song „Johnny Cash" von Tracy Byrd und Jason Aldean brechen der Sänger und seine Freundin in ein neues Leben auf, auf dem High-way begleitet von der Musik von Johnny Cash. Der deutsche Rap-per Marteria hört ihn im „Cadillac" fahrend, die deutsche Rapperin Haiyti durch ihr „Barrio" cruisend. Einfach „Johnny Cash" zu sin-gen, kann ein Lebensgefühl und eine Haltung ausdrücken. Yela-wolf, ein Rapper aus dem Umkreis von Eminem, arbeitet sich in „Johnny Cash" auf dem Weg zur Bühne wortreich durch die Selbst-reflexionen und Selbstzweifel des Künstlers, für den Refrain reicht fünfmal „Johnny Cash" singen.

Es scheint, als ob June Carter und Johnny Cash auf dem Weg

sind, als glückliche Alternative zu Romeo und Julia ein Code für die große Liebe zu werden: Kid Rock hatte sich noch als Rapper in „American Bad Ass" zu Johnny Cash und Grandmaster Flash bekannt. 2015 bietet er in „Johnny Cash" jemandem an, ihr Johnny Cash zu werden und sie ins blaue Gras von Kentucky zu legen. Die Popsängerin Katy Perry erinnert sich 2010 gern daran, dass sie für einen Johnny Cash June Carter war, bei der Rocksängerin Pink ist 2019 die Johnny Cash-Art der Liebe hochgradig gefährdet. Die Countryband Rascal Flatts gebraucht die beiden 2017 schon als Verb („We can be so classic / June and Johnny Cash it"). Der Song „Me and Johnny Cash" der Sängerin und Schauspielerin Rainey Qualley ist 2015 ein interessantes Indiz dafür, dass es Johnny Cash irgendwie geschafft hat, nicht auf der „bösen Männlichkeitsseite" verortet zu werden.

Im Video, das als „femdom music" gekennzeichnet ist, schleppt sie einen offensichtlich unwürdigen Typen gefesselt unter anderem im Kofferraum mit sich herum, auf der Tonspur tröstet sie sich mit einer Flasche Rotwein und Johnny Cash über ihn hinweg. Zum Inbegriff guten Trosts wird er auch in „Johnny Cash" des Rockstars Lenny Kravitz. Der Song basiert auf der Erinnerung, wie Kravitz im Haus von Rick Rubin die Nachricht vom Tod seiner Mutter erhält und ihm June Carter und Johnny Cash Trost spendeten. Immerhin sieben Songs kombinieren nach der GEMA-Liste „Johnny Cash" und „Jesus" im Titel, vermutlich nicht in Johnny Cashs Sinne und alle kein großer Wurf oder erfolgreich. Deutlich näher an Johnny Cash dürfte sich da der ziemlich böse Metalmusiker Okher aus Bilbao 2021 mit „Como Johnny Cash" bewegen. Wie Johnny Cash sein, das heißt: die dunkle Seite kennenlernen, zu Boden fallen, dann den Himmel berühren.

Ende 1958 ist Johnny Cash vom hippen unabhängigen Label Sun Records zur Major Company Columbia gewechselt, und hier sind sich mal alle Quellen erfreulich einig: Johnny Cash ging zu Columbia, weil das Angebot des Produzenten Don Law, der den Wechsel einfädelte, neben höheren Tantiemen und größerer künstlerischer Freiheit auch die Möglichkeit enthielt, Gospelalben zu machen. 1959 ist es dann so weit, die „Hymns by Johnny Cash" erscheinen.

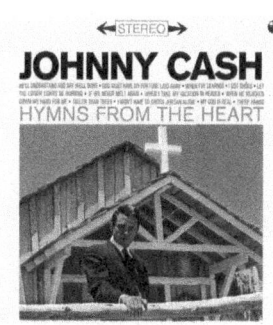

Das Album enthält schon in der Songauswahl und in den Arrangements starke Statements. Die „Hymns by Johnny Cash" sind, so wie 1962 das Nachfolgealbum „Hymns From the Heart", Gegenwart. Nicht Erinnerung, nicht Kulturgut mit verblasstem, christlichem Gehalt. Es gibt ein paar Anleihen an die Tradition, im Mittelpunkt aber stehen aktuelle Songs von anderen und vor allem vier Originalsongs von Johnny Cash. Das ist gleich die erste Botschaft: „Ich singe euch hier nicht ein paar Lieder von früher, in denen, wie das so üblich war, von Gott und Jesus gesungen wird." Natürlich fließt die afroamerikanische Tradition ein, aber eher als pragmatischer Austausch von effektiven Mitteln unter Musikern – was ohnehin die gesamte Entwicklung von Blues, Jazz, Old-Time Music und Folk ausmacht.

Johnny Cash fehlt der verklärende und archivarische Blick auf afroamerikanische Musik vollkommen, der in studentischen und urbanen weißen Milieus der USA in den 50er- und 60er-Jahren Hochkonjunktur hat. Sein erstes Gospelalbum widmet sich nicht

Spirituals, es ist kein sentimentales und kein archivarisches Unterfangen. Sein Glaube ist im Hier und Jetzt. Die Songs bleiben in seinem allgemeinen musikalischen Kosmos: Rockabilly, Country, Folk, Blues. Es ist nicht so, dass der Pop-Country-Künstler plötzlich, wo es um Gott geht, in wildes akustisches Footstepping und Handclapping ausbricht. Etwas mehr Geigen, etwas mehr Chöre, etwas langsamer – das ist es dann eigentlich schon. Die „Hymns of Johnny Cash" beginnen mit „It Was Jesus" (John R. Cash), der erste veröffentlichte Original-Gospel von Johnny Cash. Der Refrain ist textlich überschaubar. Drei Mal fragt Johnny Cash: Wer war es?, Drei Mal antwortet ein Chor: Es war Jesus. Dann schließt Johnny Cash: Es war Jesus Christus unser Herr. Am Anfang der zweiten Strophe mahnt er: Kinder, hört gut zu, das müsst ihr wissen.

Da hat Johnny Cash fünf Jahre gewartet, um sein Gospelalbum veröffentlichen zu können. Und dann eröffnet der Rockabilly-Star, das Sexsymbol, dessen Image sich gerade in Richtung Hotelzimmer-Zertrümmerer bewegt, das Album mit so etwas wie einem Kindergottesdienstlied. Ein Eindruck, wie ihn auch der Song „A Thing Called Love" (J. R. Hubbard) beschreibt, den Johnny Cash auf dem „religiösen Woodstock", der Explo '72, singen wird und in dem Liebe einen riesigen Mann in die Knie zwingt.

Später gibt „The Johnny Cash Children's Album" (1975) zwar einen reizvollen Einblick in das Repertoire, das er mit seinen Kindern singt. Darüber hinaus gibt es aber wenig Hinweise darauf, dass er Ambitionen als Kinderliedermacher hatte. „It Was Jesus" kommt im klassischen „Boom Chicka Boom"-Sound daher, im Background singen die Jordanaires, kein Kinderchor. Und die Mono-EP-Version, die den Chor weglässt, klingt so karg und rau, dass der Song ohne gutes Textverständnis auch als Verbrecherballade durchginge und im Zweifel jüngere Kinder eher verschrecken würde.

> Einige Eltern brachten ihre Kinder zu Jesus, damit er ihnen
> die Hände auflegte. Aber die Jünger fuhren sie an und wollten
> sie wegschicken. Als Jesus das merkte, war er empört:
> „Lasst die Kinder zu mir kommen und haltet sie nicht zurück,
> denn Menschen wie ihnen gehört Gottes Reich. Ich versichere
> euch: Wer sich Gottes Reich nicht wie ein Kind schenken lässt,
> der wird ganz sicher nicht hineinkommen."
>
> Markus 10, 13-16 (Hfa)

Der Song spricht Erwachsene als Kinder an. Wir sind nicht bei der
Liebe zu Kindern, die Jesus vorlebt, die natürlich unbeschränkten
Zugang zu ihm haben. In seinem Jesus-Film vermutet Johnny Cash
über die Bibel hinaus, dass nicht nur Jesus Kinder liebte, sondern
auch umgekehrt, sich stetig Kinder um ihn scharten. Und Jesus
hilft Kindern beim Sandburgenbau am See Genezareth. Trotzdem
gehe ich nicht davon aus, dass „It Was Jesus" Kinder als Zielgruppe
hat. Es geht um uns Erwachsene, um die einzige Haltung, mit der
wir das Himmelreich, Jesu Liebe und Gnade empfangen können.
Wie Kinder – in einem Zustand der Offenheit, Güte, Unschuld
und durchaus auch Schwäche. Als die Jünger im Matthäusevan-
gelium einen Hierarchiewettstreit anzetteln, rückt Jesus die Dinge
mit dieser anderen Art von spirituellem Karriereratgeber zurecht.
Auf dem Weg ins Himmelreich müssen wir unsere erwachsene Bildung, unsere Besitztümer, unsere berufliche Kompetenz inklusive
der Ellenbogen an der Garderobe abgeben. Oder, je nach Sicht-
weise, dürfen wir es.

> In dieser Zeit kamen die Jünger zu Jesus und fragten ihn:
> „Wer ist wohl der Wichtigste in Gottes himmlischem Reich?"
> Jesus rief ein kleines Kind, stellte es in ihre Mitte und sagte:
> „Ich versichere euch: Wenn ihr euch nicht ändert und so
> werdet wie die Kinder, kommt ihr ganz sicher nicht in Gottes

Auch darüber hinaus präsentiert das kleine Lied „It Was Jesus"
Zentrales für den christlichen Glauben von Johnny Cash. Ein
Mann wanderte durch Galiläa. So erzählt es die Bibel. Damit beginnt es. Das Erste, was wir überhaupt von Jesus erfahren, ist, dass
er unterwegs war, in Bewegung. Das zweite: in Galiläa. Galiläa ist
eine Verortung: Land, Provinz, als rückständig verachtet. Jesus ist
als Mensch ein „Countryboy" wie Johnny Cash, einer vom Land,
seine Gleichnisse stammen bevorzugt aus dem ländlichen Leben.
Und Johnny Cash knüpft an beides an: das Marginalisierte und
das Bodenständige. Es folgt die Speisung der 5.000. Brot, Wein,
Fisch, die Speisung der 5.000 und die Hochzeit von Kana besingt
Johnny Cash immer wieder. Alles Konkrete, Bodenständige und
vor allem das tägliche Brot, von dem wir allein nicht leben, aber
um das wir im Vaterunser bitten, hat für ihn eine überragende
nicht symbolische Bedeutung. In „No Earthly Good" (John R.
Cash), einem Song aus den 70ern, rät er davon ab, so himmlisch
gesinnt zu sein, dass man auf der Erde nichts mehr taugt. Und als
ihn Harry Reasoner in einem Interview in der TV-Porträtsendung
„60 Minutes" 1982 fragt, was sein Lieblingslied ist, sagt er:

> mir her!", sagte Jesus. Er forderte die Leute auf, sich ins Gras
> zu setzen, nahm die fünf Brote und die beiden Fische, sah zum
> Himmel auf und dankte Gott. Dann teilte er das Brot, reichte
> es seinen Jüngern, und die Jünger gaben es an die Menge
> weiter. Alle aßen und wurden satt. Als man anschließend die
> Reste einsammelte, da waren es noch zwölf Körbe voll. Etwa
> fünftausend Männer hatten zu essen bekommen, außerdem
> noch viele Frauen und Kinder.
>
> Matthäus 14, 15-21 (Hfa)

„Nun, ich denke, ich sollte wohl ‚I Walk the Line‘ sagen, weil davon am meisten verkauft wurde. Aber der Song, der mir wirklich mehr bedeutet, der mehr über mich und mein Leben sagt, ist ‚Pickin’ time‘. Die Botschaft des Songs ist, gute Zeiten kommen für uns alle."[1]

Er greift sich die Gitarre und singt „Pickin’ Time" (John R. Cash), untermalt von Bildern ländlicher Idylle, mit seinen Kindern die Tiere fütternd. Das ist nicht der oberflächliche, sentimentale Blick auf das Landleben der Countrymusik-Industrie, sondern eine Innensicht. Es geht um die bittere konkrete Armut vor der Erntezeit, das viel zu bohnenlastige Essen, die fehlenden Schuhe, das mangelnde Licht am Abend, die Sorge, ob der Wagen bis zur Ernte durchhält. Und es geht um die Hoffnung auf die Erntezeit. Und natürlich bildet eine andere Erntezeit den spirituellen Hintergrund des Songs. Aber Gott ist auch auf Erden präsent, der Pfarrer in dem Lied ist sich sicher, dass Gott Verständnis dafür hat, dass auch die Kollekte bis zur Erntezeit dürr ausfallen wird.

„Pickin’ Time" ist ein sehr gelungenes, charmantes, mittelgroßes Werk – genau die Art Song, die Johnny Cash liebt. Und Songs über das Landleben sind für Johnny Cash so typisch wie Mörderballaden. Da ist zum Beispiel der Song „Country Boy" (John R. Cash) und, etwas rustikaler gewendet, „Country Trash" (John

R. Cash), bei dem der Farmer irgendwie durchkommt. Es reicht nur nicht zur Altersvorsorge, aber dafür gibt es die Zuversicht, dass wir unter dem Gras alle gleich sein werden und Gott einen Himmel auch für Country Trash bereithält. Das Landleben liefert nicht nur den Stoff für Songs, sondern auch die nötige Inspiration: Johnny Cash erzählt selbst, dass er am liebsten beim Fischen und in den Wäldern schreibt. Ein Presseagent konkretisiert das in der schönen PR-Zeile, beim Welsangeln kämen Johnny Cash die besten Ideen.[2]

Der ländlichen Herkunft Jesu aus Galiläa und der Speisung der 5.000 hat Johnny Cash in „It Was Jesus" eine ganze Strophe gegönnt, in Strophe 2 und 3 kommt dann alles Grundlegende zu Jesus Schlag auf Schlag. Jesus ganz essenziell, als Heiler, seine Kreuzigung, Tod, Auferstehung, alles im kargen historischen Indikativ. Dieser erste veröffentliche Original-Gospel ist ein Statement auch durch das, was Johnny Cash *nicht* tut: Er singt nicht nur keinen traditionellen Spiritual, er singt auch nicht über seinen Glauben, nicht über seine Beziehung zu Gott, es fehlen theologische Ausdeutungen und Worte oder Lehren Jesu. Im Grunde macht er das, was beim christlichen YouTuber Jefferson Bethke etwas ruppig „Warum ich Religion hasse. Und Jesus liebe"[3] heißt: Er stellt die Person Jesus vor. Jesus ist der Weg, die Wahrheit, das Leben. Nicht das Christentum, nicht einmal die Lehren Jesu.

Natürlich gibt es Lehren und Worte Jesu, die Johnny Cash viel bedeuten. Ausführlicher begegnen sie uns in Johnny Cashs Jesus-Film „Gospel Road" und in seinem Paulus-Roman „Man in White", und die Kurzform in „The Preacher Said, ‚Jesus Said'" (John R. Cash). In den Strophen singt er über die Relevanz der Bibel heute, und die Lesungen in den vier Refrains lässt er Billy Graham vortragen.

> Ich bin der Weg und die Wahrheit und das Leben!
> Johannes 14, 6

> Du sollst deinen Nächsten lieben wie dich selbst.
> Matthäus 19, 19

> Trachtet zuerst nach dem Reich Gottes und nach seiner
> Gerechtigkeit, so wird euch das alles zufallen.
> Matthäus 6, 33

> In meines Vaters Hause sind viele Wohnungen. Wenn's nicht
> so wäre, hätte ich dann zu euch gesagt: Ich gehe hin, euch die
> Stätte zu bereiten? Und wenn ich hingehe, euch die Stätte zu
> bereiten, will ich wiederkommen und euch zu mir nehmen,
> damit ihr seid, wo ich bin.
> Johannes 14, 2-3 (Luther 2017)

„It Was Jesus" ist noch reduzierter auf die Person Jesus als Kern des christlichen Glaubens. Im Grunde ist das der Inbegriff von Jüngerschaft, was Johnny Cash hier tut: über Jesus zu reden, Jesus als Heiler, Gekreuzigten, Auferstandenen, Erlöser vorzustellen.[4] Johnny Cash kennt viele Arten, von seinem Glauben zu singen, aber seine liebste ist wohl die von „It Was Jesus": von Jesus erzählen.

KAPITEL 6: LIEBE

Die Liebe von June Carter und Johnny Cash ist eine sehr große Geschichte und wird gern als Märchen erzählt.[1] Die Story kennt so viele Quellen und so viele Perspektiven, dass man sie fast beliebig erzählen kann, natürlich auch so wie es 2005 der Hollywoodfilm „Walk the Line" tut: Joaquin Phoenix als drogensüchtiger Rockstar wird gerettet durch Reese Witherspoon als uneigennützige Schönheit mit Rehaugen, Krankenschwester-Attitüde und unendlicher Geduld.

Bevor Johnny Cash in „Cash" intensive Loblieder auf June anstimmt, erwähnt er: „In den sechziger Jahren hieß es in der Öffentlichkeit, June hätte mir das Leben gerettet, und manchmal höre ich heute noch, daß es ihr zu verdanken sei, daß ich noch am Leben bin. Das stimmt vielleicht, aber nach allem, was ich über Sucht und Überleben gelernt habe, ist mir vollkommen klar, daß das einzige menschliche Wesen, das dich retten kann, du selbst bist."[2]

Am Ende muss Johnny Cash den Weg aus der Sucht allein zurücklegen – mit Gottes Hilfe. Die Geschichten seiner Selbstzerstörung und des langen Wegs von June und Johnny zur Hochzeit verlaufen etwa zeitgleich, sind miteinander verwoben, aber es bleiben zwei Geschichten. Etwa von 1957 bis 1967 währt Johnny Cashs Absturz, der jederzeit mit seinem frühen Tod hätte enden können. Im Herbst 1957 nimmt er das erste Mal Amphetamine. Man kann den Tourstress der 50er-Jahre fast nicht zu übertrieben darstellen, mit bis zu 300 Shows und 300.000 zurückgelegten Meilen pro Jahr[3], meist im Auto, geschlafen wird auf der Rückbank. Aufputschmittel sind da üblich, nicht bei allen, aber bei vielen. Am Anfang sind die Pillen auch noch legal.

Das Besondere an Johnny Cashs Geschichte ist, wie schnell und wie heftig er süchtig und fast unkontrollierbar wird. Den legendenumwobenen Tour-Eskapaden haben sich schon so viele Bücher so intensiv gewidmet, dass hier ein kurzer Überblick reicht: Es beginnt mit eher harmlosen Streichen, so wird zum Beispiel Rasierschaum statt Sahne auf Kuchen drapiert und Küken werden in Hotelfoyers freigelassen. Solcher Schabernack ist auch ein Mittel gegen die Tour-Langeweile, unter Drogen wird er aber härter und gewalttätiger. Hotelzimmer werden schwarz angestrichen oder anderweitig demoliert, es wird auf alles Mögliche, besonders gern auf Neonlichter geschossen.

Das alles tut Johnny Cash nicht allein, aber er ist immer an der Spitze. Er legt in der Rückschau Wert darauf, dass er nie Menschen verletzt habe.[4] Es bleibt bei Sachbeschädigung in vielen Facetten. Er selbst schildert, wie er drogenumnebelt eine Motelzimmerwand mit einer Feueraxt zertrümmert, um direkt in das Zimmer vom Basser Marshall Grant zu gelangen.[5]

„Es beunruhigt mich auch, der Tatsache ins Auge zu sehen, daß die Art von Hotelvandalismus, der ich den Weg bereitet habe, für viele Leute heute eine Art Totem der Rock 'n' Roll-Rebellion ist, eine harmlose und sogar bewundernswerte Mischung aus jugendlichem Übermut und Mißachtung von Konventionen. Für mich war es damals etwas völlig anderes. Es war dunkler und tiefer. Es war *Gewalt*."[6]

Johnny Cashs Verhalten wird zum Albtraum für Hotelbesitzer, die zügig entschädigt werden, und für das Tourmanagement, das ebenso wie die anderen Musiker immer häufiger damit umgehen muss, dass Johnny Cash zu Konzerten nicht erscheint. Die Jimmie Rodgers-Hommage in der Carnegie Hall 1962, die schon im Ansatz überspannt ist und dann an der versagenden Stimme scheitert, ist da nur ein früher Einbruch in einer Reihe von Tiefpunkten. Johnny Cash ruiniert seine Stimme, die Gabe Gottes. Und er gefährdet sich selbst, wenn er, ständig unter Drogen, Autos zu Schrott fährt. Als er mit seinem Camper ein Feuer in einem Naturschutzgebiet verursacht, wird er zu 80.000 Dollar Strafe verurteilt. 1965 reicht es auch der „Grand Ole Opry". Die Veranstaltungshalle und die von 1925 an bis heute bestehende Radioshow sind der Inbegriff des konservativen Nashville Country Establishments. Rockattitüden sind dort ohnehin ungern gesehen, und als Johnny Cash mit dem Mikrofonständer die Bühnenbeleuchtung zerstört, wird der Bann über ihn ausgesprochen.

Alle Weggefährten sind sich einig: Unter Drogen ändert sich Johnny Cashs Charakter radikal, er wird aggressiv, arrogant, egozentrisch, rücksichtslos.[7] Zunehmend versucht er nicht mal mehr, die Zerstörung seiner Familie aufzuhalten. Während sich alle anderen in Tourpausen um ihre Familien kümmern, flüchtet er vor Auseinandersetzungen mit Vivian, gern indem er allein in die Wüste verschwindet.

In der ganz anderen Medienlandschaft der 50er- und 60er-Jahre kann das lange Zeit in einem gewissen Maß vor der Öffentlichkeit

verborgen werden. Dort wird er als christlicher Familienvater mit hartnäckiger Laryngitis verkauft.[8] Aber spätestens am 4. Oktober 1965 ist das vorbei: In El Paso wird Johnny Cash mit über tausend schlecht versteckten Tabletten im Gepäck, die er über die Grenze schmuggeln will, von Drogenfahndern verhaftet.

Das Verhaftungsfoto mit der Gangsta-Aura wird ikonisch für Fans des coolen Cash. Dahinter verbirgt sich das pure Elend. Bei 1,87 Metern Größe auf 70 Kilo abgemagert, ausgemergelt, unkontrollierbar befindet er sich bis November 1967 auf der letzten Etappe auf dem Weg nach unten. Dann wird er clean und ehelicht am 1. März 1968 June Carter. Und heiratet damit ein in die Carter Family, seit 40 Jahren die „First Family" amerikanischer Folkmusik.

„Ich bin mit der Carter Family aufgewachsen. Seit sie 1927 in einem improvisierten Studio in Bristol, Tennessee ihre ersten Aufnahmen für Ralph Peer machten, einen Talentsucher der Victor Recording Company aus New York, war ihre Musik überall im Süden (aber auch anderswo) zu hören. Man kann ihre Bedeutung und ihren Einfluss auf die amerikanische Country-, Folk- und Popmusik gar nicht genug hervorheben."[9]

Die Aufnahmesessions Ende Juli und Anfang August 1927 in Bristol/Tennessee, gelten als der „Big Bang Of Country Music".[10] Der Erfolg des Radios setzte die Plattenfirmen unter Druck, deren Umsätze radikal einbrachen. Ziemlich plötzlich entstand ein relevanter Markt für die „Old-Time Music", hastig sammelten die Firmen Künstler, gerne auch mit Aufnahmesessions vor Ort. Der Produzent Ralph Peer von Victor Music baute sein mobiles Studio im dritten Stock einer Hutfabrik in Bristol auf und erhielt eine ungewöhnlich reiche Ernte. Angelockt durch denselben Zeitungsartikel zeichneten Anfang August die Carter Family und Jimmie Rodgers auf. Zwei wesentliche Säulen der amerikanischen Musik, die für zwei wesentliche Images stehen: Während Jimmie Rodgers für den „Rambling Man" steht, steht die Carter Family für Heimat und Stabilität.[11]

A. P. Carter, der Begründer der Carter Family, wuchs in einer strikt religiösen Familie auf, liebte spirituelle Songs und die Fiddle. Die hatte damals noch das Image, „vom Teufel" zu sein und wurde daher von seinen Eltern abgelehnt, sodass er erst mit dem Einkommen aus seiner Arbeit als Obstbaumverkäufer seine erste Geige kaufen konnte.[12] Mit seiner Frau Sara und seiner Schwägerin Maybelle wurde die Carter Family nach 1927 schnell zur berühmtesten Familie amerikanischer Folkmusik. Nach der Scheidung von A. P.

und Sara wurde die Familienband weitergeführt von Maybelle Carter und ihren Töchtern.

Sie machten Folkmusik in sehr weitem Sinn – eine Best-Of-Platte der Plattenfirma „Stetson" trägt den schönen Untertitel „Folk, Country, Blues & Sacred Songs". A. P. Carter sammelt leidenschaftliche Songs – was ihn wie so viele nach ihm nicht daran hindert, sie mit einem eigenen Copyright zu versehen. Religiöse und weltliche Songs koexistieren friedlich im Repertoire der „Carter Family", und in einem ihrer einflussreichsten Songs ist beides verschränkt. „No Depression (in Heaven)" (A. P. Carter) von 1936 erzählt gleichermaßen von den Schrecken der Großen Depression und einem Jenseits ohne Depression. In den 90ern wird „No Depression" zum Titel des Fachblatts für „Alternative Country" und zum Synonym für die ganze Bewegung.

Für Johnny Cash werden Mother Maybelle Carter, ihr Mann Ezra „Pop" Carter und die Töchter Helen, June und Anita zur zweiten, selbst gewählten Familie. Mit Ezra Carter teilt Johnny Cash die Leidenschaft für Theologisches.

Um Mother Maybelle Carter als Musikerin zu würdigen, fährt ihr Schwiegersohn in „Cash" schweres Geschütz auf. Gerade hat sie ihm berichtet, dass sie bei einigen Songs von Jimmie Rodgers Gitarre gespielt hatte. „Was sie mir da erzählte, hatte für mich die gleiche Bedeutung, wie wenn John Lennon zum Beispiel irgendwann zugegeben hätte, daß er anstelle von Bob Dylan auf Highway 61 Revisited Gitarre gespielt hätte – obwohl Maybelle in musikalischer, nicht kultureller Hinsicht einflußreicher war als Lennon und Dylan zusammen."[13]

Maybelle Carter entwickelte, am berühmtesten in „Wildwood Flower" (A. P. Carter), eine besondere Technik: mit dem Daumen auf den Basssaiten die Melodie spielen, während die anderen Finger mit einem Abwärtsschlag auf den anderen Saiten den Rhythmus spielen – der legendäre „Carter Lick".[14] Wenn Johnny Cash in seinem TV-Testimonial 1970 mit „Licks" gegen den Teufel antreten will, dann vermute ich, dass er vorrangig die „Carter Licks" im Sinn hat.

1929 geboren, ist June Carter die mittlere der drei Schwestern von Ezra und Maybelle Carter, Helen ist die ältere, Anita die jüngere. June beginnt mit neun oder zehn Jahren aufzutreten. „The Carter Family Hour" wird von einer enorm starken Radiostation knapp hinter der Grenze in Mexiko übertragen und erreicht auch Dyess.

Johnny Cashs Sohn berichtet, wie sein Vater ihm von dem ersten Mal erzählte, dass er June hörte: „Dad sagte mir zu diesem ersten Hörerlebnis: ‚Ich lachte den ganzen folgenden Tag lang über sie. Sie bezauberte mich schon beim ersten Mal, als ich ihre Stimme hörte.'"[15]

June ist nicht die Sanfte in der Carter Family, sie ist der lustige Wildfang. Neben Singen ist ihr Part die „Comedy Routine", komische Sprechparts zwischen den Musikstücken. Zu ihrem Bühnenrepertoire gehören Witze, gern ein bisschen zotig à la: „Mein Freund schenkte mir einen neuen Badeanzug. Gut, es war eher nur eine Tube Sonnencreme und ein Reißverschluss." Oder komische Gedichte, wie das kürzeste Gedicht der Welt über die ersten Fliegen auf der Welt: „Adam / Had'em."[16]

Wenn Robert Elfstrom Johnny und June 1969 in seiner TV-Dokumentation „Johnny Cash! The Man, His World, His Music" albernd und lachend im Tourbus zeigt, dürfte das relativ repräsentativ für ihr Zusammensein sein: „Sie gab mir täglich eine Dosis Freude und Lachen."[17]

Als 18-Jähriger sieht Johnny Cash bei einem Schulausflug nach Nashville June Carter das erste Mal auf der Bühne der „Grand Ole

Opry". Als er 1956 dort selbst spielt, gibt es das erste Treffen backstage, legendär auch für seinen Sohn: „Es wurde berichtet, mein Vater sei bestimmt und selbstsicher aufgetreten, als er June bei der Grand Ole Opry hinter der Bühne zum ersten Mal persönlich begegnete. ‚Hallo, ich bin Johnny Cash‘, hatte er gesagt. ‚Eines Tages werde ich dich heiraten.‘ Angeblich hatte meine Mutter gespottet: ‚Ich kann es kaum erwarten.‘"[18]

Bis dahin wird es noch 12 Jahre dauern, obwohl die beiden ab Ende 1961 fast stetig zusammen touren. Zunächst wird June Teil der „Johnny Cash Show", dann auch ihre Schwestern Anita und Helen und die Mutter Maybelle. Zweifellos ist die Drogensucht einer der Gründe für Junes langjährige Weigerung, sich mit Johnny einzulassen. June Carter stand mit Hank Williams auf der Bühne und ist die Taufpatin seines Sohns. Bei Hank Williams hatte sie den Weg nach unten aus nächster Nähe verfolgt. Auch wenn die toxische On-Off-Beziehung von Hank und seiner Ehefrau Audrey einen Klassiker der Countrymusik nach dem anderen hervorbringt, das Elend aus der Nähe zu verfolgen, ist kein Spaß.

In ihrer Autobiografie „From the Heart" erzählt June Carter, wie Hank einmal auf sie schoss, weil er sie für Audrey hielt.[19] Sie wird keinen unkontrollierbaren Drogensüchtigen heiraten. Aber June passt auch nicht in die Rolle, die ihr in der Geschichte von June und Johnny oft zugeschrieben wird, die Rolle der aufopferungsvoll wartenden, die Läuterung des Künstlers vorantreibenden, reinen Seele. Sie ist schon viel länger auf Tour als Johnny und ist selbst ein ziemlich toughes „original rock 'n' roll gal"[20]. Und auch ihr sind Drogenprobleme nicht fremd, wenn auch in deutlich geringerem Ausmaß. Schon bei der Carter Family gehört die schwarze Arzneimitteltasche mit Aufputschmitteln auf Tour dazu,[21] im Schatten von Johnny Cashs exzessiverer Drogensucht durchlebt June Carter Cash ihre eigene jahrzehntelange Drogengeschichte.

Je weltlicher die Geschichte von June und Johnny erzählt wird, desto mehr wird ein für die Handelnden entscheidender Fakt vernachlässigt: Diese große Liebe ist über Jahre auch ein Ehebruch. Ich habe erst spät, nach vielen märchenartigen Erzählungen über June und Johnny, die Version der verlassenen Ehefrau gelesen. Noch kurz vor seinem Tod hatte Vivian mit Johnny Cash darüber gesprochen, erst nach ihrem Tod, 2007, erscheint Vivian Cashs Memoir „I Walked the Line". Das Buch zeugt von tiefen Verletzungen, Vorwürfe richtet Vivian Cash dabei eher gegen June Carter als gegen Johnny Cash. Es zu lesen schützt vor einem allzu verklärenden Blick. Die Liebe zwischen Johnny und June entwickelt sich in einem Dickicht von Sünde und Schuld, zwischen Menschen, die Sünde und Schuld fühlen können.

Berührend finde ich, wie Vivian Cash sich zum Prinzip Reue bekennt, das meist dort bekämpft wird, wo Selbstverwirklichung das höchste Gut ist: „In einem seiner letzten Interviews fragte ihn Larry King: ‚Bereuen Sie etwas in Ihrem Leben?', und Johnny antwortete: ‚Nein'. Das kommt mir so seltsam vor. Jeder bereut doch etwas. Und ich bereue ganz sicher viel."[22]

So geht Vivian Cashs Version der Geschichte: „Die kurzatmigen Behauptungen, dass June Johnny vor den Drogen gerettet hat, sind einfach nicht wahr. Unsere Familie weiß, dass es nicht wahr ist. Und es nimmt Johnny, der von den Drogen wegkam, die Anerkennung weg. Es war eine Geschichte, die sie gut aussehen ließ, und es ließ sie beide vor der Welt gut dastehen, wenn sie das sagten, aber wie viele Geschichten, die da draußen kursieren, war sie nicht korrekt. Ich weiß, und andere wissen es auch, dass sie ein eigenes Drogenproblem während der ganzen Ehe mit Johnny hatte. Ich war sogar überrascht zu erfahren, dass ihre Drogensucht lange nicht öffentliches Wissen war. Ich glaube, dass Folgendes wahr ist: Als Johnny und ich verheiratet waren und June ins Spiel kam, erlag Johnny ihren Annäherungsversuchen. Das Ergebnis war, dass er von Schuldgefühlen geplagt wurde. Einerseits quälte ihn sein Gewissen und er wollte das Richtige tun. Andererseits war sie ihm gegenüber unerbittlich. Sie wollte ihn nicht loslassen. Nachdem ich wieder geheiratet hatte, fühlte er sich von den Schuldgefühlen befreit, die ihn geplagt hatten, und konnte mit seiner Sucht klarkommen."[23]

Dass die Katholikin Vivian Cash wieder heiraten kann, dazu hat Johnny Cash beigetragen, in dem er alle Schuld an der Zerrüttung der Ehe auf sich nahm. Die Liebe von June und Johnny ist eine große Liebeserzählung, umgeben von Schuld, Reue und Verletzungen, die auch durch diese Liebe nicht geheilt werden. Der Weg von June Carter und Johnny Cash in die Ehe führt über intensive Schuldgefühle und Gewissensqualen der beiden gläubigen Christen.

„Es brauchte eine so lange Zeit des Betens und Ausweichens, während ich doch schon beim ersten Blick auf ihn wusste, dass sein Schmerz genauso groß war wie meiner, und aus den Tiefen meiner Verzweiflung trat ich hervor, um das Feuer zu spüren, und es gibt keine Möglichkeit in dieser Hölle zu existieren und es gibt keine Möglichkeit, eine Flamme zu löschen, die brennt, brennt, brennt."[24]

June Carter ist es, die das Lied ihrer Liebe schreibt, „Ring of Fire" (J. Carter/M. Kilgore). Das Lied der gefährlichen Nähe, das Johnny Cash 1963 mit dem dringend benötigten neuen Hit versorgt. Es ist kein sanftes Liebeslied; die Flammen könnten genauso gut auch das Höllenfeuer sein, musikalisch mitreißend, innovativ durch den in der Countrymusik ungewohnten Einsatz von Trompeten.

Es wird ein sehr langes gemeinsames Ringen um ihre Liebe, deren Basis Musik und Glaube und Humor sind. Bei keinem ihrer beiden Standardduette im Repertoire der 60er-Jahre und weit darüber hinaus schmachtet June Johnny auf der Bühne an. Den Song

„It Ain't Me Babe" (B. Dylan) haben sie von Bob Dylan bekommen, seine Botschaft: „Zähl nicht auf mich, ich werde dich nicht beschützen." Bei Bob Dylan ist das positiv betrachtet die Absage an ein traditionelles Männerbild, negativ die dokumentierte Unverantwortlichkeit. Als gleichberechtigtes Duett wird daraus etwas anderes, die Botschaft wandelt sich zu einer Warnung davor, den jeweils anderen mit den eigenen Ansprüchen zu überfrachten.

Noch stärker vom Duett zum Duell wird „Jackson" (G. Rodgers/B. Wheeler). Ein Südstaatenehepaar vom Land, dessen Liebe öde geworden ist, geht am Samstagabend in die Stadt, nach Jackson, und konkurriert darum, wer besser einen draufmachen kann. Das ist definitiv ein erstaunlicher Signature-Song für eine im Entstehen begriffene große Liebe.

Auch „Darlin' Companion" (J. Sebastian) setzt eher auf den Teamgedanken als auf romantischen Überschwang. Und das erste gemeinsame Album, „Carryin' On with Johnny Cash & June Carter", wird eröffnet durch ein Duett, das Bassist Marshall Grant den beiden auf den Leib geschrieben hat: „Long-Legged Guitar Pickin' Man" (M. Grant), der langbeinige Gitarrenpicker im launigen Wettstreit mit der „Big Mouth Woman". Die energiegeladenen musikalischen Fights sind keine Duett-Schmachtfetzen. Sie haben einiges von den derben Dialogen, die zum Standardrepertoire der Bühnenkünstlerin June Carter gehören, kombiniert mit erotischer Spannung. Und als „Big Mouth Woman" ist June Carter kein Sidekick, sondern eher der treibende Part eines Powerteams.

Der Zeitschrift „Brigitte" war es 2017 eine längere Meldung wert, dass in Großbritannien der schönste Liebesbrief der Welt gewählt wurde. Auf Platz 1 landet der Brief von Johnny Cash an June Carter zu ihrem 65. Geburtstag:

Happy Birthday, Prinzessin,

wir werden alt und gewöhnen uns aneinander. Wir denken gleich. Wir lesen gegenseitig unsere Gedanken. Wir wissen, was der andere will, ohne zu fragen. Manchmal gehen wir uns etwas auf die Nerven. Manchmal sehen wir den anderen als selbstverständlich an.

Aber ab und zu, so wie heute, denke ich darüber nach und erkenne, wie viel Glück ich habe, mein Leben mit der wunderbarsten Frau zu teilen, die ich je getroffen habe. Du faszinierst und inspirierst mich immer noch. Du beeinflusst mich zum Besseren. Du bist das Objekt meiner Sehnsucht. Der irdische Grund Nr. 1 für meine Existenz.

Ich liebe dich über alles.

Alles Gute zum Geburtstag, Prinzessin.
John.[25]

So also geht der schönste Liebesbrief: Vom gemeinsamen Leben ausgehen, dann dazu überleiten, wie wunderbar die Geliebte ist, und anschließend eine kleine Dosis Lob dafür, welche großartigen Effekte sie in einem selbst auslöst. Der Mann – ich gehe davon aus, dass überwiegend Frauen für den Brief abgestimmt haben – sollte möglichst darauf verzichten, die Geliebte mit Erlösungs- und Errettungsfantasien zu überfrachten, ein Metier, in dem sich Bob Dylans Songs gern bewegen: „Engel" zu sein ist das Minimum. Darauf verzichtet Johnny Cash bei June. Johnny hat definitiv eine Beziehung zu Engeln, und genau deswegen benutzt er ihn nicht als wohlfeilen Kosenamen. Ihre gemeinsamen Songs, der Brief – alles kommt ohne religiöse Metaphorik aus. Die Liebe von June und Johnny ist „earthly", irdisch. Es ist fast so, als hätte die ganze

Familie Carter/Cash sich darauf verständigt, das immer wieder klarzumachen. John Carter Cash zitiert sich selbst im Gespräch mit seinem Vater nach dem Tod der Mutter: „Dad', sagte ich, ‚Du und Mom hattet die großartigste menschliche Liebe, die ich je gesehen habe.'"[26]

Die Liebe von June und Johnny ist eine weltliche Angelegenheit zweier tiefgläubiger Menschen, die sich nicht gegenseitig erlösen zu müssen meinen, die aber ihren Glauben teilen.

„Was unsere theologischen Kenntnisse angeht, stehen June und ich auf einer Ebene, doch im Gegensatz zu mir ist sie eine passionierte Beterin. Sie ist sogar so gut im Beten, daß ich mich manchmal dabei ertappe, wie ich denke, daß ich vielleicht gar nicht beten *muß*, weil sie ja schon für mich betet. Das ist natürlich ein gefährlicher Gedanke und einer der Gründe, warum sie so heftig für mich beten muß."[27]

Die beiden geben sich das Maximum dessen, was Menschen sich geben können. Sie können sich gegenseitig stützen, aber sie können sich nicht retten – das kann nur Gott. Im späten „Like a Soldier" (John R. Cash) schaut Johnny Cash in der Pose des alten Soldaten auf die Schlachten seines Lebens zurück, von denen er manche lieber vergessen würde. June ist hier nicht einmal die Kampfgefährtin – sie ist „my spoil of victory", die Beute für den Sieger aus den einsamen Schlachten mit sich selbst.

Johnny Cash berichtet in seinen zwei Autobiografien in zwei Versionen davon, wie ihm Ende 1967 der entscheidende Durchbruch gegen die Drogensucht gelingt. 1975 steht in „Man in Black" als Wendepunkt die Szene im Vordergrund, wie ein Sheriff, der ein großer Fan gerade seiner Gospelalben ist, ihm nach einer Nacht in der Zelle die Pillen zurückgibt und ihm tief enttäuscht freistellt, sich umzubringen: „Gott schickte ihn zu mir, oder mich zu ihm."[28]

1997 in „Cash" ist der Wendepunkt ein Erlebnis in einem großen Höhlensystem, der Nickajack-Höhle, in die er kriecht, um in der Dunkelheit zu sterben: „Diese absolute Dunkelheit paßte genau, denn in diesem Moment war ich so weit von Gott entfernt wie noch nie. Meine Trennung von Gott, die tiefste und verheerendste Einsamkeit, die ich in all den Jahren empfunden hatte, schien jetzt vollkommen. Sie war es nicht. Ich dachte, ich hätte mich von Gott getrennt, aber Gott hatte mich nicht verlassen. Ich spürte, wie mich plötzlich etwas ungeheuer Kraftvolles durchdrang, ein Gefühl vollkommenen Friedens, vollkommener Klarheit und Nüchternheit. Ich konnte es zuerst gar nicht glauben. Ich konnte es einfach nicht begreifen. Wie war es möglich, daß ich mich, nachdem ich so lange nicht geschlafen, meinem Körper so viel zugemutet und so viele Pillen geschluckt hatte – Dutzende, ja Hunderte – so gut fühlen konnte? Aber das Gefühl dauerte an, und meine Gedanken wandten sich Gott zu. Er sprach nicht zu mir – das hat er nie getan, und ich wäre sehr überrascht, wenn er es jemals täte –, doch ich glaube, daß er mir schon manches tiefe Gefühl und vielleicht sogar den einen oder anderen Gedanken eingegeben hat. Dort in der Nickajack-Höhle wurde ich mir plötzlich einer sehr klaren, einfachen Sache bewußt: Die Entscheidung über mein Schicksal lag nicht in meiner Hand. Ich konnte über meinen Tod nicht selbst bestimmen. Ich würde sterben, wann Gott es für richtig hielt, nicht wann ich es wollte. Bei meiner Entscheidung, in die Höhle zu gehen, um zu sterben, hatte ich Gott nicht um Rat gefragt, aber das hatte Gott nicht davon abgehalten einzuschreiten."[29]

Es folgt ein kalter Entzug. Am 22. Februar 1968 macht Johnny Cash June auf der Bühne einen Heiratsantrag; beide sind mittlerweile geschieden, June sagt Ja, sie heiraten am 1. März 1968. Was da in eine Hochzeit mündet, ist trotz aller Hindernisse eine Anti-Romeo-und-Julia-Geschichte, sie geht gut aus und es ist eine dynastisch sinnvolle Heirat. Der alte Country-Hochadel der Carter Family verbündet sich mit dem erfolgreichen Star der Stunde, der ihr Werk weiterträgt. Der Bräutigam ärmlichster Herkunft wird durch die Verbindung geadelt.

In seiner Autobiografie erzählt Johnny Cash ausführlich, wie er sich als Schwiegersohn in die Carter Family fallen lässt, wie viel die Verbindung ihm bedeutet.

Johnny Cash wird jetzt regelmäßig Gast in der „Carter Family Fold", einem Veranstaltungsort für „Mountain Music" in der Nähe eines der Carter-Häuser in Maces Springs/Virginia. Er hat das Privileg, als Einziger dort elektrisch verstärkt spielen zu dürfen.[30] Und mit all den Kindern, Schwiegertöchtern, Schwiegersöhnen und Enkeln wächst eine ansehnliche Carter/Cash-Musikdynastie heran.

Johnny Cash wird nicht auf Anhieb drogenfrei. Es gibt eine lange schwankende Phase, bis er mit der Geburt des einzigen gemeinsamen Kindes John Carter Cash im März 1970 für eine längere Zeit komplett clean wird. Er gibt auch noch gleich das Rauchen auf und übertreibt seine Rolle als überfürsorglicher Vater etwas: Er lässt in Hotels die Teppichböden reinigen, damit der bereits als Kleinkind mit auf Tour gehende John Carter von Nikotingestank unbehelligt bleibt.[31]

1973 erzählt er, was für einen großen Anteil sein Sohn an seinem Wandel hat und dass er wegen der Tierliebe des kleinen John unter anderem auch das Jagen aufgegeben hat.[32] Einen Widerspruch hat Johnny Cash mit der Heirat hinter sich gelassen: den zwischen bürgerlichem Ehedasein und dem Tourleben, das June mit ihm teilt. Doch mit der Heirat bricht nicht automatisch das pure Glück aus. Drogen, Streit und Eifersuchtsdramen, all das wird immer wieder eine Rolle spielen.

Zusammen bringen beide sechs Kinder mit in die Ehe. Johnny Cash kümmert sich intensiver als je zuvor um die Töchter aus seiner Ehe mit Vivian und versucht, alles, was er bei ihnen früher versäumt hat, an seinem Sohn wiedergutzumachen. John Carter erlebt seine Kindheit und Jugend trotzdem nicht als nachhaltige Idylle und zitiert, was seine Mutter an schlechten Tagen von Johnny Cash sagte: „Dein Vater benimmt sich heute wie ein Bär."[33]

Die Eskalationen laufen allerdings ohne körperliche Gewalt ab – nicht selbstverständlich für die 60er- und 70er-Jahre. So wenig man sich Johnny Cash an schlechten Tagen zu eindimensional als hilfloses Drogenopfer vorstellen sollte, so wenig sind von ihm nach dem ersten großen Sieg über die Drogen nur noch gute Nachrichten zu erwarten. Sieben Wochen nach der Heirat spielt er im „Carousel Ballroom" den in seinem Repertoire selten auftauchenden Song „Bad News" (J. D. Loudermilk) und inszeniert sich mit ausgelassener Freude als Badass. Drogen befeuern das „Beast in Me"[34], das Biest in ihm, aber es verschwindet nicht, wenn er clean ist. John Carter Cash bietet eine Alternative zur Märchenversion der Lovestory von Johnny und June an: „Wenn die Geschichte von Johnny und June Carter Cash in aller Kürze erzählt worden ist, ist dies das Happy End: Sie bekamen einen Sohn und lebten glücklich bis ans Ende ihrer Tage. Das scheint die unausgesprochene Botschaft des Films ‚I Walk the Line' zu sein. Natürlich ist das nicht wahr. Es ist sogar weit davon entfernt, wahr zu sein. Aber ihre Liebe hat alle die Jahre danach, die Erfolge und Niederlagen, die Triumphe und die seelischen Qualen, überdauert."[35]

Das ist zwar dramaturgisch sperriger, aber es ist die nicht nur realitätsnähere, sondern auch wertvollere Liebesgeschichte – nicht „happily ever after", sondern „happily after all".

KAPITEL 7: IM GEFÄNGNIS

Als Johnny Cash June Carter heiratet, befindet sich seine Karriere in einem der vielen Wellentäler. Mit seinen Gefängniskonzerten gelingt ihm das erste große Comeback. Das Outlaw-Image, das sie ausbauen, hat er sich in den 60er-Jahren hart erarbeitet. Nicht nur durch Drogenexzesse und Verhaftungsfotos. Er hat sich von Rockabilly und Country so weit in Richtung Folk bewegt, dass er sowohl als Folkkünstler mit Countrywurzeln wie auch als Country-sänger mit Folkneigung durchgehen kann. Und Folk ist in den 60er-Jahren in den USA mehr als ein Musikstil.

Die Suche nach der wirklich wahren Musik des Volkes ist, durchaus auch mit schrägen Übertreibungen, die Kampfansage der entstehenden studentischen linken Gegenkultur an die kapitalistische Unterhaltungsindustrie. Wenn Johnny Cash Mitte der 60er in den Folkkneipen im New Yorker Greenwich Village auftaucht, wird das vom dortigen Milieu nicht primär als Frage des Musikstils, sondern als eine Frage von Kultur und Politik verstanden: „Aber Johnny wollte mehr als das Hillbilly-Geklimpere; er war hungrig nach der Tiefe und der Wahrheit, die man nur im Folk-Bereich hört (bis Johnny Cash auftauchte, jedenfalls)."[1]

Johnny Cash, der dem „Hillbilly Jangle" der Countrymusik nie wirklich untreu werden wird, hat durch June Carter und damit die Carter Family einen privilegierten Zugang zu den Folkwurzeln. Und er verbündet sich mit dem Folkhelden Bob Dylan, der die Rock 'n' Roll-E-Gitarre seiner Anfänge gegen die Akustikgitarre eingetauscht hat. Zunächst imitiert er fast manisch die Folklegende Woody Guthrie, dann steigt er mit originalen Folksongs, mit „Protestsongs" zum Helden der Bewegung auf.

Als einer der vielen Richtungswechsel von Dylan wahre Protest-
stürme in der Folkszene erntet, tritt Johnny Cash 1964 mit einem
offenen Brief an das Musikmagazin „Broadside" für Dylan ein:
„Shut up! And let him sing!" Es folgt ein immer noch unveröffent-
lichter Briefwechsel zwischen den beiden Musikern.

Statt auf Singles für die Jukebox setzen die „Folkies" zunehmend
auf Alben. Johnny Cash ist mit gleich vier Konzeptalben von 1960

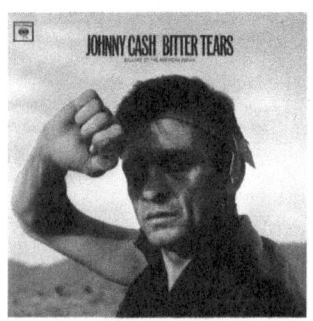

bis 1967 definitiv Avantgarde nicht nur für
den Countrybereich. Es beginnt 1960 mit
„Ride This Train", einem musikalischen Trip
durch die nordamerikanische Geschichte.
1963 präsentiert er mit „Blood, Sweat and
Tears" Songs über hart arbeitende Menschen,
inspiriert von dem legendären Folkalbum von
Merle Travis, „Folk Songs of the Hills". 1964
folgt „Bitter Tears. Ballads of the American
Indian", 1967 „Johnny Cash Sings the Ballads of the True West".

Von den wahren Geschichten der Unterdrückten und Verlierer
zu singen, das ist Folk, und für einen Country-Künstler ist sein
Kampf für die Native Americans mutig und gewagt. In einer An-
zeige im Branchenmagazin „Billboard" und Briefen an DJs fordert
Johnny Cash weitgehend vergeblich den Mumm ein, mit seiner
Single „The Ballad of Ira Hayes" (P. la Farge) einen kontroversen
Song im Radio zu spielen.

Und dann fährt der Ku-Klux-Klan eine Kampagne gegen Johnnys damalige Ehefrau Vivian, bezeichnet sie ob ihrer dunklen
Hautfarbe als „Negress", Cash als „Scum", die Kinder als „mong-
relized".

Johnny Cash schreibt dazu in einem Statement: „Was ich ab-
lehne, ist der Versuch der persönlichen Verunglimpfung und der
Versuch, meine Kinder dazu zu bringen, dass sie sich ihrer Geburt
schämen. Wenn es einen Mischling in der Menge gibt, dann bin ich

das, denn ich bin Ire und zu einem Viertel Cherokee-Indianer. Ich habe kein Interesse an Politik. Meine Sache ist die Musik, und ich habe sowohl ‚John Henry' als auch ‚Remember the Alamo' gesungen. Wenn ich gewinne, werde ich das Geld dem Verteidigungshaushalt zukommen lassen."[2]

Die Kampagne verebbt schnell. Johnny Cash führt den Kampf für die Rechte der Indigenen fort, aber er verzichtet zunehmend darauf, sich selbst indigene Wurzeln zuzuschreiben. Seine Herkunft lässt sich väterlicherseits wohl gut auf eine 1667 aus Schottland ausgewanderte Familie zurückführen.[3] Johnny Cash strickt an den Geschichten und Legenden um sich durchaus selbst mit, gern wird ihm der Spruch zugeschrieben: „Never let the truth get in the way of a good story."[4] Aber die Geschichte seiner indigenen Wurzeln ist nicht mal unbedingt eine gute Geschichte. Es braucht kein Cherokee-Blut, um gegen die Diskriminierung von Cherokees zu kämpfen. Es reicht völlig, Christ zu sein.

Eine gute Geschichte ist dann wieder, dass mehrere Stämme ihn ehrenhalber als Mitglied aufnehmen. Und ein Nachruf auf ihn 2003 in der „Indian Times" beklagt, die amerikanischen Ureinwohner hätten „einen Krieger verloren".[5]

In seinem Statement verweist er auf seine Wild-West-Songs, über den legendären Bahnarbeiter John Henry und die Schlacht von Alamo, Symbol für den Texanischen Unabhängigkeitskampf. Er bleibt dabei, bei „Cowboy und Indianer" auf beiden Seiten zu spielen, sieht sich als „the Indian in the white man's camp" oder „the white man in the Indians' camp".[6]

In den „Ballads of the True West" widmet er sich nach intensiver historischer Recherche dem harten Leben der Pioniere und Cowboys zwischen Stampedes und Sandstürmen. Das hat vor allem damit zu tun, wie Folksänger die Tradition betrachten, und wenig damit, dass Countrysänger Cowboy spielen. Ab den 30er-Jahren des 20. Jahrhunderts greift die Musik, die später zum Genre

„Country & Western" wird, Wild-West-Motive auf. Attraktiv sind romantisierte Cowboybilder, die ein schickeres Image versprechen als der Farmer. Es geht um Style und Pose – und letztlich auch um fantasievolle Bühnenoutfits.[7]

Besonders schöne Cowboyanzüge und -hüte trägt Hank Williams. Wenn er in seinem Hit „Jambalaya" (H. Williams) Cajun-Musik aufklingen lässt, ist das ebenso ein folkloristisches Zitat wie indigene Anmutungen im Nachfolger „Kaw-Liga" (F. Rose / H. Williams).

Da ist Johnny Cash auch in seiner Annäherung an den Cowboy ernsthafter und radikaler, er steigt nicht nur tief ins Archiv, er macht auch den Selbstversuch: „Manchmal habe ich den Bogen vielleicht auch ein bißchen überspannt, was nicht gerade ungewöhnlich ist für jemanden, der Amphetamine nimmt. Ich zog mir meine Cowboy-Montur an – eine echte, eine richtige Antiquität –, fuhr raus in die Wüste oder zu einer verlassenen Ranch und versuchte, mich in die Cowboys hineinzuversetzen, versuchte, so zu sein wie sie. Auch wenn ich unterwegs war und bei den Konzerten trug ich echte Western-Klamotten. Manchmal schnallte ich mir sogar meinen Revolver um, bevor ich auf die Bühne ging. Er war natürlich geladen."[8]

Ein Höhepunkt seiner Folkphase ist 1965 das Album „Orange Blossom Special". Dort manifestiert er mit dem Song „All of God's Children Ain't Free" (John R. Cash) die Grundlage seines Engagements für alle Ausgestoßenen und Diskriminierten – Gleichheit und Freiheit verdienen alle Menschen als Gottes Kinder. Natürlich ist es legitim, auf Intoleranz und Gewalt in der 2000-jährigen Geschichte des Christentums hinzuweisen, und Johnny Cash leugnet das nicht: „All dieses Töten im Namen von Christus – Tod den Ungläubigen! – aber Kids müssen sich doch mit diesem Mist nicht beschäftigen. Nur weil schlimme Dinge im Namen der Religion getan werden, heißt das nicht, dass die Religion schlecht ist."[9]

Und selbst rückwärtsgewandt kann der Blick auf Krieg und Verfolgung im Namen von Christus den Blick darauf verstellen, dass die christliche Vorstellung der Gottesebenbildlichkeit der Vorstellung einer allgemeinen Menschenwürde und von allgemeinen Menschenrechten überhaupt erst den Weg bahnt.[10] Johnny Cashs Protest gegen jede Ungleichbehandlung und sein Einsatz für die Diskriminierten wurzeln in seiner Überzeugung von unserer Gleichheit vor Gott. Um es mit Billy Graham zu sagen: „Der Boden am Fuß des Kreuzes ist eben."[11]

> Nun seid ihr alle zu Kindern Gottes geworden, weil ihr durch den Glauben mit Jesus Christus verbunden seid. Ihr gehört zu Christus, denn ihr seid auf seinen Namen getauft. Jetzt ist es nicht mehr wichtig, ob ihr Juden oder Griechen, Sklaven oder Freie, Männer oder Frauen seid: In Jesus Christus seid ihr alle eins.
>
> Galater 3, 26-28 (Hfa)

Im Einsatz für die Außenseiter spielt Johnny Cash seit 1957 kontinuierlich in Gefängnissen. Gleich beim ersten Konzert in Huntsville, Texas, erwirbt er sich Respekt, als er nach einem Stromausfall einfach akustisch weiterspielt.[12] Den lang gehegten Plan eines Livekonzertes im Gefängnis mit einzigartiger Atmosphäre und heftigen Publikumsreaktionen kann Johnny Cash erst mit seinem neuen, jüngeren und risikofreudigen Produzenten Bob Johnston verwirklichen.

„Johnny Cash at Folsom Prison" erscheint im Mai 1968, erreicht Platin-Status und zieht auch die Single mit der Liveversion von „Folsom Prison Blues" auf Platz 1 der Country-Charts. Das erste große Comeback. Nach dem Song „Folsom Prison Blues" und den Verhaftungsfotos aus El Paso zementieren die Gefängniskonzerte endgültig Johnny Cashs Image als singenden Straftäter, hartnäckig und gegen die Faktenlage. Selbst die gefährlich aussehende Narbe in seinem Gesicht hat mit Verbrechen und Gewalt nichts zu tun: Während seiner Militärzeit in Deutschland hatte ein betrunkener Arzt dort eine Zyste unfachmännisch entfernt.

In den Liner Notes des Albums spielt er noch mit dem Verbrecherimage („Ich spreche zum Teil aus Erfahrung"), umfassend klar stellt er das 1975 in „Man in Black" unter der schönen Überschrift: „Seven One Night Stands". Sieben Mal hat er je eine Nacht im Gefängnis verbracht, meist in der Ausnüchterungszelle, wegen Sachbeschädigung und Drogenbesitz. Seine authentische Erfahrung spiegelt wohl am stärksten „Starkville City Jail" (John R. Cash), ein tendenziell komischer Song, den er für das folgende Gefängniskonzert in San Quentin schreibt; darin gerät er wegen Verletzung der Ausgangssperre und unautorisierten Blumenpflückens eine Nacht hinter Gitter und ruiniert um sich tretend seine sauteuren Schuhe.

Dabei gibt es genügend Countrysänger mit echter Knasterfahrung: Merle Haggard sitzt insgesamt sieben Jahre hinter Gittern, dort hört er bei einem Konzert Johnny Cash und startet tief beeindruckt nach der Haftentlassung seine Musikkarriere.

Johnny Cash singt nicht als Verbrecher zu Verbrechern, aber als Künstler läuft er vor diesem Publikum zu Hochtouren auf. Auch wenn er Gefängniskonzerte kennt – die Liveaufzeichnung im Gefängnis ist eine neue Herausforderung. Er muss sie nüchtern bestehen, nach zehn Jahren gewöhnt er sich erst wieder an drogenfreie Auftritte.

Neben der Musik sind die Moderationen ein Ereignis. Johnny Cash redet viel, schlägt einen harten Ton gegenüber den Wärtern an, jede Verbrüderung wäre wohl tödlich für das Image, und spottet über die Qualität des Trinkwassers.[13] Und er spielt damit, dass das hier keine intime Veranstaltung ist, das Konzert wird aufgezeichnet und so wird das Publikum es mitgestalten. Allerdings nur in Grenzen, plötzlich markiert er den Produzenten Bob Johnston als Oberzensor:

„Ich möchte euch nur sagen, dass diese Show für ein Album aufgezeichnet wird, das Columbia Records veröffentlichen wird, und ihr dürft nicht ‚Hölle‘ oder ‚Scheiße‘ oder so etwas sagen (Gelächter). Wie gefällt Dir das, Bob?"[14]

So wird „At Folsom Prison" ein Konzert, das durch Applaus, Gelächter und Zwischenrufe durchgehend live vom Publikum kommentiert wird. Und Johnny Cash liefert ein perfektes Livekonzert ab.[15] Nichts davon klingt nach Konserve, Routine und Trick, es fühlt sich nach einem Dialog mit dem Publikum an, jede Zeile klingt hier und jetzt erzählt, bedeutungsvoll. Und die Band ergänzt das perfekt, jeder spielt in seinem Bereich den entscheidenden Punkt energisch und druckvoll.[16] Es ist ein Meisterstück, eine gemeinsame Reise mit der Handschrift des leidenschaftlichen Live-Künstlers.

Zuerst das maximal stylische Intro: „Hello, I'm Johnny Cash", dann ohne Umschweife der vom Publikum erwartete Hit: „Folsom Prison Blues". Danach beweist Johnny Cash, wie viele Mörderballaden er draufhat und welche unterschiedlichen Stimmungen sie entfalten können. Die gesungene Hinrichtung in „25 Minutes to Go" (S. Silverstein), in dem es um die letzten Minuten bis zum Galgen geht, hat etwas von der antiken Katharsis: in Kunst durchlebter Schrecken reinigt und härtet ab. „Long Black Veil" (M. Wilkin /  D. Danny) ist dagegen Schauerromantik mit einer Botschaft, die aus dem Grab gesungen wird. Der unschuldige Sänger lässt sich lieber hinrichten, als sein Alibi zu verwenden – er war bei der Frau des besten Freundes. Immerhin besucht sie ihn jetzt gelegentlich, mit einem schwarzen Schleier verhüllt, nachts am Grab.

Neben den Mörderballaden geht es um das Schuften in Kohleminen, um den Gefängnisalltag und um Sehnsucht. Wenn es zu düster zu werden droht, wechselt Johnny Cash die Stimmung. Der fröhlich-bewegte Train-Song „Orange Blossom Special" (E.T. Rouse) bietet durch die langen Mundharmonika-Passagen auch etwas Entspannung für seine Stimmbänder. Mit June Carter und voller Bandbesetzung wird in „Jackson" (G. E. Wheeler / G. Rodgers) am Samstagabend einer draufgemacht. Oder Johnny Cash wird solo an der Gitarre mit „Flushed From the Bathroom of Your Heart" (J. Clement) lustig. Ja, die Geliebte hat den Sänger rausgeschmissen, aber immerhin fallen ihm viele und immer schrägere Bilder ein: Aus der Hintertür ihres Lebens hat sie ihn rausgekehrt, im Theater ihrer Liebe hat er seine Rolle verloren, in ihrem Terminplaner ist er die vergangene Woche, sie hat ihn die Toilette ihres Herzens heruntergespült.

Dass Johnny Cash kein virtuoser Gitarrist ist und das auch niemals von sich behauptete,[17] ist hier entschieden hilfreich. Nichts lenkt ab von seinem Charisma, seiner Stimme, seinem Humor. Da Superlative immer etwas Verbissenes haben: Johnny Cash ist einer der lustigsten Rockstars. Sein ausgeprägter Hang zur Komik wird fast genauso gerne marginalisiert wie sein christlicher Glaube. Und vielleicht haben sein christlicher Glaube und sein Humor viel miteinander zu tun, eine gewisse Distanz zum irdischen Geschehen kann komikfördernd sein.

Es war in dem Konzert schon da und dort von Gott die Rede, aber ein Gospel bildet den Abschluss: „Greystone Chapel" (G. Sherley). Die Geschichte um den Song ist so passgenau, dass sie gescripted klingt, aber das ist sie wohl nicht. Den Song hat der Gefangene Glen Sherley geschrieben, Johnny Cash hat ihn erst am Vortag zum ersten Mal geprobt, und jetzt gibt es live die Uraufführung des Songs über die Gefängniskapelle, die schon so viele Seelen rettete. „Auch wenn mein Körper im Gefängnis ist – der

Herr hat meine Seele befreit: Der Refrain feiert die spirituelle Befreiung durch Jesus.

Die gemeinsame Reise des Konzertes damit enden zu lassen, das braucht das Rückgrat, die Statur und die Glaubwürdigkeit eines Johnny Cash, 30 Jahre danach schreibt er im Rückblick auf das Konzert: „Ich singe ihnen wohlklingende Hymnen über Mutter, Jesus, Freiheit, Kinder. Aber natürlich singe ich auch über Mauern und über die freudige, die heiligste, die geistige Freiheit.“[18]

Darüber hinaus versteht Johnny Cash bisweilen das Gefängnis durchaus in einem allgemeineren Sinne als Bild für menschliche Existenz: „Ich glaube, Gefängnissongs sind deshalb so populär, weil die meisten von uns in dieser oder jener Art von Gefängnis leben, ob es uns bewusst ist oder nicht. Die Worte eines Songs über jemanden, der tatsächlich im Gefängnis lebt, sprechen vielen von uns aus dem Herzen, die, auch wenn es nach außen hin nicht so aussieht, ihr Leben in einem Gefängnis fristen.“[19]

Dass er auf der Bühne auf jede Bemerkung in die Richtung „Leben wir nicht alle irgendwie in einem Gefängnis?“ verzichtet, spricht für seine Stilsicherheit.

Nach den Regeln der Unterhaltungsindustrie findet der enorme Erfolg bald einen Nachfolger: „Johnny Cash at San Quentin“ ist künstlerisch etwas schwächer, aber kommerziell mit Platz 1 der Country- und der Pop-Charts noch erfolgreicher als „At Folsom Prison“. An die Spitze gelangt im Zuge des Erfolgs auch die Single „A Boy Named Sue“ (S. Silverstein).

Wie Johnny Cash diese wilde Vater-Sohn-Geschichte das erste Mal singt, dabei noch halb vom Blatt abliest, das ist eine Meisterleistung von „America's Foremost Singing Storyteller“[20]. Und die Geschichte um den Jungen, der von seinem Vater zwecks Abhärtung „Sue“ genannt wird, stärkt seinen ohnehin guten Ruf in der aufkommenden lesbischen Community.[21] Die zweite Premiere ist

„San Quentin" (John R. Cash), das Gefängnis aus der Sicht eines Gefangenen, der diese irdische Hölle verflucht. Der Song ist atmosphärisch eine Gratwanderung, die Situation im Gefängnis kurz davor, in Randale zu kippen.

Doch gerade hier, wo er sich in der Rolle des Gefangenen mit der Verzweiflung und dem Hass maximal identifiziert, zieht Johnny Cash in der Einführung des Songs eine harte Grenze: „Ich dachte gestern über euch nach, Jungs. Ich war schon dreimal hier. Und ich glaube, ich verstehe eure Gefühle über manche Dinge. Eure Gefühle über andere Dinge gehen mich nichts an und eure Gefühle über noch weitere andere Dinge sind mir völlig egal. Aber, wie auch immer, ich versuche, mich in eure Lage zu versetzen, und ich glaube, das hier wären meine Gefühle über San Quentin."

Die Haltung „Manche eurer Gefühle sind mir völlig egal" bekommt heftigen Applaus. Das Publikum schätzt es, dass sich da jemand nicht einschleimt. Johnny Cash versteht sich als Bote, als Mittler zwischen Drinnen und Draußen. Auf der Tour 1957 bittet ein gerade entlassener Strafgefangener Johnny Cash darum, auf der nächsten Tourstation, in Shreveport, eine Botschaft an seine Frau zu übergeben.[22] Aus dieser Bitte entsteht mit „Give My Love to Rose" (John R. Cash) eins der besten Lieder von Johnny Cash, und er spielt es in Folsom[23]. Der Sänger findet an der Eisenbahnstrecke einen Sterbenden – nach zehn Jahren endlich aus dem Gefängnis entlassen, wird er es nun nicht nach Hause schaffen. Der Song verdichtet die Story radikal; warum der andere einsaß, warum er stirbt – all das spielt keine Rolle. Der Sänger soll der Ehefrau und dem Sohn Grüße und Geld überbringen – und wir wissen, er wird es tun.

Diese Art Sentimentalität kann man sicher auch als eine Überdosis wahrnehmen. Mir gefällt sie, und ohne hinreichende Belege glaube ich, dass bei der Entstehung des Songs der konkrete Anlass, den Boten für einen Gefangenen zu spielen, zusammenfließt mit einer der zentralen Bibelstellen über die Nächstenliebe: Das Gleichnis vom barmherzigen Samariter, Jesu Antwort auf die Frage „Wer ist denn mein Nächster?"

> Jesus antwortete ihm mit einer Geschichte: „Ein Mann ging von Jerusalem nach Jericho. Unterwegs wurde er von Räubern überfallen. Sie schlugen ihn zusammen, raubten ihn aus und ließen ihn halb tot liegen. Dann machten sie sich davon. Zufällig kam bald darauf ein Priester vorbei. Er sah den Mann liegen und ging schnell auf der anderen Straßenseite weiter. Genauso verhielt sich ein Tempeldiener. Er sah zwar den verletzten Mann, aber er blieb nicht stehen, sondern machte einen großen Bogen um ihn. Da kam einer der verachteten Samariter vorbei. Als er den Verletzten sah, hatte er Mitleid mit ihm. Er ging zu ihm hin, behandelte seine Wunden mit Öl und Wein und verband sie. Dann hob er ihn auf sein Reittier und brachte ihn in den nächsten Gasthof, wo er den Kranken besser pflegen und versorgen konnte.
>
> Lukas 10, 30-34 (Hfa)

Die Atmosphäre in Folsom und San Quentin wirkt nicht nach dem, was wir uns als Erstes unter Nächstenliebe oder Taten eines barmherzigen Samariters vorstellen. Aber Johnny Cash versteht die Gefängniskonzerte, neben dem künstlerischen Potenzial, als Dienst am Nächsten und damit als tätiges Christentum: „Falls ihr euch fragt, warum wir hier sind: Dafür gibt es verschiedene Gründe. Wir sind hier, weil die Insassen uns gebeten haben zu kommen. Wir sind hier, weil wir den Beifall lieben, den ihr uns im Gefängnis gebt. Und ich bin hier, weil ich Christ bin."[24]

Und in einem Interview sagt er: „Es gibt drei verschiedene Arten von Christen. Es gibt die predigenden Christen, die Kirche spielenden Christen und die praktizierenden Christen. Ich versuche sehr ernsthaft, ein praktizierender Christ zu sein. Wenn du die Worte Jesu wörtlich nimmst und sie auf den Alltag anwendet, entdeckst du, dass die größte Erfüllung, die man je finden kann, im Dienst am Nächsten liegt. Und deshalb mache ich so etwas wie Gefängniskonzerte."[25]

> Jesus antwortete ihm: „‚Du sollst den Herrn, deinen Gott, lieben von ganzem Herzen, mit ganzer Hingabe und mit deinem ganzen Verstand.' Das ist das erste und wichtigste Gebot. Ebenso wichtig ist aber ein zweites: ‚Liebe deinen Mitmenschen wie dich selbst.' Alle anderen Gebote und alle Forderungen der Propheten sind in diesen beiden Geboten enthalten."
> Matthäus 22, 37-40 (Hfa)

In christlicher Perspektive ist Nächstenliebe, die Liebe zum Mitgeschöpf, von Gottesliebe nicht zu trennen. Im Nächsten, gerade auch in den Armen, Unterdrückten, Ausgegrenzten, ist Jesus gegenwärtig. Nächstenliebe ist Gottesliebe, tätige Gottesliebe. Aber sich um die Schwächeren zu kümmern, das ist die Aufgabe, die auch eine säkulare Gesellschaft abgelöst von der religiösen Dimension dem Christentum gerne überlässt.

> Da wird dann der König sagen zu denen zu seiner Rechten: Kommt her, ihr Gesegneten meines Vaters, ererbt das Reich, das euch bereitet ist von Anbeginn der Welt! Denn ich bin hungrig gewesen und ihr habt mir zu essen gegeben. Ich bin durstig gewesen und ihr habt mir zu trinken gegeben. Ich bin ein Fremder gewesen und ihr habt mich aufgenommen. Ich bin nackt gewesen und ihr habt mich gekleidet. Ich bin krank gewesen und ihr habt mich besucht. Ich bin im Gefängnis gewesen und ihr seid zu mir gekommen. Dann werden ihm die

> Gerechten antworten und sagen: Herr, wann haben wir dich
> hungrig gesehen und haben dir zu essen gegeben?
> Oder durstig und haben dir zu trinken gegeben? Wann haben
> wir dich als Fremden gesehen und haben dich aufgenommen?
> Oder nackt und dich gekleidet? Wann haben wir dich krank
> oder im Gefängnis gesehen und sind zu dir gekommen? Und
> der König wird antworten und zu ihnen sagen: Wahrlich,
> ich sage euch: Was ihr getan habt einem von diesen meinen
> geringsten Brüdern, das habt ihr mir getan.
> Matthäus 25, 34-40 (Luther 2017)

Sein christlicher Glaube, sein Kampf gegen Diskriminierung und sein gefährliches Image, die Ansprüche des Künstlers und des Christen: Bei den Gefängniskonzerten passt alles zusammen. Durch seine eigenen Grenzerfahrungen mit der Drogensucht hat Johnny Cash zweifelsohne eine besondere Affinität und Nähe zu Outlaws. Aber ein Gefängniskonzert passt auch besser zu seinem Image als ein Krankenhauskonzert. Das provokative Vorbild von Jesus, sich mit den Ausgestoßenen und Verfemten der Gesellschaft abzugeben, ist auch die Form der Nächstenliebe, die sich am besten mit Johnny Cashs Profil als Künstler vereinbart. In einer weltlichen Perspektive macht Johnny Cash ausreichend klar, dass er nicht aus der Perspektive des Verbrechers im Gefängnis singt, sondern aus der des Mitfühlenden und Nächstenliebenden. Aber vielleicht hat Bono recht. Vielleicht identifiziert sich Johnny Cash mit einem anderen Verbrecher als den Insassen der Gefängnisse von Folsom und San Quentin. Und vielleicht gibt diese spirituelle Dimension den Gefängniskonzerten noch mehr Kraft: „Big John singt wie der Dieb, der neben Christus gekreuzigt wurde, und dem Jesus wegen seiner Aufrichtigkeit versprach, dass er noch in dieser Nacht das Paradies sehen würde."[26]

> Auch einer der Verbrecher, die mit ihm gekreuzigt worden
> waren, lästerte: „Bist du denn nicht der Christus, der
> versprochene Retter? Dann hilf dir selbst und uns!" Aber
> der am anderen Kreuz wies ihn zurecht: „Du bist genauso
> zum Tode verurteilt worden wie dieser Mann. Fürchtest du
> Gott nicht einmal jetzt? Wir werden hier zu Recht bestraft.
> Wir bekommen, was wir verdient haben. Der hier aber ist
> unschuldig; er hat nichts Böses getan." Dann sagte er:
> „Jesus, denk an mich, wenn du deine Herrschaft antrittst!"
> Da antwortete ihm Jesus: „Ich versichere dir: Noch heute wirst
> du mit mir im Paradies sein."
>
> Lukas 23, 39-43 (Hfa)

Die Gefangenen liegen Johnny Cash so am Herzen, dass sich eins der wenigen Lieder, in dem er anderen Menschen zumindest implizit unchristliches Verhalten vorwirft, diesem Thema widmet: In „Dear Ms." (John R. Cash) vom Album „Man in Black" 1971 geht es um eine Frau, die ihren Mann ohne Besuche einsam im Gefängnis sterben lässt. Mit ihrer Hartherzigkeit verstößt sie gegen das Gebot der Nächstenliebe. Und Johnny Cash geht es neben praktischer Hilfe auch immer um das Signal, nicht vergessen zu sein: „Durch ein Gefängniskonzert zeigen wir den Gefangenen, dass es irgendwo da draußen in der freien Welt jemanden gibt, den sie als Menschen interessieren."[27]

Manchmal muss er sich durchaus für die Gemeinschaft mit den Verfemten verteidigen: „Die Leute sagen, ‚Nun, was ist mit den Opfern, den Menschen, die leiden – du redest immer über die Gefangenen, was ist mit den Opfern?' Es ist mir wichtig zu sagen, dass ich immer an die Opfer denke. Aber wenn wir aus den Männern im Gefängnis bessere Menschen machen, dann haben wir weniger Kriminalität auf den Straßen, und meine Familie und Ihre ist sicherer, wenn sie rauskommen."[28]

> Matthäus hatte auch viele Zolleinnehmer und andere Leute
> mit schlechtem Ruf zum Essen eingeladen. Als die Pharisäer
> das sahen, fragten sie seine Jünger: „Weshalb gibt sich euer
> Lehrer mit solchen Sündern und Betrügern ab?" Jesus hörte
> das und antwortete: „Die Gesunden brauchen keinen Arzt,
> sondern die Kranken!"
> Matthäus 9, 10-12 (Hfa)

Johnny Cash verwehrt dem Staat nicht das Recht zu strafen. Aber
Staat und Gesellschaft haben nicht die Lizenz, dies nach dem Prinzip der Vergeltung zu tun – Rache und Vergeltung sind die Angelegenheit von Gott. Die Aufgabe des Staats ist der Schutz der
Gesellschaft. Wenn man will, kann man Johnny Cash aus dieser
Perspektive philosophisch als „Utilitaristen" verorten.[29] Er entfaltet ein starkes soziales Engagement, das auch sehr konkret und politisch wird. Er kämpft für eine Gefängnisreform, der Höhepunkt
ist eine Anhörung im Kongress. Er macht sich zum Sprachrohr der
Gefangenen und beendet Interviews selten, ohne gefragt oder ungefragt die Verhältnisse im Knast angeprangert zu haben.[30]

> Liebe Freunde, verschafft euch nicht selbst Recht. Überlasst
> vielmehr Gott das Urteil, denn er hat ja in der Heiligen Schrift
> gesagt: „Es ist meine Sache, Rache zu üben. Ich, der Herr,
> werde ihnen alles vergelten."
> Römer 12, 19 (Hfa)

Das Schicksal von Glen Sherley, dem Songwriter von „Greystone
Chapel", zeigt allerdings die Grenzen menschlicher Hilfe auf.
Johnny Cash erwirkt seine frühzeitige Freilassung, fördert ihn
als Musiker, aber Glen Sherley kommt mit der Freiheit nicht
klar. 1978 begeht er Selbstmord.[31] Auch die Diskussion um die
Strafrechtsreform stockt, und Johnny Cash zieht sich langsam aus

dem Kampf zurück. Ende der 70er-Jahre hört er auch mit den Gefängniskonzerten auf, unter anderem, weil er nicht mehr uneingeschränkt willkommen ist. Ein Teil des Publikums würde lieber andere Acts hören. Johnny Cash spielt jetzt Benefizkonzerte für andere Gruppen, etwa Familien und Kinder von Polizisten und Feuerwehrmännern.[32]

Solche Benefizkonzerte sind eine naheliegende Möglichkeit für ihn, karitativ tätig zu werden, und er ist jederzeit dafür offen.[33] Welchen Teil seines Vermögens er wann wem wie gespendet hat, das auch nur zu schätzen liegt außerhalb meiner Möglichkeiten und letztlich auch meines Interesses. Er scheint keinen asketischen Lebensstil gepflegt zu haben, dagegen sprechen schon seine vielen Anwesen, aber neigte auch nicht zum exzessiven Verprassen. Freunde und Bekannte erzählen oft und gern über seine Freigiebigkeit, seinen Hang zu spontanen, überfallartigen Akten der Nächstenliebe in Form von konkreter Hilfe für den Einzelnen im Alltag. „Random Acts of Kindness" nennt man das heute wohl.

Es kommt nicht selten vor, dass Johnny Cash Fremden an der Tankstelle Gitarren oder Anzüge schenkt oder im Supermarkt offensichtlich Bedürftigen anonym ihre Einkäufe bezahlen lässt.[34] Seine Freigiebigkeit limitiert er nicht auf Arme. Cashs Bassist Marshall Grant bekommt einmal von ihm einen besonders teuren Mercedes geschenkt, den er vorher en passant erwähnt hat.[35] Sein Sohn John Carter erzählt von einem bemerkenswertesten Akt der Feindesliebe: Er fährt mit Vater und Mutter in New York auf der 5th Avenue in der üblichen gemieteten Stretchlimousine. Ein Stein zerschlägt eine Scheibe. Johnny Cash verlässt die Limousine wutentbrannt, findet den Täter. Als der offensichtlich im Drogenrausch wirr in einer fremden Sprache stammelt, verlässt Cash die Wut augenblicklich, und er gibt ihm den Stein zurück.

„Lasst uns für ihn beten', sagte mein Vater. ,Bleib im Auto, Sohn.' Meine Eltern stiegen also aus und gingen zu dem Mann hinüber. Er blickte auf und schien in meinem Vater nicht den Mann wiederzuerkennen, der ihm den Stein zurückgegeben hatte. Ich sah, wie mein Vater sich auf ein Knie niederließ, und dann tat es meine Mutter ihm nach. Während sie beteten, schloss der Mann die Augen und fing an zu weinen."[36]

> Doch ich sage euch: Liebt eure Feinde und betet für die, die euch verfolgen. So erweist ihr euch als Kinder eures Vaters im Himmel. Denn er lässt seine Sonne für Böse wie für Gute aufgehen und lässt es regnen für Fromme und Gottlose.
> Matthäus 5, 44-46 (Hfa)

Auch als liebender Sohn kann man sich diese Geschichte wohl nicht ausdenken. In der Nächstenliebe und der Feindesliebe fallen Schranken – ob der Stretchlimo-fahrende Superstar Johnny Cash in dem Steine werfenden feindlichen Junkie nun sich selbst sieht oder Jesus oder beides.

KAPITEL 8: POLITIK

Welche politische Kultur kann Johnny Cash für sich reklamieren? Oder einfacher: Wo stand Johnny Cash politisch? Die Frage wurde noch einmal relevant, als bei den Unruhen in Charlottesville 2017 ein Rechtsextremer mit Johnny-Cash-T-Shirt fotografiert wurde und die Cash-Kinder sich in einem offenen Brief heftig distanzierten:

„Johnny Cash war ein Mann, dessen Herz im Rhythmus der Liebe und der sozialen Gerechtigkeit schlug (...), eine Stimme der Armen, der sich Abrackernden und der Entrechteten; und ein Fürsprecher für die Rechte von Gefangenen. (...) Seinen Namen oder sein Bild auch nur beiläufig zu verwenden für eine Idee oder ein Anliegen, die auf Verfolgung oder Hass beruhen, würde er verabscheuen."[1]

Johnny Cash gehört zweifellos zu den Christen, bei denen sich Jenseitshoffnung und diesseitiges Engagement nicht gegenseitig begrenzen, sondern befördern, und die eigene Erlösung gesellschaftsrelevant wird: „Das Evangelium greift hier und jetzt schon heilsam in unsere Gesellschaft ein, politisch, der Öffentlichkeit widersprechend. Da geht es um das Licht der Welt, nicht um meinen Schattenplatz in der jenseitigen Welt."[2]

Aber von 1968 bis 1972 wird Johnny Cash politisch konkret gefordert. In den politisch aufgewühlten Jahren in den USA fordern beide Seiten die politische Positionierung von Künstlern. Zu diesem Zeitpunkt ist Johnny Cash auf dem Höhepunkt seiner Karriere und macht seinen christlichen Glauben öffentlicher als jemals vorher oder nachher. Mit „At Folsom Prison" und „At San Quentin" verlässt er endgültig limitierte Märkte wie den Rockabilly-,

Country- oder Folkmarkt und wird zur „Voice of America", zur Stimme Amerikas.

„Ich habe es schon immer als eine gewisse Ironie empfunden, daß es ausgerechnet ein Gefängniskonzert war, bei dem sich zwischen den Häftlingen und mir eine Beziehung entwickelte wie unter verbündeten Rebellen, Außenseitern und Schurken, das meinen Marktwert so weit nach oben steigen ließ, dass die Leute bei ABC mich für angesehen genug hielten, um mir eine wöchentliche, landesweit ausgestrahlte Fernsehsendung anzuvertrauen."[3]

Wo über Kultur in den USA Anfang der 70er-Jahre geredet wird, kommt meist relativ schnell die „Johnny Cash TV Show" ins Spiel. Die 58 Folgen der Show vom Juni 1969 bis zum März 1971 haben im kulturellen Gedächtnis der USA einen Ruf wie Donnerhall. Louis Armstrong, Joni Mitchell, Kris Kristofferson, Eric Clapton, Neil Young, Ray Charles, Mahalia Jackson: Nicht nur die schiere Größe der Namen derer, die dort auftreten, sondern die Mischung ist es, die den Ruf der Johnny Cash Show ausmacht.

Zunächst mal ist es eine Familienshow: June Carter und Johnny Cash inszenieren sich auf der Bühne mit Baby John als glückliche singende Eltern. Im Ryman-Auditorium, der alten Heimat der „Grand Ole Opry" aufgezeichnet, ist es eine Show mit Mainstream-Künstlern. Es gibt auch Comedy-Nummern durch die Statler-Brothers und mit „Ride this Train" eine Bahnreise durch die US-Geschichte mit Johnny Cash als Lokomotivführer. Aber in diesem Rahmen zeigt Johnny Cash eine für die Primetime ungewohnte Vielfalt, bietet unter anderem afroamerikanischen Künstlern und Folkies eine Bühne, für die es oft die ersten TV-Auftritte sind. Unter der Flagge der Musik bringt Johnny Cash Rednecks und Hippies zusammen, mitten in einem erbitterten Kulturkampf in der Ära von Woodstock und Vietnam. Die Länge der Haare ist das überwertige Symbol, und Johnny Cash sieht sich als Halblanghaarigen.[4]

Für einen kulturellen Moment scheint allein das Charisma von Johnny Cash eine zerrissene Gesellschaft zu einen. Und das beginnt gleich in der ersten Show mit einem Paukenschlag: Bob Dylan ist zu der Zeit der Papst der Counterculture, der Gegenkultur, sagenumwoben im inneren Exil, zurückgezogen auf der Flucht vor seinen Fans. So etwa der letzte denkbare Platz für ihn ist eine Primetime-Unterhaltungs-TV-Show. Doch für sein Vorbild Johnny Cash nimmt er das auf sich. Es tut fast schon weh zu sehen, wie unwohl Dylan sich bei seinem Soloauftritt mit seinen aktuellen Country-Liedern fühlt. Etwas besser wird es, als er zusammen mit Johnny Cash „The Girl From the North Country" (B. Dylan) singt.

Das Duett eröffnet Dylans Country-Album „Nashville Skyline" und wird als einziger Titel aus den Sessions Dylan/Cash vom Februar 1969 zu der Zeit veröffentlicht. Der Plan, ein Album daraus zu machen, wird nicht weiterverfolgt. Zu offensichtlich ist es, dass die beiden gemeinsam vor allem auf der Suche sind und bei allem persönlichen Respekt musikalisch nicht wirklich zusammenfinden. In einem so ähnlichen Feld so weit auseinander zu liegen ist fast schon wieder beeindruckend. Der Höhepunkt der 2019 offiziell veröffentlichten Sessions[5] ist für mich der Einblick in einen Moment, in dem June Carter Johnny Cash bei der Arbeit kritisiert. Für „Wanted Man" (B. Dylan), den Song, den Dylan beim gemeinsamen Fischen mit und für Johnny Cash schrieb,[6] hätte Johnny Cash gerne etwas Lob:

‚„June, gefiel dir das?'
‚Schatz, ich möchte den Fluss deiner Gedanken nicht unterbrechen, aber achte darauf, dass Bob dem Lied die Melodie gibt – du hast die Melodie vergessen.'

Und offensichtlich einen Lachanfall unterdrückend und alles sofort einsehend antwortet Johnny Cash nur: ‚Das muss ich. Ich habe die Melodie vergessen.'"

Bei dem gemeinsamen TV-Auftritt mit „Girl from the North Country" können die beiden, sitzend lässig in einem Deko-Wohnzimmer drapiert, eine Art Waffenstillstand für ihre völlig unterschiedlichen Phrasierungen herstellen. Am Ende ist es ziemlich egal, was genau die zwei Superstars zusammen singen. Dass Cash, auf dem Weg zur allgemeinen amerikanischen Ikone, und Dylan als Ikone der Gegenkultur überhaupt zusammen singen, ist schon Botschaft genug. Und die erreicht auch die Tochter Rosanne Cash auf dem Schulhof. Dort ist sie nach dem Auftritt im Juni 1969 schlagartig die coolste 13-Jährige.[7]

In der Folge driftet Johnny Cash immer mehr in die Richtung der Hippies und der Protestkultur. Er lässt deutlich seine Sympathie für „Legalize it", die Freigabe von Marihuana, erkennen. Unter anderem argumentiert er, sein Marihuanakonsum sei so vom Amphetamin-Missbrauch überlagert gewesen, dass er nicht sagen könnte, ob Marihuana ihm gut oder schlecht getan hätte.[8] Und er veröffentlicht 1971 „Man in Black" (John R. Cash), die musikalische Antwort auf die Frage, warum er auf der Bühne schwarz trägt: Gegen alle Missstände, für alle Unterdrückten, bis die Dinge besser werden.

Der Song kommt einem klassischen linken Protestsong sehr nahe. Er singt ihn zuerst vor Studentinnen und Studenten an der Vanderbilt University in Nashville als Teil eines Campus-Specials der Johnny Cash Show. Es ist eine gekonnte Inszenierung: Johnny Cash mit nach oben gegelten Haaren, im Publikum die bunten weiten 70er-Jahre-Klamotten, dagegen der Performer auf der Bühne mit einem Outfit zwischen Priesterrobe und Lederjacke und versteinerten Gesichtszügen. Gern und oft werden in der Aufzeichnung junge Mädchen in stummer Faszination in Großaufnahmen gezeigt. Gegen Ende schaltet Johnny Cash etwas in den Anklagemodus: Er trägt Schwarz auch für all die Kriegstoten, singt er, offensichtlich geht es um Vietnam, und provoziert Szenenapplaus.

Wenn man genauer auf den konkreten Text schaut, wird das Ganze etwas ambivalenter: Die Kriegstoten vertrauten nicht nur irrtümlich darauf, dass Gott auf ihrer Seite sei – eine deutliche Referenz an Dylans „With God on Our Side" (B. Dylan). Sondern sie vertrauten ebenso irrtümlich darauf, dass „wir alle", also die Nation, auf ihrer Seite sind. Und klassisch-evangelikal trägt er Schwarz auch für die Menschen, die die Botschaft Jesu noch nicht erreicht hat. Aber in der Performance ist es ein Protest-Statement. Und eine sehr effektive nachhaltige Maßnahme, um an der Stilisierung zur Legende mitzuwirken. Faktisch ist die Geschichte der Bühnenkleidung von Johnny Cash natürlich komplexer und prosaischer, und er trug keineswegs immer Schwarz.

Die Frage nach der Kleidungsfarbe nennt Johnny Cash als eine der drei Standardfragen in Interviews. Und er gibt über die Jahre sehr unterschiedliche Antworten.[9] „Black is better for church", kommt häufig vor. Für das allererste Konzert in einer Kirche war Schwarz das Einzige, was der Kleiderschrank der drei Musiker hergab und angemessen erschien.

Letztlich bleibt es aber beim Flirt mit der linken Studentenbewegung, Johnny Cash schließt sich ihren Reihen nicht wirklich an. Er setzt zwar gegen massive Widerstände durch, dass der als Kommunist (ein Mördervorwurf) geltende Pete Seeger in der Johnny Cash Show auftreten kann. Aber auf Dauer verweigert er die Antwort auf die Frage des Pete-Seegers-Songs „Which Side Are You On?" (F. Reece). Und damit wird sich der parteipolitisch aktive Teil der Protestbewegung nach und nach von ihm abwenden.[10]

Auch die für diese Zeit absolut zentrale Frage der Haltung zum Vietnamkrieg beantwortet Johnny Cash uneindeutig. 1969 in einem Konzert im Madison Square Garden entzieht er sich der Frage „Falke" oder „Taube" durch die Antwort, er sei eine „dove with claws", eine „Taube mit Fängen" – um sich dann aber 1975 für den „dummen Spruch" zu entschuldigen.[11]

1971 veröffentlicht er auf „Man in Black", dem Album nach den Gefängniskonzerten und auf dem Höhepunkt seiner TV-Show-Popularität, den „Singing In Vietnam Talking Blues" (John R. Cash). Das ist ein starker, realistischer Song über einen gemeinsamen Truppenbesuch von Johnny Cash und June Carter. Die Nächte in bedrohlicher Nähe der Bomben, der Soldat, der die Stars am Morgen um einen Besuch bei den in der Nacht Verwundeten bittet: der Ex-G. I. Cash weiß offensichtlich, wovon er singt. Und er schafft es, auch in diesem Song der Vietnam-Gretchenfrage auszuweichen. Die Botschaft: Es geht darum, den Soldatinnen und Soldaten zu zeigen, dass sich jemand um sie kümmert und sie liebt, egal, ob sie dorthin gehören oder nicht, „Whether we belong there or not". Uns in Deutschland ist diese Haltung eher fremd, in den USA setzt Johnny Cash damit einen Standard, der bis zum Irakkrieg Wirkung zeigt: „Es etablierte kraftvoll ein für alle Mal als Mantra der Countrymusik: ‚Für-die-Truppe-selbst-wenn-wir-Unrecht-haben'."[12]

Dann punktet Johnny Cash wieder links, als er Richard Nixons Bitte ausschlägt, bei seinem Auftritt im Weißen Haus zwei rechte Countrysongs zu singen. Um gleich anschließend zu erklären, er hätte sie einfach nicht draufgehabt.[13] Nicht einmal die Weigerung, sich politisch zu verorten, kann er überzeugend performen.

Mit „The One on the Right is on the Left" (J. Clement) über eine politisch gespaltene Folkgruppe hat er 1967 einen Hit mit einer Botschaft: „Vermischt Folksongs nicht mit Politik." Das zeitgenössische Video des Songs zeigt Johnny Cash vom Drogenkonsum ausgemergelt und sehr heruntergekommen. Wenn das Lied irgendwie auch lustig gedacht ist, kommt das nicht rüber. Johnny Cash fühlt sich augenscheinlich nicht nur mit sich selbst, sondern auch mit dem Song äußerst unwohl, der dann auch zügig wieder aus seinem Repertoire verschwindet. Wo es parteipolitisch wird, ist das einfach nicht mehr sein Metier, ist er ein „fish out of water" und wirkt ungewohnt unsouverän.

Letztlich macht Johnny Cash im extrem hell auf ihn gerichteten Scheinwerferlicht politisch keine so schlechte Figur. Intuitiv hält er Abstand zu Richard Nixon – im Unterschied zu Billy Graham, der nach Watergate erkennen muss, dass seine Freundschaft mit Nixon natürlich politisch ausgeschlachtet wurde. Und er bekennt, es sei ein Irrtum gewesen, „das Evangelium mit irgendeinem spezifischen Programm oder einer Kultur zu identifizieren".[14] Den Sicherheitsabstand zur Parteipolitik hält Johnny Cash als Entertainer[15] und als Christ. Auf die erkennbar besorgte Interviewfrage zu „Man in Black", ob er nun ein politisch Radikaler werde, antwortet er: „Nein, bestimmt nicht. Ich sehe das anders. Ich versuche bloß, ein guter Christ zu sein."[16]

Johnny Cash versteht sein Engagement für eine bessere Welt als tätiges Christentum. Christliche Weltverbesserung kennt eine Begrenzung – sie erhebt nicht den Anspruch, Menschen könnten die perfekte Gesellschaft oder das Paradies auf Erden errichten. Das Reich Gottes ist nicht von dieser Welt, aber das Ausmaß, in dem es in unsere Welt hineinragt, ist von unserem Handeln abhängig. Wenn Johnny Cash in „Man in Black" singt, dass vieles niemals richtig sein wird, dann führt das eben nicht dazu, dass er die Hände bis zum letzten Tag in den Schoß legt.

> Jesus antwortete: Mein Reich ist nicht von dieser Welt.
> Johannes 18, 36 (Luther 2017)

Stärker noch als sein christliches Bekenntnis dürfte sein in den 70ern anschwellender Patriotismus zur Entfremdung von der studentischen Linken beigetragen haben. Johnny Cash liebt die amerikanische Fahne, ist stolz darauf, vor den Präsidenten zu spielen und vor Soldaten in Vietnam. 1972 veröffentlicht er das Album „America: A 200-Year Salute In Story And Song" und läutet bei den bei den 200-Jahre-Unabhängigkeitsfeiern 1976 die Freiheitsglocke.

Sein Patriotismus ist immer auch der Patriotismus des Ex-G. I.s. 1970 blickt er in einem Interview auf den Vietnamkrieg zuerst aus der Perspektive der Soldaten, dann des Künstlers, in einem gewagten Bogen, der etwas an Nietzsche erinnert, für den die Welt nur den Wert hat, in Kunst gestaltet zu werden.[17] Und dann folgt eine gewichtige Einschränkung des Patriotismus: „Ich weiß nicht viel über den Krieg. Wir waren dort drüben, und ich sage euch eines: Wenn du siehst, wie unsere Jungs in Hubschraubern zurückgebracht werden und ihre Eingeweide herausquellen, wirst du etwas wütend auf manche Leute zu Hause. Ich denke, das einzig Gute, das jemals aus einem Krieg entstanden ist, ist ein Lied, und das ist ein Wahnsinnsweg, um an Lieder zu kommen. Ich weiß allerdings nicht, wie patriotisch ich wäre, wenn ich arm und hungrig wäre."[18]

Wenn man die Größe einer Nation danach bemisst, wie sie mit ihren Schwächsten umgeht,[19] dann gibt es eine gar nicht so schwindelerregende Brücke zwischen Johnny Cashs sozialem Engagement und seinem Patriotismus. Seine Kinder wählen dafür in dem offenen Brief 2017 den schönen Begriff „inklusiver Patriot"[20]. So gesehen arbeitet er auch als Stimme der Armen, Ausgestoßenen und Underdogs an der Größe der Nation. Als inklusiver Patriot richtet er die Scheinwerfer nicht auf die Mitte der Gesellschaft, sondern auf die Ränder. Natürlich haben seine Kinder recht; sein Herz schlägt im Rhythmus von Liebe und sozialer Gerechtigkeit, und deshalb ist auch sein Patriotismus nicht von Hass und Ausgrenzung geprägt.

Ein gewisses Maß an Unberechenbarkeit bleibt aber bestehen. Der Song „Ragged Old Flag" (John R. Cash) ist so etwas wie das rechte Gegenstück zu „Man in Black" (John R. Cash): Der Sänger trifft einen alten Mann neben einem heruntergekommenen

Rathaus. Der alte Mann ist stolz auf die Fahne am Flaggenmast, gerade weil sie so zerlumpt ist, und er erzählt ihre Geschichte. Das ist nicht unbedingt eine Verherrlichung der amerikanischen Geschichte, es geht um einen Einzelnen, einen Außenseiter. Und vielleicht repräsentiert der 1974 auch das Volk in scharfem Kontrast zum Watergate-geschüttelten Establishment.[21] Dennoch hat es der Song in sich, allemal aber die Einleitung zu dem Song auf der Highwaymen-Tour 1990, bei der Johnny Cash zuerst links, dann rechts blinkt:

„Ich danke Gott für alle Freiheiten, die wir in diesem Land haben. Ich schätze sie und halte sie hoch – sogar das Recht, die Flagge zu verbrennen. Ich bin stolz auf diese Rechte (heftiges Buhen). Lasst mich noch sagen: Wir haben auch das Recht, Waffen zu tragen, und wenn du meine Flagge verbrennst, werde ich dich erschießen. Aber ich werde dich mit viel Liebe erschießen, wie ein guter Amerikaner (tosender Applaus)."[22]

Ein Video dieses Auftritts zeigt, wie er das offensichtlich eher rechte Publikum zuerst gegen sich aufbringt, dann beruhigt, um in Ruhe den nächsten Spruch anzubringen. Das ist als Performance, so gekonnt wie politisch dubios.

In den 60er-Jahren hat sich der Künstler Johnny Cash eine unglaublich vielfältige Fanbase[23] erobert, umso mehr hasst er den zunehmenden Druck der Plattenfirmen in den 70ern und 80ern, die ihm nahelegen, er solle sich auf Zielgruppen festlegen, sich mit Marktforschung anfreunden: „Wenn ich noch einmal das Wort Demografie höre, werde ich Ihnen ins Gesicht kotzen."[24]

Selbst auf zunehmend verlorenem Posten hält er an dem Anspruch fest, für alle zu spielen – für den Hippie und den Redneck.

KAPITEL 9: DER TEUFEL

Am 18. November 1970 legt Johnny Cash in der TV-Show vor dem Gospelsong zum Finale, „I Saw a Man" (A. Smith) ein Testimonial über seinen christlichen Glauben ab. Es treibt die Fernsehleute in den Wahnsinn und wird später für den Abwärtstrend der Show verantwortlich gemacht. Das Thema spielt in seiner Autobiografie eine ziemlich große Rolle, es gibt ein eigenes Unterkapitel „Religion und Fernsehen"[1].

„Mit jeder Verbindung von Religion und Fernsehen oder Religion und weltlichem Ruhm begibt man sich auf gefährliches Terrain, voller Fußangeln und Fallgruben und Grenzen, die so fein sind, daß man sie manchmal einfach übersieht. Dies gilt besonders für den, der im grellen Scheinwerferlicht steht. Ich sollte es eigentlich wissen. Ich habe schon einige Male diese Grenzen überschritten und mir auf der anderen Seite Ärger eingehandelt.

Der schwerwiegendste derartige Fall war das öffentliche Glaubensbekenntnis, das ich in meiner Fernsehshow ablegte. Es war nicht so, daß ich den Drang verspürt hätte, jemanden zu bekehren oder das Wort Gottes zu verbreiten. Ich tat es, weil ich in Interviews oder Zuschauerbriefen dauernd gebeten wurde, Stellung zu beziehen, und ich der Meinung war, daß ich einmal klar und deutlich sagen sollte, ja, ich bin Christ. Ich sang die Gospelsongs in der Sendung nicht nur, weil sie mir musikalisch gefielen (was natürlich auch stimmte), und ganz bestimmt nicht deshalb, weil ich mich als Pharisäer aufspielen wollte, sondern weil sie Teil meines – unseres - musikalischen Erbes waren, zudem waren sie ein Teil von mir. Um es kurz zu machen: Ja, ich glaubte an das, was ich sang. Als ich mich schließlich dazu bekannte und im Fernsehen die Worte ‚Ich bin Christ' sagte, tat ich das während der Ansage eines Gospelsongs."[2]

Ein Statement abzugeben, dass Gott und Jesus für ihn mehr als folkloristische Figuren in Gospelsongs sind, das verletzt offensichtlich die Spielregeln einer Primetime-Show. Aber deswegen die ganze Aufregung? Nun sagt Johnny Cash nicht nur „Ich bin Christ". Das, was darauf folgt, ist schon „pretty heavy stuff"[3].

Mit leisen Geigen unterlegt und langsam und eindringlich gesprochen, sagt er: „Mein ganzes Leben lang habe ich daran geglaubt, dass es zwei kraftvolle Mächte in der Welt gibt: die Macht des Guten und des Bösen, die Macht des Richtigen und des Falschen, oder, wenn man so will, an die Macht Gottes und die Macht des Teufels. Nun, die Macht Gottes ist natürlich die stärkste Macht, aber auch die zweitstärkste, der Teufel, gewinnt bisweilen die Oberhand. Und er kann einem ganz schön zusetzen, wenn er das versucht. Ich habe oft gegen ihn gekämpft, ihn abgewehrt, ihn geschlagen, gekratzt und getreten. Wenn ich keine Kraft mehr hatte zu treten, habe ich an ihm genagt. In letzter Zeit haben wir den Teufel wohl ziemlich wütend gemacht, weil wir in unserer Sendung Gottes Namen nennen. Wir haben über Jesus gesprochen, Moses, den Propheten Elias, sogar über Paulus und Silas und Johannes den Täufer. Nun, das hat den Teufel wahrscheinlich ganz schön wütend gemacht, und möglicherweise wird er jetzt wieder hinter mir her sein, aber ich bin bereit. In der Zwischenzeit, während er im Anmarsch ist, möchte ich gern noch etwas gute Musik für die Nummer eins spielen."[4]

Johnny Cash redet hier mehr über den Teufel als über Gott. Allein schon vom Teufel zu sprechen, ist auch im christlichen Spektrum ein Bekenntnis. Auf der Liste dessen, was aufgeklärtes Christentum „entmythologisiert" hat, steht der Teufel ganz weit oben. Und selbst wo er theologisch und theoretisch noch vorkommt, ist das Reden über ihn zumindest in Deutschland für die meisten Christen ein unbeliebtes Genre. Theologisch ist der Teufel, über den Johnny Cash spricht, grob dingfest zu machen: Er prüft nicht im Auftrag Gottes den Menschen, wie alttestamentarisch bei Hiob. Das wäre auch mit Johnny Cashs Bild des liebenden Gottes schwer vereinbar. Er ist eine unabhängige Kraft, die ihre Siege erringt, weil Gott dem Menschen den freien Willen geschenkt hat und dieser sich auch für das Böse entscheiden kann.

Die Frage nach dem Bösen in der Welt bei der Allmächtigkeit Gottes kann man sehr lange und kompliziert abhandeln, aber bei Johnny Cash geht es auch kurz: „Gott liebt uns. Deswegen hat er uns geschaffen und uns einen freien Willen gegeben. Ungefähr wie ein Farmer, der seine Hühner beobachtet, um zu sehen, was sie tun. Er sehnt sich danach, dass wir alle zu ihm zurückkehren. So denke ich, das ist mein Gott."[5]

Der Teufel ist die Nummer zwei, von Gott im Prinzip besiegt, spätestens durch Jesus Christus als Erlöser, aber auf Erden als Versucher immer noch wirksam und gefährlich. Es ist also der Teufel aus dem Katechismus Luthers, der theoretisch für protestantische Pfarrer heute noch relevant ist.

Nun legt Johnny Cash das Testimonial nicht als Theologe oder Pfarrer ab, sondern auf der Bühne als Musiker, und es endet in der Pointe, die Zeit bis zur Ankunft des Teufels noch für etwas gute Musik, auf Englisch „one more good lick for Number One"[6], zu nutzen. Kulturell hat dieser Teufel einiges vom Teufel der Folk- und Countrymusik. Dem Robert Johnson an der Kreuzung in Clarksdale seine Seele verkauft, um besser Gitarre spielen zu können. Der in „Devil's Right Hand" (S. Earle) als rechte Hand eine Pistole hat, in „The Devil Went Down to Georgia"[7] das Geigenduell gegen den fiedelnden Jungen vom Land verliert, in „To Beat the Devil" (K. Kristofferson) daran scheitert, den verbitterten erfolglosen Musiker auf seine Seite zu ziehen.

Aber er ist weder eine Gestalt der Folklore noch Metapher noch Symbol. Der Teufel ist für Johnny Cash real, so real wie die

Erlösung. Für Johnny Cashs Glauben ist auch der Blick darauf wichtig, was der Teufel *nicht* ist. Er ist nicht wesentlich eine Versinnbildlichung der uralten menschlichen Grunderfahrung, eine Erklärung für Leid und Unglück auf der Welt. Und er ist kein Instrument der Grenzziehung zur sündigen verrotteten Welt.

Vor allem diese Funktion hat der Teufel 1979 in Bob Dylans erstem christlichen Album „Slow Train Coming", das mehr eine Kampfansage an die Welt ist als ein Glaubensbekenntnis. Die Frage aus dem ersten Song des Albums, „Gotta Serve Somebody" (Bob Dylan), ob du Gott oder dem Teufel dienen willst, geht an Johnny Cash letztlich vorbei. Es geht nicht darum, ob er Gott dienen will – es geht darum, wie er das schafft.

Johnny Cash fährt den Teufel nicht auf, um ihn gegen andere zu verwenden oder um sich als heiliger als andere aufzuspielen.[8] Die Grenze Gott-Teufel verläuft nicht zwischen sich und den anderen, sie verläuft mitten durch Johnny Cash. Der Teufel ist die Antwort auf die Frage, die Paulus so bewegend stellt: „Warum tue ich das Böse, wenn ich doch das Gute tun will?"

> Das Gesetz ist von Gottes Geist bestimmt. Das wissen wir genau. Ich aber bin nur ein Mensch und der Herrschaft der Sünde ausgeliefert. Ich verstehe ja selbst nicht, was ich tue. Das Gute, das ich mir vornehme, tue ich nicht: aber was ich verabscheue, das tue ich. Bin ich mir aber bewusst, dass ich falsch handle, dann stimme ich Gottes Gesetz zu und erkenne an, dass es gut ist. Das aber bedeutet: Nicht ich selbst tue das Böse, sondern die Sünde, die in mir wohnt, treibt mich an. Ich weiß wohl, dass in mir nichts Gutes wohnt. Zwar habe ich durchaus den Wunsch, das Gute zu tun, aber es fehlt mir die Kraft dazu. Ich will eigentlich Gutes tun und tue doch das Schlechte; ich verabscheue das Böse, aber ich tue es dennoch.
>
> Römer 7, 14-19 (Hfa)

Und wenn die Sünde mehr ist als Schwäche, Fehler oder Irrtum, sondern die Trennung von Gott als Folge mangelnden Vertrauens,[9] dann zerren entgegengesetzte Kräfte an Johnny Cash. Dass er Gott nie verleugnet hat, nur von ihm weggerannt sei – die Unterscheidung ist nicht wirklich tragfähig, denn auch die Gottferne stellt seinen Glauben infrage.

> Wir wissen: Wer ein Kind Gottes ist, der sündigt nicht,
> weil der Sohn Gottes ihn bewahrt. Darum kann der Teufel
> ihm nichts anhaben.
> 1. Johannes 5, 18 (Hfa)

Sein Freund Billy Graham wird nicht müde zu betonen, dass wir uns die Gnade Gottes zwar nicht erarbeiten können, sich der Glaube aber notwendig in einem christlichen Lebensstil niederschlägt: „Mag sein, du verfluchst Gott nicht, aber du missbrauchst seinen Namen, wenn du beteuerst, Christ zu sein, aber nicht wie einer lebst."[10]

> Ihm antwortete Jesus: „Wer mich liebt, richtet sich nach dem,
> was ich gesagt habe. Auch mein Vater wird ihn lieben, und wir
> beide werden zu ihm kommen und für immer bei ihm bleiben."
> Johannes 14, 23-24 (Hfa)

Sich als gespalten zu erleben, das durchzieht Statements über und von Johnny Cash: „Manchmal bin ich zwei Personen. Johnny ist der Nette. Cash macht den ganzen Ärger. Sie kämpfen miteinander."[11] „Ich erkenne die Tatsache an, dass ich zum Teil gut und zum Teil böse bin."[12]

Der Kampf mit dem Teufel wird in Johnny Cashs Innerem geführt und es ist ein intensiver persönlicher und körperlicher Kampf. „Johnny war sich der Kraft der dunklen Macht voll bewusst. Er ging mit einer Bibel in den Händen auf die Knie und versuchte, mit seinen Dämonen fertigzuwerden."[13]

> Verteidigt euch mit dem Schild des Glaubens, an dem
> die Brandpfeile des Teufels wirkungslos abprallen.
> Die Gewissheit, dass euch Jesus gerettet hat, ist euer Helm,
> der euch schützt. Und nehmt das Wort Gottes. Es ist das
> Schwert, das euch sein Geist gibt.
> Epheser 6, 16-17 (Hfa)

Johnny Cash kämpft und verliert oft. Die Niederlagen auch des bekehrten Christen berühren einen blinden Fleck der evangelikalen Kultur, die ihn prägt: Wider besseren Wissens um die unrettbar sündige Natur des Menschen sind die Betonung der Bekehrung und der neuen Geburt in Christus letztlich von dem Optimismus begleitet, dass der bekehrte Gläubige im Prinzip von nun an gut handeln wird. Johnny Cash steht da näher an Martin Luthers Einsicht in die unheilbar gespaltene Natur des Menschen.[14] Der Teufel, mit dem Johnny Cash kämpft, hat viel zu tun mit dem Teufel Martin Luthers, von dem sich die evangelische Kirche im Weiteren verabschiedete. Martin Luther und Johnny Cash nehmen den Teufel ernst; „Never laugh at the devil", schreibt Johnny Cash.[15] Und sie trauen sich zu, den Teufel mit ihren Mitteln besonders zu reizen, um ihn dann mit Tinte oder Gitarrenlicks zu bekämpfen in einem Kampf, der auf Erden nicht mit dem Kantersieg einer Seite enden wird:

„Deshalb müssen wir Christen gerüstet sein und täglich erwarten, dass wir ohne Unterlass angefochten werden, auf dass niemand so sicher und unachtsam hingehe, als sei der Teufel weit von uns, allenthalben der Streiche erwarten und ihm versetzen. Denn ob ich jetzt keusch, geduldig, freundlich bin und in festem Glauben stehe, soll der Teufel noch diese Stunde einen solchen Pfeil ins Herz treiben, dass ich kaum bestehen bleibe. Denn er ist ein solcher Feind, der nimmer ablässt noch müde wird, dass, wo eine Anfechtung aufhört, gehen immer andere und neue auf."[16]

Sein Leben lang erfährt Johnny Cash, wie die Grenze zwischen Gut und Böse durch ihn hindurchgeht. Es ist ein harter Kampf, aber der Mensch hat die Wahl und kann gewinnen.

Seine Tochter Rosanne schreibt in einem Nachruf: „Weil er diese Widersprüche in sich selbst so gut verstand, wusste er auch, dass jeder Tag eine Entscheidung bereithielt. Er wurde weiser, er sah die Konsequenzen schneller, er war eher bereit, Dinge loszulassen. Ich kann nicht zählen, wie oft ich ihn sagen hörte: ‚Kinder, ihr könnt Liebe oder Hass wählen. Ich wähle Liebe.'"[17]

Das Testimonial in der Fernsehshow ist kein zufälliger Ausrutscher, es kommt aus der Mitte seines christlichen Glaubens. Und allein die stetige Präsenz des Teufels im Neuen Testament wäre Grund genug, von ihm zu reden. Aber es lässt sich auch nachvollziehen, warum Johnny Cash gerade 1970 seinem Publikum „pretty heavy stuff" bietet. In seiner ersten Autobiografie 1975 zitiert er das Testimonial noch ausschnittweise, in der zweiten nicht mehr. 1970 liegen zehn Jahre aufgestaute Not hinter ihm. Ab dem Ende der 50er hat er zunehmend allem zuwidergehandelt, woran er glaubte, er zerstörte, log, betrog. In der Summe war er ein schlechter und untreuer Ehemann und ein schlechter Vater, und er ruinierte seine Stimme, die „Gabe Gottes". Und aktuell sitzt ihm besonders in den Knochen, dass nicht einmal die Ehe mit June einen heftigen Drogenrückfall in Vietnam verhinderte.[18]

Trotz dieser Warnung dürfte das Testimonial zusätzlich motiviert durch die Zuversicht sein, dass er für die kommenden Kämpfe nun besser gerüstet ist. Die frühen 70er-Jahre sind persönlich eine der besten Zeiten für Johnny Cash. Wohl weitgehend drogenfrei, frisch verheiratet, das Verhältnis zu seinen Töchtern verbessernd, noch einmal Vater von John geworden – es geht Johnny Cash gut.

Seine grimmige Komik der 60er weicht entspanntem Humor. Man spürt viel Freude, und das würde Martin Luther darauf zurückführen, dass der Teufel gerade wenig wirkt: „Angeboren ist uns zwar die Traurigkeit, und der Teufel ist der Geist der Traurigkeit, aber Gott ist der Geist der Freude, die uns rettet."[19]

Sein Badass-Image legt Johnny Cash dabei aber nicht einfach ab, sondern er spielt damit. 1972 klopft er in der „Sesamstraße" an die Mülltonne von Oskar. In dem Loblied auf den bösen, gemeinen Dan, den „Nasty Dan", findet sich Oskar unbedingt wieder. Johnny Cash muss Oskar dennoch korrigieren – nein, er heißt nicht Johnny Trash. Und er verlässt Oskar mit dem Gruß „Habe einen scheußlichen Tag". Der Auftritt ist sehr entspannt und Johnny Cash sieht großartig aus. Wenig Freude machen Columbia Records dagegen die Plattenverkäufe. Ein Effekt, den Johnny Cash bei seinem Testimonial einkalkuliert hat: „Ganz praktisch betrachtet, muß wohl jeder, der sich in mich und meinen Glauben hineinversetzt, zugeben, daß es dumm gewesen wäre, ein oder zwei Jahrzehnte guter Plattenverkäufe dem ewigen Heil vorzuziehen."[20]

> Was hülfe es dem Menschen, wenn er die ganze Welt gewönne und nähme doch Schaden an seiner Seele?
> Matthäus 16, 26 (Luther 2017)

Ob nun das Testimonial der entscheidende Wendepunkt ist oder nur ein Faktor unter vielen – Johnny Cash verliert nach und nach die Kraft, an Junge und Alte, Linke und Rechte, Rednecks und Hippies massenhaft Platten zu verkaufen. In der richtigen Einschätzung, dass es nach den Erfolgsjahren 1969 bis 1971 nur abwärtsgehen kann, verlässt ihn 1972 sein Manager Saul Holiff. Lou Robin übernimmt und bleibt bis zu dessen Lebensende an Johnny Cashs Seite.[21] Heerscharen von Produzenten, Komponisten und Textern versuchen sich daran, ihn irgendwie neu zu positionieren, bis Columbia 1986 seinen Vertrag nicht verlängert und ihn fallen lässt.

Die Ziellosigkeit dieser Zeit ist allein schon an den Plattencovern ganz gut abzulesen: Mal posiert Cash in schicker Konzertkleidung, mal in Jeansjacke, mal in Schwarz, mal mit seinem Sohn in einem Berg Bohnen spielend, in „Ragged Old Flag" vor der amerikanischen Fahne, in „Johnny 99" in Gangsteroutfit, in „Silver"

ganz ohne sein Gesicht, das sonst die Kontinuität sichert. Es ist keine Gerade abwärts, sondern eine Wellenbewegung.

Ein Wellenkamm bildet 1976 „One Piece at a Time" (W. Kemp), eine gut geschriebene und gut performte Story: Der in einer Autofabrik arbeitende Sänger klaut sich nach und nach einen Cadillac zusammen – nur dass der dann ein wilder Mix aus unterschiedlichsten Modellen ist. Das geht weit in Cashs Leben und seine Arbeit in einer Autofabrik zurück, der Klau von Teilen war wohl eine kollektive Fantasie der Angestellten. Und wenn man sich philosophisch mit Johnny Cash beschäftigen will, kann man den Song nutzen, um sich über die Identität eines zusammengesetzten Cadillacs Gedanken zu machen und Schlüsse auf die Identi

tät Johnny Cashs ziehen.[22] Letztlich ist „One Piece at a Time" gelungen, aber auch kein Aufbruch in irgendeine spezifische Richtung.

Davon unberührt ist der Live-Performer Johnny Cash, der stetig tourt und sein Publikum findet. Johnny Cash gerät nicht in Vergessenheit, er verkauft nur weniger Platten und verliert an künstlerischer Relevanz. Er bleibt eine öffentliche Figur, sehr präsent im

TV, eine Ikone, die irgendwie für Amerika steht, besonders um das 200-Jahre-Jubiläum der Unabhängigkeitserklärung 1976.

Mit dem zurückgehenden kommerziellen Erfolg kann Johnny Cash gut leben: „Meine eigene Interpretation meiner musikalischen Erfolge oder Mißerfolge klingt etwas anders als das, was üblicherweise ‚in der Branche' gesagt wird. Einer der Hauptgründe, warum meine Verkaufszahlen in den frühen siebziger Jahren so dramatisch zurückgingen, war zum Beispiel der, daß mir die weltliche Musik zu der Zeit einfach nicht so wichtig war."[23]

KAPITEL 10: IM HEILIGEN LAND

In den 70ern haben für Johnny Cash christliche Projekte Priorität. Im Rückblick auch seiner zweiten Autobiografie stellt sich das eher als ein Kapitel in einer langen Geschichte von Johnny Cash als Künstler und Christ dar. Doch Anfang der 70er empfindet er es als deutlichen Bruch:

„Ich habe keine Karriere mehr. Was ich noch habe, ist Dienst. Alles, was ich habe, und alles, was ich tue, ist ganz Jesus Christus gewidmet. Bis jetzt habe ich mein ganzes Leben für den Teufel gelebt, und von nun an werde ich es für den Herrn leben."[1]

Johnny Cash taucht tief ein in das christliche Leben. Er findet nach einigem Suchen eine Heimatgemeinde, den „Evangel Temple" im Nashville-Stadtteil Madison. Bei der Wahl dürfte geholfen haben, dass der Prediger dort Jimmie Snow ist, Sohn des legendären Countrysängers Hank Snow, dessen „I'm Moving On" (H. Snow) fester Bestandteil von Johnny Cashs Repertoire ist.

Ende 1969 sucht Billy Graham über den Gouverneur von Tennessee den Kontakt mit Johnny Cash. Der 14 Jahre ältere „Pastor Amerikas", der im Lauf seines Lebens vor mehr als 200 Millionen Menschen predigte, macht sich Sorgen, dass die altmodische Musik in den Kirchen für Jüngere den Besuch unattraktiv macht. Und er möchte durch die Bekanntschaft mit dem Superstar wohl auch bei seinem Sohn Franklin punkten, dessen Lieblingslied „Ring of Fire" ist.[2] Die Cashs laden die Grahams zu einem Essen nach Hendersonville ein.

Billy Graham erzählt John Carter Cash von dieser Begegnung: „‚Mein erster Eindruck von deinem Vater war überraschend', antwortete er. ‚Ich hatte nicht erwartet, dass er so ein einfacher Mann ist. Ich habe deinen Vater geliebt. Er war einer der wenigen Menschen, die ich wirklich geliebt habe."[3]

Der gemeinsame persönliche Background als Farmkinder aus den Südstaaten verbindet sich bei den beiden Männern mit spiritueller Nähe. „Just As I Am", der Songtitel, den Billy Graham für seine Autobiografie wählt, ist auch das Lied, das Johnny Cash bei seinem ersten *Altar Call* als 12-Jähriger gesungen hat.[4] Es folgt eine lebenslange Freundschaft. Dreißigmal werden Johnny Cash und June Carter ab 1970 auf Billy Grahams Massenevangelisationen, den „Crusades", auftreten. „Jesus People", zum christlichen Glauben bekehrte Hippies, erschaffen sich Anfang der 70er-Jahre ihre eigenen Events. Das größte ist die Explo '72 in Dallas, Texas mit 150.000 Zuschauern auf einer alten Rennstrecke, Billy Graham nannte es „religiöses Woodstock", es kursieren auch „Great Jesus Rallye" oder ganz verkürzt „Godstock". Johnny Cash ist der Headliner. Besonders glaubwürdig ist er hier nicht nur durch sein Rebellenimage, sondern auch durch seine Drogenerfahrungen, die viele im Publikum teilen.

In den frühen 70er-Jahren setzt Johnny Cash für ein einmalig großes und allgemeines Publikum christliche Projekte um. Er wirkt dabei befreit und locker. In einem Interview für die Zeitschrift „Penthouse" erzählt er 1975, wie eine Last von ihm abgefallen ist, er sich nicht mehr wie bei den Gospelsongs und Gospelplatten der späten 50er- und 60er-Jahre selbst Scheinheiligkeit vorwerfen muss:

Larry Linderman: „Sind die religiösen Lieder, die Sie jetzt in Ihren Shows singen, eine Folge davon, dass Sie die Drogen aufgegeben haben?"

Johnny Cash: „Nein, ich habe diese Lieder immer gesungen – aber ich habe sie nie mit dem Gefühl und dem freien Geist gesungen, die ich habe, seit ich mit den Drogen aufgehört habe. Wissen

Sie, ich habe ‚Were You There When They Crucified My Lord?‘ gesungen, als ich berauscht von Amphetaminen war. Ich habe all diese Gospellieder gesungen, aber ich habe sie nie wirklich gefühlt. Und vielleicht schämte ich mich damals etwas für die Heuchelei: Ich sang das Lob des Herrn und sang über die Schönheit und den Frieden, den man in Ihm finden kann, und ich war stoned. Und ich war unglücklich; ich ging die Wände hoch."[5]

Der Vorwurf der Scheinheiligkeit ist schwerwiegend. Johnny Cash geht davon aus, dass Jesus Sünder mehr liebte als Scheinheilige,[6] und in einem der wenigen eigenen Kommentare im Film „Gospel Road" erzählt er: „Eine Sache, die Jesus nicht ausstehen konnte, waren Scheinheilige."[7]

Das erste große Projekt beginnt schon vor dem Konzert in Folsom, es startet auf seiner Hochzeitsreise im Mai 1968 nach Israel, 1969 erscheint dann das Album „The Holy Land".

Eigentlich erzählt schon der Blick auf das Album seine Geschichte: Der Superstar auf der Höhe seines Ruhms kann der Plattenfirma ein vermutlich in der Herstellung sauteures Hologramm-Bild für das Cover aufs Auge drücken. Und er kann offensichtlich seiner frischgebackenen Ehefrau unter Entertainment-Profis verkaufen, dass das Album trotz ihrer Mitarbeit ein Johnny-Cash-Album ist und sie nicht mit auf das Bild gehört.

Das Cover zeigt Johnny Cash nicht vor einem der ganz klassischen Heiligen-Land-Motive, sondern vor der Kirche der Seligpreisungen – die Bergpredigt ist für Johnny Cash der Kern der Bibel. Und bei der Erstveröffentlichung gibt es dann auf dem Album den Sticker[8] „Featuring the Hit Single Daddy Sang Bass". Sei es, dass ihm selbst der Erfolg des Albums am Herzen lag, sei es als Kompromiss mit der Plattenfirma, für den Johnny Cash durchaus zu haben war: Der aktuelle Hit „Daddy Sang Bass" (C. Perkins) ist auf dem Album und macht sich, unverbunden als erster Titel auf der zweiten Seite, nicht einmal die Mühe, den Eindruck zu erwecken, er gehöre in das Konzept.

Das Album entsteht in der Begegnung von Johnny Cash mit dem Heiligen Land.

„Für jemanden wie mich, der sein ganzes Leben lang Jesus-Lieder gesungen hat und in einer Baptistengemeinde aufgewachsen ist, ist die Reise nach Israel wie eine Heimkehr. Man sieht die Dinge, über die man sein ganzes Leben lang gesungen hat. Man singt sein ganzes Leben lang von der alten Eiche zu Hause, und dann kommt man dorthin und sieht sie. Man möchte sie umarmen."[9]

Mit dieser Freude nehmen Johnny und June ihre Impressionen an den heiligen Stätten auf – authentisch verrauscht und mit jeder Art von Hintergrundgeräuschen. Sozusagen früher Social-Media-Stil, eine Art Audio-Follow-me-around. Eine Reise durch das Land mit den Impressionen und Liedern, neu geschriebenen und alten, manche eher locker in den Zusammenhang eingereiht. Gerade in diesen Impressionen verschwimmen die Grenzen von Privatleben und Kunst, und es wird fühlbar, wie stark die Ehe von Johnny Cash und June Carter im Glauben fundiert ist.

Johnny Cash bleibt dem treu, womit er bei „It Was Jesus" angefangen hat: Die Gute Nachricht zu verbreiten heißt zunächst und vor allem: von Jesus zu erzählen. Weder in „The Holy Land" noch in „The Gospel Road" möchte Johnny Cash die biblische Geschichte neu interpretieren oder überhaupt interpretieren, sondern mit seinen Mitteln erzählen. Johnny Cash und June Carter reisen durch das Heilige Land mit dem Blick bibeltreuer Christen, nicht, um historisch-kritische Überlegungen anzustellen.

1993 wird Johnny Cash mit der standardisierten Interviewfrage konfrontiert, welche geschichtliche Person er gern getroffen hätte: „Ich wäre gerne auf dem Berg gewesen, als Jesus gepredigt hat. Ich hätte gerne zugehört. Es ist großartig, dass wir seine Worte noch haben."[10]

Keine Frage, für Johnny Cash ist die Bergpredigt ein historisches Ereignis. Und ich habe den Eindruck, dass Johnny Cash auf „The Holy Land" Indikativ und Konjunktiv bewusst einsetzt. Die nichtbiblische Legende in der Grabeskirche, die das Blut Jesu unmittelbar auf das darunter liegende Grab Adams fließen und so die Ursünde aufheben lässt, kennzeichnet er als „interessante Geschichte". Die Hochzeitskirche in Kana ist der Platz, an dem es „tatsächlich passiert ist", er konkretisiert leicht über die Bibel hinaus, dass die feiernde Familie arm ist; der Weinkrug, der als originaler präsentiert wird, erhält nur ein „angeblich".

Johnny Cash ist bibeltreu, aber allzu verbissenen Diskussionen darüber entzieht er sich in seiner zweiten Autobiografie 1997 durch eine sehr elegante Klammer: „Nachdem ich erfahren hatte, was die Bibel eigentlich ist – das geschriebene Wort Gottes (zumindest das meiste davon) –, ist sie sehr wertvoll für mich geworden und unendlich faszinierend. Für jede Bibelstelle gibt es eine realistische Interpretation, aber ihre religiöse Bedeutung zu erfassen ist wirklich aufregend. Manchmal erkenne ich plötzlich, daß etwas, das ich mein Leben lang gehört habe, eine tiefere herrlichere Bedeutung hat, als mir bisher bewußt war."[11]

Johnny Cash liest täglich in der Bibel, abwechselnd in der King-James-Bibel und der New International Version: „Was ich wirklich genieße, ist die Bibel. Ich teste mich gerne selbst und stelle mir eine Aufgabe. Ich suche eine Passage, die ich nicht richtig verstehe, und gehe ihr mithilfe der Konkordanz und der Querverweise auf den Grund, bis ich ihre Bedeutung begreife oder zumindest erfahre, auf welche Interpretation die versiertesten Gelehrten gekommen sind."[12]

Auch in diesem Zugang ist Johnny Cash nahe bei Luther. Gelehrte können unterstützen, aber im Wesentlichen legt die Bibel sich selbst aus. Ihr allein ist „der erste Rang einzuräumen. Das heißt, dass sie durch sich selbst ganz gewiss ist, ganz leicht zugänglich, ganz verständlich. Ihr eigener Ausleger, alles von allen prüfend, richtend und erleuchtend."[13]

Auf „The Holy Land" liegt der Schwerpunkt darauf, die Orte der biblischen Geschichten vor Ort zu erleben. Zur Hochzeit in Kana etwa aber liefert Johnny Cash auch eine darüber hinausgehende religiöse Bedeutung: „Das Wunder der Verwandlung von Wasser in Wein ist ein Gleichnis für die Lehre Jesu an sich. Ein Akt der Freundlichkeit, der Liebe, der Nächstenliebe für seine Freunde und Nachbarn."[14]

Aus dem Besuch in Kana entsteht „He Turned The Water Into Wine" (John R. Cash), neben „Daddy Sang Bass" der zweite Hit auf dem Album. In den Strophen findet die Speisung der 5.000 Platz und wie Jesus auf dem Wasser geht, der Refrain feiert das Hochzeitswunder von Kana.

Als „Luxuswunder" stellt die Hochzeit von Kana eine Herausforderung für viele Interpreten dar. Die Interpretation, Johnny Cash singe den Song auch in San Quentin, um den Gefangenen zu signalisieren, dass derselbe Jesus, der aus Wasser Wein machen kann, auch verrohte und abgestumpfte Sünder transformieren kann, finde ich für Johnny Cash zu unirdisch.[15] Mit der Hochzeit von Kana lässt Johannes die öffentliche Wirkungszeit von Jesus beginnen. Und da leuchtet es mir ein, dass, alle weitergehenden Bedeutungen beiseitegestellt, dem mit Jesus anbrechenden Reich Gottes so der Charakter von Freude und Feiern verliehen wird. Das passt zumindest zur Stimmung in San Quentin. Wie buchstäblich oder spirituell die Gefangenen den Song auch immer verstehen, er ist für mich einer der Höhepunkte des Films „Johnny Cash at San Quentin".

Der 1973 erschienene Film „Gospel Road" ist das größte, teuerste und ambitionierteste Projekt in Johnny Cashs Karriere. Das hindert säkulare Bücher über Johnny Cash nicht daran, es weitgehend zu ignorieren. Aber auch christliche Autoren knirschen darüber mit den Zähnen oder scheinen sich etwas zu schämen.[16] Ich habe den Film für dieses Buch das erste Mal gesehen, kann ihn auch mit der Distanz aus Deutschland vielleicht etwas lockerer betrachten als die amerikanischen christlichen Autoren – und ich mag ihn. Der Film ist tief der Zeit verhaftet in dem Wunsch, authentische Filme jenseits der Hollywood-Industrie zu produzieren. Um komplette künstlerische Freiheit zu haben, finanziert Johnny Cash den Film vollständig vor. Einen Teil der Kosten holt er über einen Verleihdeal mit 20th Century Fox wieder herein. Er kostet etwa eine halbe Million Dollar – viel Geld für einen Privatmann, aber kein ernsthaftes Budget für einen Kinofilm.[17] „Wir haben nicht versucht, einen kleinen großen Film zu machen. Wir haben nicht versucht, einen Cecil B. de Mille-Film zu machen."[18]

Im November 1971 fliegt Johnny Cash mit einer etwa 30-köpfigen Crew nach Israel, um auf eigene Kosten das Leben von Jesus zu verfilmen. Mit dem ausgewiesenen Dokumentarfilmer Robert Elfstrom als Regisseur, der auch schon „Johnny Cash! The Man, His World, His Music" gedreht hat. Sei es, weil er ihm vertraute, sei es, weil das Projekt aus seiner Sicht eine Angelegenheit für einen Dokumentarfilmer ist. Zugrunde liegt ein Plan, den June und Johnny auf ihrer Hochzeitsreise gemacht haben – einen Film über  Jesus an den Originalschauplätzen drehen. Es gibt eine grundlegende Gestaltungsidee, die im Intro von Johnny Cash noch zitiert wird: „In the Footsteps of Jesus": Johnny Cash erzählt und singt über die wandernden Füße von Jesus. Und es gibt ein halbfertiges Drehbuch.

Das Headquarter liegt am See Genezareth, ein verlassenes palästinensisches Flüchtlingsdorf ist das wesentliche Set. Elfstrom überzeugt Johnny Cash, auf der Bildebene mehr zu zeigen als nur Jesu Füße an verschiedenen Orten.[19] Also wird besetzt, quasi jeder aus dem Team bekommt eine Rolle, ergänzt durch spontan engagierte, das Heilige Land bereisende Hippies. Für Maria Magdalena hat Elfstrom den Besetzungsvorschlag: June. Für Jesus haben nach mehreren gescheiterten Versuchen June und John die Lösung: Elfstrom selbst soll ihn spielen, ohne Schauspielerfahrung, sehr schwedisch, aber hippiesk genug aussehend.

Die einzige auffällige Gestaltungsidee, damit auch die einzige Interpretation des Films, verlängert die Dreharbeiten erheblich: Jesus stirbt am Kreuz nicht nur in Jerusalem, sondern überall auf der Welt. Also wird die Kreuzigung auch noch in Jericho, in Manhattan, auf dem Strip in Las Vegas, am Hollywood-Schriftzug in Los Angeles und im Death Valley gedreht.

Als Kinofilm betrachtet wirkt „Gospel Road" wie das Autorenfilm-Pendant zu der Hollywoodproduktion „Jesus Christ Superstar", wie auch immer das genau zeitlich und als Einfluss verwoben ist.[20] Im Grunde realisiert er das, was als fiktiver Rahmen in „Jesus Christ Superstar" behauptet wird: Ein Haufen Hippies führt Jesu Leben in Wüsten und Ruinen auf.

Und es ist ein zutiefst persönliches Werk. Am Beginn der Projekte „Holy Land" und „Gospel Road" steht wohl ein Traum von June, die Johnny im Heiligen Land auf dem Berg Arbel predigen sah. Und Johnny Cash nutzt die Drehreise, um sich noch einmal taufen zu lassen, im Jordan.

Umgeben von reisenden Hippies und Musikprofis ohne Schauspielerfahrung, im ordentlichen schwarzen Hemd vom sonstigen Geschehen abgesetzt, ist Johnny Cash der Erzähler des Films. Und selbst wenn der Wille deutlich ist, die Evangelien zu erzählen und nicht Johnny Cashs Interpretation der Evangelien, ist klar, dass allein durch die Auswahl der Texte und Bilder der Blick von Johnny Cash auf die Evangelien spürbar wird.

Am auffälligsten ist sicher: Weihnachten entfällt. „Gospel Road" beginnt mit einer Bildmontage über das Kommen von Jesus als die durch Jesaja vorausgesagte Ankunft des Lichts. Es folgen Aufnahmen von Johannes dem Täufer und Jesus als älterem Kind. Auch in „The Holy Land" kommt Weihnachten nicht vor, die Reise beginnt in Nazareth.

Nun hat Johnny Cash gleich zwei Weihnachtsalben veröffentlicht und scheint dem Ereignis durchaus etwas abgewinnen zu können. Es gibt keine Hinweise darauf, dass er die Geburt Jesu in Bethlehem historisch-kritisch infrage stellt. Ich kann nur vermuten, dass er Weihnachten eher im kulturellen Kontext beziehungsweise im Kontext Familie verortet (eins der beiden Alben widmet sich der Familienweihnacht) und nicht im Kern der Botschaft der Evangelien. Dass er die Geburtsgeschichte Jesus im Film weglässt, weil sie im Johannesevangelium nicht vorkommt, für so strikt halte ich Johnny Cash nicht. Mir scheint aber das Johannesevangelium eine gewisse Federführung bei der Strukturierung des Films zu haben. Bei der Vorstellung der Jünger wird bei Johannes erwähnt, dass er später ein wunderschönes Evangelium schrieb.

Es gibt einen starken Akzent auf den Lehren und Worten von Jesus – also auf genau dem, was eine auf Erfolg getrimmte Filmdramaturgie scheuen würde. Alle Bibelstellen und Geschichten, die Johnny Cash auch in seinen Songs beschäftigen, kommen im Film vor. Auffällig gerade im Kontrast zu „Jesus Christ Superstar" ist, dass Judas fast keine Rolle spielt, er kommt nur am Rande vor, so wie auch die Verleugnung durch Petrus. Das Geschehen zwischen jüdischen und römischen Autoritäten bleibt ebenfalls im Hintergrund. Fast die einzige wirkliche Überschneidung zu „Jesus Christ Superstar" ist die Beziehung zwischen Jesus und Maria Magdalena, die aber in „Gospel Road" spirituell bleibt.

Johnny Cash markiert sorgfältig, wo er die Rolle gegenüber der

Bibel ausbaut. Der größere Umfang ihrer Präsenz mag auch der Tatsache geschuldet sein, dass June die Maria Magdalena spielt. Einiger Aufwand fließt in den Soundtrack. Kirchenlieder werden zusammengestellt und dann verworfen, weil sie nicht zeitgemäß genug sind. Am Ende werden es Lieder von Johnny Cash und Freunden wie Kris Kristofferson und Larry Gatlin, teils gesammelt, teils neu geschrieben.[21]

Eher nebenbei, in einem Fernsehinterview zum Filmstart, gibt Johnny Cash dann einen starken Interpretationshinweis zu dem Film, mit dem er den Anspruch heraufschraubt: „Ich habe nie einen wirklich guten Film über Jesus gesehen, der mir wirklich gefallen hat, weil ich fand, dass die meisten Filme, die ich über ihn gesehen habe, ihn nicht menschlich genug und trotzdem vollkommen göttlich gezeigt haben."[22]

Nach dem Fund dieses Zitats schaute ich noch einmal über den Film, und in der Tat: Der rustikale Realismus vieler Szenen, die Jesus als galiläischen Countryboy unter anderen Countryboys zeigen, betont den menschlichen Charakter von Jesus. Gleich zwei Mal wird ländlich und sehr irdisch gefeiert: bei der vergleichsweise opulent inszenierten Hochzeit von Kana und beim Letzten Abendmahl – bei dem Jesus alle auffordert, noch einmal ordentlich zuzulangen, bevor er sie verlassen muss. Und die ebenfalls sehr präsente Rolle des Lehrers geht dann über in die Darstellung des weltweit gekreuzigten Erlösers.

Für Johnny Cashs Glauben vielleicht noch charakteristischer aber ist die Wirkung, die er sich als Filmemacher von „Gospel Road" erhofft: „Das ist das stolzeste Werk meines Lebens. Ich wollte es produzieren, eine Geschichte schreiben und sie auf die Leinwand bringen, damit die Leute sich hinsetzen und es genießen und sich gut fühlen, wenn sie aus dem Kino gehen. Sie sollen nicht aus dem Kino gehen und sagen: ‚Oh, ich bin ein Sünder, ich muss schnell etwas tun, um mich zu bessern.‘ Es ist die Art von

Film, die dich über deinen Glauben nachdenken lässt, aber es ist ein schöner Film."[23]

„Gospel Road" findet sein Publikum, neben dem normalen Kinobetrieb auch bei einer Vielzahl von Benefiz-Aufführungen, bei denen June und Johnny persönlich vor Ort sind.[24] Die meisten davon für „Youth for Christ", der Hippie-Flair des Films macht ihn gerade für diese Organisation attraktiv. Billy Graham übernimmt später den Vertrieb des Films und setzt ihn erfolgreich weltweit ein.[25]

In den früher 70er-Jahren agiert Johnny Cash so fromm, dass es schon erstaunlich ist, dass sein dunkles Image nicht noch stärker beschädigt wird. Da ist 1974 der Columbo-Krimi „Schwanengesang" ein bemerkenswertes Signal, dass Johnny Cash potenziell gefährlich bleibt. Johnny Cash hat zwar schon davor mit Filmrollen seine Reputation als Cowboy, Outlaw und Gangster ausgebaut, und dabei wird gern mit seinem dunklen Image gespielt. In „Gunfighter" trägt er 1971 als Revolverheld Abe Cross konsequent Schwarz, in „5 Minutes to Live" spielt er 1962 als Killer leidenschaftlich Gitarre, was den schönen Dialog mit einer Geisel provoziert: „Sind Sie ein Entertainer?" „Nein, ein Mörder."

Aber die Rolle in „Schwanengesang" ist noch von einem anderen Kaliber. Mitten in der hellsten Periode von June und Johnny wird ihm wie in einem alternativen Universum die Rolle des seine Ehefrau ermordenden Countrysängers auf den Leib geschrieben. Der Countrysänger Tommy Brown ist als „Avatar" von Johnny Cash angelegt. Er singt aus dessen Repertoire: „I Saw the Light" (H. Williams) und „Sunday Morning Coming Down" (K. Kistofferson). Er liebt seine schwarze Martin-Gitarre, was dann auch zu seiner Überführung beiträgt, er hat technische Kenntnisse aus der Militärzeit und macht mit Johnny Cashs Band Musik. Die Story spielt in einer eher der Gewinnmaximierung als dem Wort Gottes dienenden evangelikalen Gemeinde. Auch das ist nah an der Realität, denn im ersten geistlichen Überschwang der frühen 70er-Jahre zeigt sich Johnny Cash zu vielen evangelikalen Predigern affin, von denen sich aber nicht alle als Ausbund an Selbstlosigkeit erweisen. Billy Graham aber schafft es durch persönliche Integrität und strukturelle Maßnahmen, skandalfrei zu bleiben.[26]

Cashs Film-Alter-Ego Tommy Brown hat eine dunkle Sträflingsvergangenheit und hatte Sex mit einer minderjährigen Backgroundsängerin. Mit beidem erpresst ihn seine ebenso fanatische wie scheinheilige wie unsympathische Ehefrau Edna, die ihn für den Bau eines neuen Gotteshauses ausbeutet („Ein Teufel baut einen Tempel"). Von den Einnahmen seiner gut besuchten Konzerte sieht Tommy kaum etwas. Und methodisch unterbindet Edna alles, woran Tommy Brown Spaß hat, Autos, Häuser, Frauen, Alkohol. Er beschließt, die Hindernisse auf dem Weg zu Luxus und Ausschweifung aus dem Weg zu räumen. Schließlich werden Edna und die Ex-Affäre Maryann Opfer eines sehr ausgeklügelten und fast perfekten Plans: Sie sterben bei einem Flugzeugabsturz, den nur Tommy Brown überlebt. Bei den letzten Worten, die Columbo nach seiner Verhaftung an den Täter richtet, sind Tommy Brown und Johnny Cash wieder kaum zu unterscheiden. Columbo ist sicher, der Mörder hätte sich am Ende aus Reue so oder so gestellt: „Jemand, der so singt wie Sie, kann kein ganz schlechter Mensch sein." Sowohl Ednas Charakter wie ihr Ende dürften für June Carter ein Humortest gewesen sein – den sie offensichtlich besteht.

2012 veröffentlicht Columbia Records die Box „The Soul of Truth"
als „Johnny Cash Bootleg IV". Offizielle Bootlegs sind eine schwierige Angelegenheit. Sie sind der Sargnagel
der Bootleg-Kultur, dem Jagen und Sam-
meln von inoffiziellen Aufnahmen, bei
denen die Fans die Hitliste bestimmen. Seit
alles in Klickweite ist, hat sich diese Kultur
ohnehin überlebt. Vieles von dem aber, was
jetzt gern in teurer Aufmachung vor allem
einer älteren Zielgruppe mit Kaufkraft ange-
dient wird, hätte auch im Archiv bleiben

können. Andererseits haben die Plattenfirmen nun einmal den
besseren Zugriff auf gutes Material.

„The Soul of Truth" ist eine Entdeckung, die sich lohnt. Auf drei
Schallplatten oder zwei CDs können wir Johnny Cashs christlichen Glauben in seinem Reichtum und seiner Vielfalt hören. Es
sind keine Bootlegs im Sinne von Outtakes, Liveaufnahmen oder
Obskurem. Es ist die Wiederveröffentlichung des schwer erhält-
lichen Doppelalbums „A Believer Sings The Truth" von 1979, ergänzt um ein namenloses, nicht veröffentlichtes Album von 1975
und das Album „Johnny Cash Gospel Singer" von 1982, das der
Einstellung des Labels Priority durch Columbia zum Opfer fiel,
dazu Outtakes.

Viele der Songs von „The Soul of Truth" wurden in Cashs eigenen
Studio in Hendersonville aufgenommen, mit dem vertrauten Jack
Clement als Produzenten. Johnny Cash steckt alle Leidenschaft in
das Gospelalbum für das kleine Label „Cachet" und absolviert das

zeitgleich in Nashville produzierte Columbia-Album „Silver" eher als lästige Pflichtübung.[1] Man hört diese Hingabe den einzelnen Songs und der musikalischen Bandbreite an. Alles, was Johnny Cash jemals musikalisch beeinflusst hatte, ist präsent, von wildem Honky Tonk über strengen Boom Chicka Boom bis zu Balladen und Hymnen.

Das Album von 1975 beginnt mit „Back in the Fold" (M. Wilkin) – ein Lied über die unendliche Einsamkeit der von Gottes Stimme entfernten einsamen Seele, die zurückgefunden hat. „Gott sei Dank bin ich zurück im Schafspferch" – das definitive Gegenprogramm zum Outlaw- und Rebellenimage. Uncooler geht es kaum. Und das nicht nur, weil den meisten von uns kaum noch Hirten in ihrer Lebenswelt begegnen, sondern nur noch bei Krippenspielen und verbal in kirchlichen Zusammenhängen als „Hirtenstab", „Oberhirte" und „Hirtenbrief". Ein Schaf zu sein, das steht nah an Schleiermachers Definition von Religion als „Gefühl schlechthinniger Abhängigkeit" in scharfem Kontrast zum Autonomiestreben westlicher Aufklärung.

Das Gegenstück zum Gehorsam der Schafe ist die Opferbereitschaft des Hirten – natürlich eines der Zitate von Jesus in „Gospel Road". Bei Johnny Cash taucht das Gleichnis vom verlorenen Schaf häufiger auf als das in der amerikanischen Musik viel präsentere Gleichnis vom verlorenen Sohn.[2] Vielleicht liegt das daran, dass man viel Aufhebens um sich macht, wenn man sich selbst als verlorenen Sohn fühlt – und wenn Johnny Cash demütig ist, dann richtig. Dabei ist Demut für einen Bühnenkünstler besonders schwer. 1997, im letzten Jahr seiner Bühnenkarriere, macht Johnny Cash in einem Interview anschaulich, wie schwer es ist „to deflate your ego": das Ego für die Bühne zuerst heftig aufzupumpen, um dann von der Bühne abtretend die Luft wieder abzulassen.[3]

> Ich bin der gute Hirte.
> Der gute Hirte lässt sein Leben für die Schafe.
> Johannes 10, 11 (Luther 2017)

Als Johnny Cash das 1975er-Album[4] mit „Back in the Fold" eröffnet, liegen Jahre hinter ihm, in denen der Anschluss an das Gemeindeleben für ihn wichtiger ist als jemals vorher oder nachher. „Auf das Alleinsein zu setzen und mich abzusondern von der Gemeinschaft anderer überzeugter Christen schwächt mich spirituell ... Jesus wollte nie, dass wir versuchen, es allein zu schaffen. Die Trennung macht mich verwundbar und zu einer leichten Beute für all die Versuchungen und zerstörerischen Laster, die die Backstage-Welt der Unterhaltungsbranche zu bieten hat."[5]

Auf dem Weg in die Kirche gibt es für den Superstar Johnny Cash besondere Stolpersteine. Auch wenn Johnny Cash betont, nur „Soldat"[6] in der Gemeinde sein zu wollen – der Versuch, ein einfaches Gemeindemitglied zu sein, scheitert praktisch. Im Evangel Temple in Madison bedrängt ein Songwriter Johnny Cash noch vor dem Altar, sich seine Songs anzuhören. Als Johnny Cash mit seiner neuen Predigerlizenz eigene Gottesdienste im „House of Cash" hält, stürmen immer wieder Fotografierende den Gottesdienst. Es sind diese praktischen Gründe, aber auch eine nicht superstarspezifische innere Trägheit, die ihn so manches Mal vom Gottesdienstbesuch abhält: „Ich finde meine Kirche im Herzen, weil ich manchmal meinen Körper nicht in eine schleppen kann."[7]

„Leben wir aber im Licht, so wie Gott im Licht ist, dann haben wir Gemeinschaft miteinander." (1. Johannes 1,7 Hfa) Das alltägliche Leben in einer Gemeinschaft als dem Ort, wo die sozialen Dimensionen des Christentums gelebt werden, aber auch als wichtige geistliche Stärkung, ist unersetzlich.[8] Nicht durch die „Kirche im Herzen", auch nicht durch Massenevangelisationen – Billy

Graham weist selbst darauf hin, dass sie ein zusätzliches Instrument sind, die das Gemeindeleben nicht ersetzen.[9]

> Und ich sage dir auch: Du bist Petrus und auf diesen Felsen will ich meine Gemeinde bauen, und die Pforten der Hölle sollen sie nicht überwältigen.
>
> Matthäus 16, 18 (Luther 2017)

> Lasst uns aufeinander achten! Wir sollen uns zu gegenseitiger Liebe ermutigen und einander anspornen, Gutes zu tun. Versäumt nicht die Zusammenkünfte eurer Gemeinde, wie es sich einige angewöhnt haben. Ermahnt euch gegenseitig, dabeizubleiben.
>
> Hebräer, 10, 23-25 (Hfa)

Die lebenslangen Kämpfe von Johnny Cash zwischen Gut und Böse bewegen sich auch immer entlang der Linie von Gemeinschaft und Isolation. Gottferne und Wüste sind bei ihm eins. Gerade Mitte der 60er-Jahre flieht er vor den Verpflichtungen als Ehemann und Vater in die Wüste, schrottet reihenweise Autos, Camper, Trucks. Nach einem neuen Versuch in der Henderson Church of God hat Johnny Cash Anfang der 80er keine feste Gemeinde mehr, und die Entfremdung vom Gemeindeleben ist ein erster Indikator für neue Rückfälle.

Die Songs auf „The Soul Of Truth" entstammen keiner friedlichen christlichen Idylle, sondern einer gefährdeten und umkämpften Zone – was die Musik vermutlich stärkt. Waren die Gospelsongs vorher immer Teil der Konzerte vor einem allgemeinen Publikum, so singt er jetzt auch für ein rein christliches Publikum. „The Soul Of Truth" enthält viele der Songs, die Johnny Cash und June Carter auf Billy Grahams Crusades singen. Wenn Johnny Cash vorrangig als Christ für Mitchristen singt, kommt neben dem Verhältnis zum Hirten das Dasein in der Herde stärker in den Blick.

Die Stärke von „The Soul Of Truth" sind nicht nur die einzelnen Songs, sondern die Vielfalt der Themen aus dem christlichen Leben, der Zugänge, der Musikstile. Eine starke Basis des Albums sind die Uptempo-Lieder aus dem Repertoire der afroamerikanischen Gospelsängerin Rosetta Tharpe, 1915 hundert Meilen von Dyess entfernt geboren. Sie ist die Lieblingssängerin von Johnny Cash. Wenn Rosetta Tharpe Gospel mit ihrer E-Gitarre rockt, vereint sich die starke Frau in einer männergeprägten Domäne mit der leidenschaftlichen Christin. Und Rosetta Tharpes Songs legen den Ton des Albums fest: Energie und Freude.

Diesen Grundton des christlichen Glaubens teilt Johnny Cash mit Billy Graham: „Die Bibel sagt, dass Gläubige mit Freude erfüllt sind. Ein Christ soll ein lächelndes Gesicht haben, einen federnden Schritt und Freude in der Seele."[10]

Neben Freude ist in „My Children Walk in Truth" (John R. Cash) auch Erleichterung darüber zu spüren, dass er nicht mehr nur vom Glauben erzählen, sondern ihn seinen Kindern nun auch vorleben kann. Auf die Frage, wie er erinnert werden möchte, antwortet Johnny Cash: „als guter Vater".[11] Im Duett mit Tochter Cindy singt er eine wunderschöne Ballade über den Wunsch, in den Südstaaten beerdigt zu werden. Im ausgesprochen gut gelaunten „Sanctified" (John R. Cash) wehrt er erfolgreich alte Freundinnen und Freunde ab, die ihn vergeblich mit Sex, Drugs & Rock 'n' Roll vom geraden Weg abbringen wollen; mein Lieblingsdialog: „Das Leben geht an dir vorbei." – „Ich kann es kaum erwarten."

Ich habe keine größere Freude als die, zu hören, dass meine Kinder in der Wahrheit wandeln.

3. Johannes 4 (Hfa)

Eine gewagte Vermutung spricht aus „Our Little Old Home Town" (Unkown): Aus dem 40. Stock eines Hotels auf die Stadt schauend fürchtet der Sänger, dass Jesus wohl in den kleinen Heimatdörfern der Bewohner zurückgelassen wurde und seine Gegenwart in der Stadt nicht zu spüren ist. Gerade im Country-Kontext ist der romantisierende Blick zurück auf das reale Dorf seiner Kindheit eigentlich nicht Johnny Cashs Sache. Im Gegenteil ist es erstaunlich, wie wenig er bei der Rückkehr nach Dyess für die 1969er-Doku von Robert Elfstrom mit dem Ort anzufangen weiß. Aber den poetischen Gedanken, dass Jesus auf dem Land gegenwärtiger ist als in einem Hochhaus einer Casino-Stadt, der spricht nicht nur mit ihm, den lebt er. Wenn er nicht tourt, lebt er fast immer in ländlicher Umgebung, in den 70er-Jahren oft auch auf seinem neuen Anwesen in Jamaika. In New York shoppen zu gehen, ist eher Junes Sache.

Neben den vielen Liedern über Jesus gibt es hier dann auch das Lied über Paulus. „One of These Days I'm Gonna Sit Down And Talk to Paul" (John R. Cash). Der Song ist keine theologische oder biografische Auseinandersetzung mit Paulus, sondern eher eine erfolgreich auf Crusade-Stimmung zielende Honky-Tonk-Rocknummer. Die Affinität von Johnny Cash zu Paulus kennt viele Ebenen außer dem berühmten Damaskus-Erlebnis, der schlagartigen Bekehrung des Christenverfolgers. Der Paulus, den Johnny Cash besonders verehrt, ist der Handwerker, der Zeltmacher, der zum Apostel wird, der Verfolgte, der Zweifelnde und vor allem: der in Sachen Christus Reisende. Vor allem um die Reisen soll es im Gespräch von Johnny Cash mit Paulus gehen. Für Johnny Cash war Paulus „(...) ein Mann, der gelitten hat und verletzt wurde, der aber auch sehr spirituell war. Ein Mann, der die körperliche Stärke und die Willenskraft hatte, jedes Hindernis auf seinem Weg zu überwinden, um seine ersehnte Mission zu erfüllen. Er war immer auf der Suche nach dem Unbekannten und neuen Orten."[12]

Johnny Cash widmet Paulus ein eigenes Buch: „Man in White" begann er in den 70ern zu schreiben, es erscheint aber, auch wegen der langen erneuten Drogenphase, erst 1986. Und Johnny Cash ist schon immer etwas genervt, wenn Billy Graham auf Crusades beim Intro zu seinem Paulus-Song ankündigt, dass bestimmt jetzt bald das Paulus-Buch von Johnny Cash erscheinen wird.

Der Roman zeigt, wie ernsthaft und energisch sich Johnny Cash in das historische Israel zur Zeit von Jesus und Paulus vertieft hat. Im Zentrum des Buches steht die Bekehrung des Paulus. Mit großem Respekt nähert er sich zunächst dem Pharisäer Paulus und seinen inneren Kämpfen und dann seiner Hinwendung zu Jesus, mit der er dann seine Familie, sein altes Umfeld und die Jerusalemer Christen konfrontiert. Die späteren Missionsreisen des Paulus tauchen nur als Ausblick auf, der Storyteller Johnny Cash fokussiert sich. Und der Roman belegt, wie tief verankert und konstant sein Glaube ist. Das, was ihn am christlichen Glauben und der Bibel besonders bewegt und auch seine liebsten Bibelstellen ziehen sich durch den Film, den Roman und seine Songs.

Die Songs auf „The Soul Of Truth" entfalten in vielen Facetten, wie christlicher Glaube gelebt wird. Ein Song ist dabei programmatisch in einem Maß, das sonst nur noch „The Man Comes Around" (John R. Cash) erreicht: „What On Earth Will You Do (For Heaven's Sake)" (John R. Cash)[13]. Er kommt einfach daher, beruht aber genau wie „The Man Comes Around" auf intensiver Bibelarbeit. Johnny Cash kombiniert für den Song zentrale Bibelstellen vor allem aus der Bergpredigt, die Seligpreisungen sind ein Wegweiser für das Leben in der Nachfolge Jesu:

What on Earth Will You Do (For Heaven's Sake)

Will you walk another mile turn a frown with a smile?
Will you lift the lowly heart about to break?
Would you also give your cloak to one who took away your coat?
What on earth will you do for heaven's sake?

Would you feed the poor in spirit and befriend the persecuted?
Will you show the bound how all the chains can break?
Did you sow the proper seed? Will you walk among the weak?
What on earth will you do for heaven's sake?

Did you turn the other cheek? Are you counted with the meek?
Would you give a little more than you could take?
Will you shine your little light on the children of the night?
What on earth will you do for heaven's sake?

> Selig sind die, die da geistlich arm sind; denn ihrer ist das Himmelreich ist. Selig sind, die da Leid tragen, denn sie sollen getröstet werden. Selig sind die Sanftmütigen; denn sie werden das Erdreich besitzen. Selig sind, die da hungert und dürstet nach der Gerechtigkeit; denn sie sollen satt werden. Selig sind die Barmherzigen; denn sie werden Barmherzigkeit erlangen. Selig sind die, die reinen Herzens sind; denn sie werden Gott schauen. Selig sind, die Frieden stiften; denn sie werden Gottes Kinder heißen. Selig sind, die um der Gerechtigkeit willen verfolgt werden; denn ihrer ist das Himmelreich.
>
> Matthäus 5, 3-10 (Luther 2017)

Johnny Cash traut sich was. Mit der Bergpredigt als wesentlicher Quelle und einigen Erweiterungen entwirft er in drei kurzen Strophen eine Zusammenfassung christlichen Lebens. Drei

Seligpreisungen – die Armen im Geist, die Verfolgten und die Sanftmütigen – werden kombiniert mit den drei Handlungsaufforderungen rund um die Vergeltung aus den sogenannten „Antithesen" ab Vers 5,21 („... ich aber sage euch ..."). Wenn die Seligpreisungen markieren, was Christen sind, und die „Antithesen", was Christen tun, passt das unproblematisch zusammen.

> Ihr wisst, dass den Vorfahren auch gesagt wurde: ‚Auge um Auge, Zahn um Zahn!' Doch ich sage euch: Leistet keine Gegenwehr, wenn man euch Böses antut! Wenn jemand dir eine Ohrfeige gibt, dann halte die andere Wange auch noch hin! Wenn einer dich vor Gericht bringen will, um dein Hemd zu bekommen, so lass ihm auch noch den Mantel. Und wenn einer von dir verlangt, eine Meile mit ihm zu gehen, dann geh zwei Meilen mit ihm!
>
> Matthäus 5, 38-41 (Hfa)

Er erweitert dann die Stellen aus der Bergpredigt mit weiteren Bibelzitaten[14] und fügt drei Verse hinzu, die ich für der Bergpredigt sinnverwandte Gedanken von Johnny Cash halte: Den Schwachen zur Seite stehen, den Gefangenen zeigen, wie die Ketten gesprengt werden, und Fratzen in Lächeln verwandeln. Das ist sozusagen Bergpredigt light: Einem finsteren Blick mit einem Lächeln begegnen, das trauen wir uns noch zu – bei „die andere Wange hinhalten" wird es schon schwieriger. Aber immer gleich die „Erfüllbarkeitsdiskussion" führen, das kann den Blick auf die Bergpredigt auch verstellen,[15] sie als lebensuntauglich, also nett, aber irrelevant einstufen.

Es gibt zwei gesprochene Einleitungen des Songs von Johnny Cash und in beiden steht nicht die Machbarkeit im Mittelpunkt. 1973 erzählt er, der Song sei entstanden, als er mit seinem Teleskop den Nachthimmel über Jamaika erkundete. Das Staunen über die

Größe des Himmels leitet ihn zur Größe Gottes: „Gott kümmert sich um jeden von uns. Ich denke, er ist so klein, wie wir ihn haben wollen, oder so groß, wie wir ihn haben wollen. Obwohl wir an die Erde gebunden sind, können wir ihm doch ähnlicher werden oder wir können es zumindest versuchen."[16]

Johnny Cash erklärt hier weder den Song noch die Bergpredigt. Es ist prinzipiell keine gute Idee, die beinahe verstörende, menschliche Klugheit weit übersteigende Größe der Bergpredigt einzäunen zu wollen mit der Darlegung, wie sie eigentlich gemeint ist. Aber er verortet sie mit der wesentlichen Blickrichtung vom Himmel auf die Erde in der Nachfolge Jesu. Direkt an diese Nachfolge binden den Song auch die „lowly hearts", die Johnny Cash wohl im „Heilandsruf" gefunden hat: „Kommt her zu mir, alle, die ihr mühselig und beladen seid; ich will euch erquicken. Nehmt auf euch mein Joch und lernt von mir; denn ich bin sanftmütig und von Herzen demütig; so werdet ihr Ruhe finden für eure Seelen. Denn mein Joch ist sanft, und meine Last ist leicht." (Matthäus 11, 28-30 (Luther 2017)) Und im ziemlich fröhlichen „I'm Gonna Try to Be That Way" (John R. Cash) auf „The Soul Of Truth" geht es um nichts anderes als den Willen, so zu handeln, wie Jesus es vorgelebt hat.

Eingeführt mit dem Blick in den Himmel sind die Bergpredigt und der Song für Johnny Cash kein vom christlichen Glauben zu trennendes Moral-Tutorial. Nur so verstanden kann die Bergpredigt die Reaktion provozieren, das sei doch alles überhaupt nicht erfüllbar beziehungsweise höchstens ein Ideal für Fortgeschrittene. „What On Earth Will You Do (For Heaven's Sake)" hält keine robusten und lebensklugen Handlungsanweisungen bereit, es antwortet auf die Frage: Wie wirken wir, obwohl „earthbound" und damit unvollkommen, am Aufscheinen des richtigen Lebens im Reich Gottes im Hier und Jetzt mit? Es geht um einen Gegenentwurf, um Leitlinien für eine christliche Gegenkultur.[17]

In seiner gesprochenen Einleitung 1975 geht es Johnny Cash um die Adressaten des Songs: „Vor kurzem habe ich ein Lied geschrieben, und als ich es schrieb, sagte ich mir, es sei für meine Mitchristen. Aber je mehr ich dieses Lied singe und je mehr ich darüber nachdenke, desto mehr begreife ich, daß sich dieses Lied nur an mich richtet, es an mir ist, es zu singen und darüber nachzudenken. Denn es geht darin um Richten und Kritisieren und darum, anderen Leuten zu sagen, wie sie leben sollen und so weiter. Sollte ich dabei an jemand anderen gedacht haben, um ihn zu kritisieren oder zu verurteilen, dann sollte ich damit aufhören und bei meinen eigenen Fehlern anfangen. Dann werde ich nie zu den Fehlern anderer kommen, weil ich mit meinen eigenen Fehlern nicht fertigwerde. Und genau darum geht es in diesem Lied."[18]

Ich mag den Ausdruck „Richtgeist" aus älteren Bibelübersetzungen, weil er so klarmacht, dass er hier nicht um eine Anzahl von Handlungen geht, sondern um eine Haltung. Christen steht Richtgeist nicht gut zu Gesicht: „Wer nicht mehr als ‚Freudenbote' (Evangelist) unterwegs ist, der checkt die Herde nach schwarzen Schafen ab."[19]

> Da schleppten die Schriftgelehrten und Pharisäer eine Frau heran, die beim Ehebruch überrascht worden war. Sie stellten sie in die Mitte, wo sie von allen gesehen werden konnte, und sagten zu Jesus: „Lehrer, diese Frau wurde auf frischer Tat beim Ehebruch ertappt. Im Gesetz hat Mose uns befohlen, eine solche Frau zu steinigen. Was meinst du dazu?" Sie fragten dies, um Jesus auf die Probe zu stellen und ihn dann anklagen zu können. Aber Jesus bückte sich nur und schrieb mit dem Finger auf die Erde. Als sie nicht lockerließen, richtete er sich auf und sagte: „Wer von euch noch nie gesündigt hat, soll den ersten Stein auf sie werfen!"
>
> Johannes 8, 3-7 (Hfa)

Aber die Radikalität, mit der Johnny Cash gegen den Richtgeist lebt, ist für mich einer der außergewöhnlichsten und prägendsten Züge seines christlichen Glaubens. Er ist selbst mehr als ausreichend damit beschäftigt, in der Herde zu bleiben oder zurückzufinden, da kümmert er sich nicht um die Fellfarben anderer. In „Gospel Road" ist „Jesus und die Ehebrecherin" eine längere Szene. Und die Szene ist eine der wenigen, die er mit einem eigenen Zusatz ausbaut: „Und dann fing Jesus an, in den Sand zu schreiben. Und es ist nicht wirklich bekannt, was er schrieb, aber vielleicht schrieb er Dinge wie ‚Lügner', ‚Scheinheiliger', ‚Dieb', ‚Vergewaltiger', ‚Mörder'."[20]

> Richtet nicht, damit ihr nicht gerichtet werdet. Denn wie ihr richtet, werdet ihr gerichtet werden; und mit welchem Maß ihr messt, wird euch zugemessen werden. Was siehst du aber den Splitter in deines Bruders Auge und nimmst nicht wahr den Balken in deinem Auge? Oder wie kannst du sagen zu deinem Bruder: Halt, ich will dir den Splitter aus deinem Auge ziehen? – und siehe, ein Balken ist in deinem Auge? Du Heuchler, zieh zuerst den Balken aus deinem Auge; danach kannst du sehen und den Splitter aus deines Bruders Auge ziehen.
> Matthäus 7, 1-5 (Luther 2017)

Die Bergpredigt lässt Johnny Cash in „Gospel Road" mit den Worten aus Matthäus 7,1 beginnen: „Judge not lest thou be judged".[21] Diese Bibelstelle ist radikaler als die Erzählung von der Ehebrecherin. Die lässt noch die Möglichkeit zu, sich ein Urteil über sündige Menschen zu bilden, aber im Hinblick auf die eigenen Sünden auf den Vollzug zu verzichten.[22] Mit dem Balken im eigenen Auge aber lässt sich wenig Gesichertes über den Splitter im Auge des anderen sagen. Wir sind nicht Gott – nicht nur, was das Richten angeht, sondern auch im Urteilen. Und wo Jesus noch die theoretische

Möglichkeit zulässt, sich vom eigenen Balken befreit mit klarem Blick um Splitter bei anderen zu kümmern, geht Johnny Cash für sich noch darüber hinaus: dazu wird es nicht kommen.

Dass es nicht an uns ist, zu richten und zu urteilen, ist nicht zu verwechseln mit einer Haltung gegen weltliche Justiz. Natürlich darf die menschliche Gesellschaft sich entsprechend organisieren. Aber auch wenn es nicht ganz fair scheint: Weltliche Richter kommen bei Johnny Cash meist ziemlich schlecht weg, am schlechtesten wohl die Geschworenen in „Austin Prison" (John R. Cash): „twelve evil men with murder in their eyes". Johnny Cash hält konsequent den Sicherheitsabend zu jedem Richtgeist, den Verzicht darauf, „anderen Leuten zu sagen wie sie leben sollen und so weiter".

John Carter Cash sieht seinen Vater und Billy Graham gleichermaßen als „non-judgmental", als die Art von Christen, die andere Menschen nicht be- oder verurteilen.[23] Es mag im Unterschied zwischen Prediger und Sänger begründet sein, aber ich finde Johnny Cash in dieser Hinsicht noch deutlich radikaler als Billy Graham. Und eine Konsequenz daraus scheint mir, dass er nicht nur in politischer, sondern auch in christlicher Hinsicht Abstand zu Kulturkämpfen hält. „A Believer Sings The Truth" erscheint 1979, im selben Jahr, als Bob Dylan sich mit dem Album „Slow Train Coming" als „Born Again Christian" positioniert und einen Proteststurm seiner alten Fangemeinde erntet. Es gibt nichts Vergleichbares in der Karriere von Johnny Cash, eher ein über die Jahre verteiltes leises Stöhnen seiner weltlichen Fans über seine Frömmigkeit.

Der Grund für die unterschiedliche Reaktion ist für mich nicht nur, dass Johnny Cashs christlicher Glaube lange bekannt ist und seine Fangemeinde vielfältiger. Der Konvertit Bob Dylan gibt seinem neuen Glauben auch einen starken apokalyptischen Drall und verknüpft ihn mit einer krassen Ablehnung der als „Abfall" betrachteten gegenwärtigen Kultur. Der Ex-Papst der Gegenkultur vollzieht eine kulturelle 180-Grad-Wendung – der Ex-Rockabilly Star verzichtet auf solche harten Manöver. Er steht nicht für politisch gewendete Loblieder auf Familienwerte und vor allem nicht für Statements zu Themen wie Homosexualität, Abtreibung oder Sexualkunde in Schulen. 1979 drängt der Interviewer Patric Carr Johnny Cash zu einem Statement über die Präsidentschaft von Jimmy Carter, seit 1977 im Amt. Der Präsident, dem sich Johnny Cash wohl am nächsten fühlt: Südstaatler, „wiedergeborener" Christ und über viele Ecken mit June Carter verwandt. Nein, einen spirituellen Ruck kann Johnny Cash unter Carter nicht wahrnehmen, sagt er, eher mehr Dekadenz. Er biegt aber sofort ab, und statt die Dekadenz zu verdammen, fordert er mehr christliche Aktion: „(...) die Kirchen sind voll, aber die Slums und Ghettos sind ebenfalls immer noch voll, und zum größten Teil haben die Kirchen und die Bedürftigen noch nicht ganz zusammengefunden. Und bis mehr Menschen in der Kirche die wirklichen Bedürfnisse der Menschen erkennen und hinausgehen, statt hineinzugehen ... Ich meine, in die Kirche zu gehen ist großartig, aber hinauszugehen und das alles in die Tat umzusetzen, darum geht es doch. Und ich habe noch nicht viel Aktion gesehen."[24]

> Genauso nutzlos ist ein Glaube,
> der nicht in die Tat umgesetzt wird: Er ist tot.
> 1. Jakobus 2, 17 (Hfa)

Johnny Cash verbindet seinen christlichen Glauben nicht mit einer kulturellen Verortung und schon gar nicht mit einer konfrontativen. Als sein Sohn Heavy-Metal-Fan wird, ist er ein mit großem Hallo begrüßter Backstage-Gast bei Iron Maiden und Ozzy Osbourne und lobt die Lichtgestaltung der Shows.[25] Es ist diese Offenheit und der konsequent nicht richtende Geist, der Johnny Cash auch in seinen frommsten Phasen anschlussfähig hält an ein nicht christliches, alternatives, linkes Publikum. Wenn Johnny Cashs Richtgeist erwacht, dann gegenüber Heuchlern und Scheinheiligen. Aber auch hier weiß er, dass sich drei Finger gegen ihn selbst richten.

> Und wenn ihr betet, dann tut das nicht wie die Heuchler!
> Sie beten gern öffentlich in den Synagogen und an den
> Straßenecken, um von den Menschen gesehen zu werden.
> Ich versichere euch: Diese Leute haben ihren Lohn
> schon erhalten!
> Matthäus 6, 5 (Hfa)

Als er 1982 „Johnny Cash Gospel Singer" aufnimmt, strauchelt er wieder heftig auf seinem christlichen Weg. Das friedliche Leben im Schafspferch bleibt sein Anspruch, aber er hält es nicht dauerhaft durch. Die von ihm selbst 1970 prophezeiten Kämpfe mit seinen inneren Dämonen sind 1982 bereits wieder voll ausgebrochen. Es ist unklar, wann genau Johnny Cash wieder regelmäßig Drogen nimmt. Marshall Grant beschreibt, dass sich schon ab 1975 etwas bei ihm verändert, Johnny Cash selbst verlegt das auf deutlich später. Aber spätestens Ende der 70er toben die Kämpfe wieder heftig in ihm. Und 1979 und 1980 spitzt sich die Lage zu.

Möglicherweise führt die Arbeit mit der Countrysängerin Jan Howard an „A Believer Sings the Truth" zu einer Affäre, gesichert scheint ein Eifersuchtsdrama zwischen Johnny und June mit Scheidungsantrag und nachfolgender Versöhnung. Johnny Cash wird launisch bis bösartig, feuert Marshall Grant aus der Band und dann auch Helen und Anita Carter aus der Johnny Cash Show.[26]

1981 verschärft sich die Drogensucht noch einmal durch einen bemerkenswerten Vorfall, den Johnny Cash zunächst eher unterkommuniziert. Es ist aber auch etwas absurd: Ein Vogel hat den großen Johnny Cash ausgeknockt. Der Strauß Waldo, den Johnny auf seiner Farm hält, greift ihn an, er trägt fünf gebrochene Rippen und einen aufgeschlitzten Bauch davon.[27] Die Schmerzen und vor allem die Schmerzmittel verstärken seine Drogensucht erheblich. Zu allem Übel wird die Familie Cash in ihrem Haus auf Jamaika auch noch Opfer eines Raubüberfalls, bei dem auch Sohn John bedroht wird. Die Familie Carter-Cash ist weit entfernt von jeder Idylle, Johnny Cash kann nicht einmal verhindern, dass manche seiner Kinder, auch John Carter, mit eigenen Drogenproblemen zu kämpfen haben.

Johnny Cash wird in den 80ern die Zahl seiner rein christlichen Projekte reduzieren und Gospel wieder stärker in das allgemeine Werk integrieren. Vielleicht angetrieben durch die Erkenntnis des Entertainers, dass es für die christlichen Alben kaum ein Publikum gibt. Er kann das jeden Tag sehen, bei ihm zu Hause stapeln sich die Restbestände von „A Believer Sings the Truth", die er aufgekauft hat.[28] Vielleicht hält er sich aber auch nicht für ausreichend qualifiziert, allzu öffentlich und lautstark für den christlichen Lebensstil zu werben. In seinen Songs widmet er sich stärker wieder seinen anderen Themen. Sein oft erwähnter Themenkatalog wird meist um den letzten Satz verkürzt zitiert – das ist schade, weil der Gag entfällt.

In den Liner Notes zum Album „Unchained" schreibt er 1996 über „Rusty Cage" (C. Cornell), einen Grunge-Titel von Soundgarden, der auf den ersten Blick wenig zu ihm passt: „Ich liebe Lieder über Pferde, Eisenbahnen, das Land, das Jüngste Gericht, Familie, harte Zeiten, Whiskey, Brautwerbung, Ehe, Ehebruch, Trennung, Mord, Krieg, Gefängnis, Wanderschaft, Verdammnis, Heimat, Erlösung, Tod, Stolz, Humor, Frömmigkeit, Rebellion, Patriotismus, Diebstahl, Bestimmung, Tragik, Grobheit, Herzschmerz und Liebe. Und Mutter. Und Gott. Rusty Cage muss in einige dieser Kategorien passen."[29]

KAPITEL 12: JESUS ALS COWBOY

Recht ausführlich beschreibt Johnny Cash in „Cash" seinen weiteren Absturz 1983. Den man übrigens im deutschen Fernsehen verfolgen konnte, und zwar bei seinem „Wetten, dass ...?"-Auftritt 1983. Er ist wohl nicht nur sichtlich angeschlagen, weil die ebenfalls angekündigte June erkrankt ist. Offensichtlich ist er nicht auf der Höhe, versucht das mit charmantem deutschem Radebrechen zu überspielen und bedankt sich am Ende auf Knien beim Publikum.

Johnny Cash wird wieder unkontrollierbar. Ausführlich beschreibt er die Phase 1997 in seiner Autobiografie.[1] Seine Darstellung dieser Phase vermittelt, dass das nun wirklich gar nichts mehr vom Rock 'n' Roll-Lebensstil hat, es ist nur noch die Selbstzerstörung eines Drogensüchtigen. Ein erster Schub kommt durch die schmerzlindernden Mittel nach der Verletzung durch den Strauß, die er auch weiter nimmt, als sie medizinisch nicht mehr nötig sind. Kombiniert mit Amphetaminen halluziniert er, verletzt sich seine Hand, als er aus einer Hotelzimmerwand ein nicht existierendes Klappbett herausschlagen möchte. Als er zusätzlich am Magen operiert wird, versteckt er hinterher seine Pillenration im Verband über der Operationsnarbe, alles sickert nach und nach ein. Schließlich halluziniert er immer heftiger, randaliert im Wahn gegen imaginäre in das Krankenhaus eindringende Terrorkommandos.

Er beschreibt selbst ausführlich den Wendepunkt: Seine Familie, seine Band und seine Crew haben aufgeschrieben, was er ihnen im Drogenrausch alles antat, und sie verlesen es in einer großen gemeinsamen Interventionssitzung in seinem Krankenzimmer.

Am meisten trifft ihn die Schilderung seines Sohnes John, der sich vor seinen Freunden für ihn schämte. „Ich hörte von Verrat und gebrochenen Versprechen, Lügen und Versäumnissen, von benutzter, mißbrauchter, aufgegebener und zurückgewiesener Liebe, von zerstörtem Vertrauen, von Sorge, die sich in Schmerz und Angst verwandelt hatte. (...) In diesem Moment machte ich niemandem etwas vor, nicht einmal mir selbst. Ich wußte, wie ernst meine Situation war. Ich war kaputt, geschwächt, hatte jeden Tag Halluzinationen von dem Morphium, stand völlig im Abseits – kurz vor dem endgültigen körperlichen Zusammenbruch, vor Wahnsinn, seelischem Bankrott und finanziellem Ruin. Ich wußte, da ich dem Tod so nahe war, daß ich, wenn ich es wirklich wollte, aufgeben und hinübergleiten konnte. Ganz unten an der Schwelle zum Tod angekommen, hatte ich aber plötzlich festgestellt, daß ich nicht wirklich sterben wollte, ich wollte nur, daß die Schmerzen und der Ärger und das Leid endlich aufhörten, und ich war so müde, daß mir der Tod als die einzige Lösung erschien. Ich wollte mich auch nicht mehr selbst hassen müssen. Mein Selbsthaß war nicht von der harmlosen und vordergründig zur Schau getragenen Sorte, es war ein gewaltiger täglicher Ausbruch von Ekel und Scham, und das mußte aufhören, egal wie."[2]

Johnny Cash schreibt „ich durchlebte die Hölle",[3] sie ist nicht unbedingt etwas Zukünftiges. So wie er das in „Cash" erzählt, sind die beiden Wendepunkte 1967 in der Nickajack-Höhle und 1983 in der Klinik einleuchtend aufeinander bezogen: 1967 macht er die Sache im Wesentlichen allein mit Gott aus. 1983, nach über einem Jahrzehnt der Integration als Ehemann, Vater, Gemeindemitglied und amerikanischem Idol, ist es das Versagen an seinen Liebsten und seinen engsten Freunden, das den Wendepunkt ausmacht. Und auch dieses Versagen versteht er als Ausdruck der Gottesferne.

Und wieder zieht sich Gott nicht zurück, auch wenn Johnny Cash das tut: „Ich bin heute noch davon überzeugt, daß die

Intervention ein Werk Gottes war, daß er mir damit sagen wollte, daß noch ein langer Weg vor mir lag und es noch viel für mich zu tun gab. Die unglaubliche Unterstützung, die ich erhielt, die Zeichen, die all diese Menschen setzten, gaben mir den Glauben an mich selbst zurück. Aber zunächst musste ich demütig vor Gott treten."[4]

Johnny Cash willigt ein, eine Entziehungskur in der Prominenten-Reha-Klinik Betty Ford zu machen – und kommt so clean zurück, dass June erst einmal misstrauisch ist: „Sie war es nicht gewohnt, dass er so war – so nüchtern und klar die ganze Zeit und so begeistert von dem, was er gelernt hatte. Ich glaube, zuerst hat sie ihm nicht abgenommen, dass er sich so total verändert hat, aber dann hat sie gemerkt, dass er wirklich die Kurve gekriegt hat. Es war ziemlich wunderbar."[5]

Das Album „Out Among the Stars" von 1984 zeigt Johnny Cash voller Kraft und Energie. Mit „I Drove Her Out of My Mind" (G. Gentry/H. Hall) liefert er eine modernisierte bitterböse Mörderballade über einen erweiterten Suizid per Cadillac. In scharfem Kontrast zum gefährlichen Cash akzeptiert in „Call Your Mother" (John R. Cash) der Sänger demütig-zerknirscht eine Trennung, eine späte, sehr sympathische Hommage an Vivian und ihre Familie.

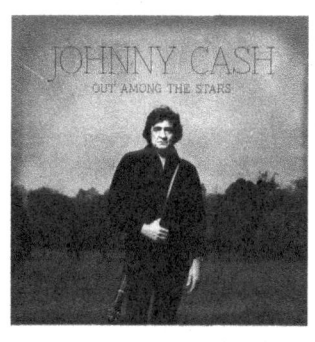

Doch das starke Album bleibt zunächst einfach ungenutzt liegen und wird erst 2014 veröffentlicht. Columbia hat endgültig jedes Interesse an Johnny Cash verloren. Der letzte ernsthafte Versuch ist 1983 „Johnny 99". Ja, die beiden Bruce-Springsteen-Songs von dessen kargem Album „Nebraska" passen gut zu Johnny Cash – kein Wunder, ließ Springsteen sich doch von dessen frühen Sun-Records-Aufnahmen inspirieren. Die Arrangements vom kanadischen Produzenten Brian Ahern sind sehr geschmackvoll und relativ langweilig. Vom letzten Columbia-Album „Rainbow" 1985 wird „I'm Leaving Now" (John R. Cash) ihm später in besseren Versionen noch gute Dienste leisten.

1986 verlängert Columbia den Vertrag nicht. Johnny Cash zu feuern, das ist ein so brutaler Akt der Nashville-Musikindustrie, dass die Dixie Chicks noch 2002 in „Long Time Gone" (D. Scott) höhnen: „They got the money / but they don't have Cash".

Der eigentliche Abschiedssong ist 1984 die Single „The Chicken in Black" (G. Gentry). „Ich war es so leid, mir all das demographische Gerede anhören zu müssen über den ‚neuen Country-Fan', das ‚neue Marktprofil' und all die anderen Trends, die angeblich gegen mich arbeiteten, daß ich schließlich einfach aufgab und beschloß, mir einen Spaß zu machen. Die letzte Platte, die ich bei CBS ablieferte, hieß *Chicken in Black*, und sie war mit voller Absicht miserabel. Ich nahm mich selbst auf die Schippe und zwang CBS, dabei mitzumachen. Ich ließ sie sogar ein in New York gedrehtes Video bezahlen, auf dem ich mich als Huhn verkleidet hatte."[6]

Von unerträglichen Kopfschmerzen geplagt bekommt Johnny Cash in dem Video das Gehirn eines gerade erschossenen Bankräubers transplantiert. Konsequenterweise wird er dann auch selbst Bankräuber, sein Hirn aber landet in einem Huhn, das als „Chicken in Black" weiter die Erfolge feiert, bis Johnny Cash aus ihm Chicken Nuggets macht. Ein sehr albernes Lied mit einem noch alberneren Video. Das bedeutet nicht, dass es Johnny Cash aufgezwungen wurde. Unter all seinen inneren Widersprüchen listet seine Tochter Rosanne „das Heilige und das Alberne"[7] auf. Johnny Cash verlässt Columbia, indem er sich zum Huhn macht.

Absurderweise verdient Columbia mit Johnny Cash danach mehr Geld als davor. Er formt mit Willie Nelson, Waylon Jennings und Kris Kristofferson von 1985 bis 1995 die Country-Superstargruppe „The Highwaymen", die mit ihrem ersten Album auf Platz 1 der Country-Charts landen.

Das „Nesthäkchen" Kris Kristofferson, der die Stars als Hausmeister im Plattenstudio in Nashville kennenlernte, charakterisiert die Gruppe: „Willie ist der vogelfreie Kojote, Waylon ist der Riverboat-Gambler und John ist der Vater unseres Landes. Ich versuche immer noch, mich von der Vorstellung zu lösen, ihr Hausmeister zu sein."[8]

Vielleicht ist das ein Teil des kommerziellen Problems von Johnny Cash in den 80ern: Vater der Nation zu sein, ist ein guter Grund, ihn mit Preisen zu überhäufen – er wird Mitglied aller möglichen Halls of Fame –, aber nicht unbedingt ein guter Grund, seine Platten zu kaufen.

Sein Name ist aber noch groß genug, um im unmittelbaren Anschluss einen neuen Plattenvertrag zu bekommen, bei Mercury Records. Die Mercury-Phase wird gern als absoluter Tiefpunkt seines künstlerischen Schaffens beschrieben. Das hat wohl auch erzählerische Gründe, um den Wiederaufstieg mit Rick Rubin noch steiler erscheinen zu lassen. Dagegen steht, dass er die Studioarbeit selbst für die glücklichste Phase seines Plattenmachens hielt.[9]

In der späteren Rick-Rubin-Ära wird Johnny Cash sich und anderen etwas zu beweisen haben und bekommt Ambition und Anstrengung vom Umfeld zu spüren. Aber jetzt hat er nichts zu verlieren, mit dem vertrauten „Cowboy" Jack Clement als Produzenten, der in Nashville sein „Cowboy Arms Hotel and Recording Spa" betreibt. Der erste neue Versuch mit dem Album „Johnny Cash Is Coming to Town" klappt wieder nicht, er segelt weiter im kommerziellen Windschatten und agiert auf verlorenem Posten extrem entspannt.

Sein Sohn spürt bei seinem Vater nach der neuen Befreiung von der Drogensucht eine „existenzielle Freude, am Leben und frei zu sein"[10]. Auf den Platten meine auch ich diese Lebensfreude, Gelassenheit, Humor und die Liebe für den Alltag und das Konkrete zu hören. Ich mag die Mercury-Platten, die 2020 auf Vinyl und CD neu veröffentlicht wurden. Dabei hilft es sicher, dass ich Country mag. Nicht, dass Johnny Cash sich jemals vom Country distanziert hätte. Er ist immer stolz darauf, dass seine großen Hits wie „Folsom Prison Blues" und „I Walk the Line" eben keine Pop/Country-„Crossover"-Platten waren, sondern Countrysongs, die weit über die Szene hinaus Wirkung zeigen. Und 1975 sagt er: „Nun, zunächst einmal mache ich mir keine Illusionen darüber, wer Johnny Cash ist: Ich bin ein Countryboy und ein Countrysänger."[11]

Und das führt er 1988 in einem Interview in Westberlin fort: Country ist das, was er ist, tut und immer tun wollte.[12] In der Mercury-Phase lässt sich Johnny Cash ganz in die Country-Kultur fallen. Der „Man in Black" bekommt Farbe. Selbst wenn Schwarz noch immer die Grundfarbe seiner Garderobe ist, schillern da bunte Patches, dazu kommen Taillengürtel, Cowboyboots und gern auch mal Fransen. Military-, Safari- und Boyscout-Elemente werden frei interpretiert in seine Outfits gemischt.

Country ist Teamwork. Johnny Cash ist nicht nur mit den „Highwaymen" unterwegs, auch auf seinen Soloalben wimmelt es nur so von Gastkünstlern. Und er veröffentlicht das Duettalbum „Water From the Wells of Home". Mit Emmylou Harris und Jessi Colter in den Harmony Vocals, Chuck Plotkin am Piano gewinnt selbst ein vom Songmaterial her eher mittelprächtiges Stück wie „Sweeter Than the Flours" (L. Mann/M. Burns/E. Rouse) über den Tod der Mutter an emotionaler Substanz.

„A Backstage Pass to a Willie Nelson Show" (John R. Cash) beschreibt genau das: das Backstage-Geschehen während einer Willie-Nelson-Show. Als der Sänger mit den Worten schließen will: „Ich wünschte, ihr wärt da gewesen", korrigiert er sich schnell: „Vielleicht wart ihr es ja."

Das Gemeinschaftserlebnis Country schließt den Fan ein. Nahbarkeit ist das Grundgesetz für jeden Country-Künstler. Wer sich als Fan ein wenig bemüht, wird seinem Star irgendwann die Hand schütteln. Johnny Cash jedenfalls schüttelt lebenslang klaglos und engagiert viele Hände.[13]

Stärker denn je präsentiert sich Johnny Cash nun als Familienmensch. Wenn ich mir „Daddy Sang Bass" vom „Johnny Cash Special" im Wembley-Stadion 1986 anschaue, sehe ich eine kraftstrotzende Vaterfigur sehr gut gelaunt im Kreis seiner Familie Musik machen, June und seinen Kindern die künstlerischen Bälle zuwerfend. Eigentlich geht seine Haltung über die Vaterfigur noch hinaus: 2001 unterschreibt er eine Einladung zur Geburtstagsfeier von June Carter an alle Enkel als „John R. Cash, Patriarch aller Cash- und Carter-Familienclans".[14]

Country ist Alltag und transzendiert ihn gleichzeitig; mal komisch, mal sentimental. In „Farmer's Almanac" (John R. Cash) kommentiert der Sänger mit den sehr amerikanischen Lebensweisheiten aus dem Almanach des Farmers so locker wie lakonisch alle Problemfälle des Lebens weg: Besucher und Fisch stinken nach drei Tagen, in Flüssen und schlechten Regierungen schwimmen die leichtesten Dinge oben, Lügen müssen sich bedecken, die Wahrheit kann nackt gehen, Gott gab uns die Dunkelheit, damit wir die Sterne sehen. Und: Füttere deinen Glauben und deine Zweifel verhungern.

Eher wegen und nicht trotz einer guten Dosis Rührseligkeit zählt für mich „Let Him Roll" (G. Clark) zu den Höhepunkten von Johnny Cash als Storyteller, absolut auf Augenhöhe mit „A Boy Named Sue". Eine große Ballade über einen Underdog und das Jenseits.[15] Es ist die Geschichte einer Begegnung mit einem „Wino", einem Säufer, der sich mit Gelegenheitsjobs durchschlägt. Jede seiner Reden ist eine Reise zurück in die Vergangenheit, bis zu dem Punkt, als sein Leben nach unten abbog, als eine Hure aus Dallas seinen Heiratsantrag ausschlug. Bei der Beerdigung sieht der Sänger sie auftauchen – die Chance auf Liebe war offensichtlich nicht nur ein Fantasieprodukt, nur vergebens. „Let him roll /

He always thought that heaven / was just a Dallas whore" – guter Country tut es nicht unter Existenziellem, Tod und Liebe.

Im Video spielt Waylon Jennings, der Countrysänger, mit dem Johnny Cash auch einmal eine WG hatte, den Säufer. Das Video zeigt nicht nur, wie Johnny Cash mit Schnurrbart und ohne „Man in Black"-Styling aussieht. In der Art und Weise, wie er einfach nur zuhört, vermittelt es auch einen Eindruck davon, dass Johnny Cash drogenfrei ein großartiger Freund und Tröster gewesen sein muss.

Es klingt avantgardistischer, als es für Johnny Cash angemessen ist, aber ich verstehe, dass er das letzte Mercury-Album, das abgrundtief erfolglose „The Mystery Of Life" von 1991 für eins seiner stärksten hält: „Ich habe Songs aufgenommen, die meiner Meinung nach zu meinen besten Arbeiten gehören, wie das letzte Album, *The Mystery Of Life*, aber ich nehme an, sie haben nur hundert Kopien gepresst und verschickt."[16]

Das Geheimnis des Lebens entfaltet sich in dieser großartigen Mischung aus aktuellen und semiaktuellen Songs und Klassikern,

aus säkularen und christlichen Songs. Der Sound ist wieder reduzierter und härter geworden, „clean pure togetherness"[17], was immer das ist. Mit dem Titelstück „The Mystery Of Life" (J. Nixon) wird es knüppelharter Country. Es ist nicht nur ein Country-Walzer, auch noch ein Truckersong.

Entgegen deutschen Vorurteilen geht es in Truckersongs nicht unbedingt und nur um die berauschende Freiheit harter Männer „on the road", denen blonde Kellnerinnen in den Pausen starken Kaffee einschenken. Jederzeit möglich ist Sozialkritik, aber selbst Trauerarbeit. In „I Drive Your Truck" (Leigh/Earl/Rae) von Lee Brice verzichtet der Sohn auf Friedhofsbesuche und fährt zum Gedenken an den gestorbenen Vater lieber mit dessen Truck. Johnny Cash hat es eher mit Trains als mit Trucks, aber mit „All I Do Is Drive" (John R. Cash) hat er immerhin den Truckersong über Truckersongs geschrieben. Der Sänger sucht die Romantik der Songs, die der Fahrer nicht bieten kann – weil er fährt. In „The Mystery Of Life" liefert der Trucker zuerst eine ausgewogene Bilanz seines Lebens: Als Kind hatte er zwar ein Gene-Autry-Gewehr, nicht aber die begehrte Modelleisenbahn. Dafür hat er jetzt einen Truck – solange er die Kredite bezahlen kann. Ach ja, das Geheimnis des Lebens: Der Trucker muss zugeben, dass er es nicht kennt, er kann nur den Tipp geben, dass eine Frau dabei hilft, die Zeit zu vertreiben.

„Beans for Breakfast" (John R. Cash)[18] ist für mich der stärkste komische Song von Johnny Cash. June ist verreist, wir erleben Johnny allein zu Hause. Ohne Ansprache bis auf den halluzinierenden Dialog mit einigen Krähen würgt er Bohnen zum Frühstück kalt aus der Dose in sich hinein. Unter Pilleneinfluss zündet er das Haus an, entkommt aber gerade noch in seinem Duckhead-Overall. Story und Text sind hier nur die Grundlage für die Performance, die Art und Weise, wie Johnny Cash dem Chaos und Scheitern des Lebens stoisch entgegentritt. Das ist die Haltung seiner frühen Rockabilly-Songs, nur ist das Leben nun konkreter und detaillierter, der Sänger weiser und liebevoller. Mit einer Stimme in Höchstform, im Refrain so tief, wie es eben noch kraftvoll geht, kurz bevor die Aura des Alterns einzieht. Und es endet mit dem Cash-spezifischen „Ha", seinem Komik-Indikator.

Das erste und das letzte Lied des Albums markieren es als Album des Übergangs. Es wird eröffnet durch „The Greatest Cowboy of Them All" (John R. Cash). Das hatte Cash zuerst 1979 auf „A Believer Sings the Truth" veröffentlicht, doch diese Version ist stärker und sie ist noch mehr Cowboy. Der Rhythmus galoppiert schneller, das Intro verweist noch stärker auf den TV-Titelsong „Bonanza" (J. Livingston/R. Evans), den Johnny Cash in einer eigenen Version als Single herausbrachte.

The Greatest Cowboy Of Them All (John R. Cash)

I have always had my heroes
I've loved a lot of legends
Many men in my mind are riding tall
But my cowboy hero hat's off
To the man who rode a donkey
He's the greatest cowboy of them all.

He loves all his little doggies
He speaks to them kind and gently
And He'll lift up any maverick that falls
He sees every stray that's scatters
Like it's the only one that matters
He's the greatest cowboy of them all

Da erzählte Jesus ihnen folgendes Gleichnis:
„Stellt euch vor, einer von euch hätte hundert Schafe
und eins davon geht verloren, was wird er tun?
Lässt er nicht die neunundneunzig in der Steppe zurück,
um das verlorene Schaf so lange zu suchen,
bis er es gefunden hat?"
Lukas 15, 3-4 (Hfa)

Once He rode into the sunset
Of some returning sunrise
He'll call up all the riders in the sky
I'll get my roll together
Getting ready for that roundup
That winds up where old cowboys never die

The trail He rides is narrow
But it's straighter than an arrow
And He rides point for all the great and small

> Wie eng ist die Pforte und wie schmal der Weg,
> der zum Leben führt, und wenige sind's, die ihn finden.
> Matthäus 7, 13 (Luther 2017)

He will take us through the wire
On to that plane that's higher
He's the greatest cowboy of them all

Jesus als den „Größten aller Cowboys" zu preisen, hat das Potenzial zu irritieren. Die Kommentare gehen denn auch von „mit Abstand das seltsamste Lied"[19] (des Albums) bis zu „schiefe Metaphorik".[20]

Die singenden Kino-Cowboys der 30er- und 40er-Jahre wie Gene Autry beeindruckten Johnny Cash als Kind im Kino von Dyess nachhaltig. Ich halte den Cowboy nicht für eine aus Versehen schief geratene Metapher, sondern für eine Variante der Überzeugung von Johnny Cash, dass man auf unendlich viele Arten von Jesus erzählen kann und sollte. Und ich stelle mir eine wilde Freude von Johnny Cash beim Schreiben vor darüber, wie gut die Cowboybilder für Jesus funktionieren: Der Größte aller Cowboys, vor dem die anderen Helden den Hut ziehen, reitet einen Esel – lange zweieinhalb Minuten reitet er in „Gospel Road" auf einem weißen Esel. Jesus kümmert sich um das eine streunende Rind, den „Maverick", mehr als um die unauffällige Herde,[21] der Cowboy muss seine Sachen zusammenpacken für den großen „Roundup" in die Welt, in der alte Cowboys nicht sterben, wie überhaupt der Größte aller Cowboys die Seinen durch all den Draht auf eine höhere Ebene bringen wird. Und wenn, wie John Carter erzählt, „Cowboy" Jack Clement als Produzent und Johnny Cash gerade nach 1984 im Studio eine Menge Spaß hatten,[22] dann gehe ich davon, dass das auch unbedingt bei „The Greatest Cowboy Of Them All" der Fall war.

Nach Spaß klingt der letzte Song des Albums eher nicht. Das Lied von 1992 wird in digitalen Neuveröffentlichungen dem Album am Ende hinzugefügt. Der bombastisch-düstere Sound von „The Wanderer" (Hewson/Clayton/Mullen/Evans) ist ein bloßer Teppich für die sich immer stärker verdunkelnde Stimme von Johnny Cash auf der großen wandernden Sinnsuche mit Bildern von brennendem Regen, einer Stadt ohne Seele voller Haut und Knochen, all das unter einem „atomic sky". Den Text hat Paul David Hewson, besser bekannt als Bono, der Sänger der irischen Rockgruppe U2, Johnny Cash auf den Leib geschrieben. Angeblich ist er von Prediger Salomo inspiriert. Plausibler klingt für mich, dass es um den Klang der Worte und die große Geste geht: „Er hat diese großartige Stimme, die bestimmte Wörter liebt. Ich habe ihm einfach nur diese Wörter geschrieben."[23]

Es ist eine eher diffuse Pose des düsteren umherirrenden Propheten. Aber der Song markiert bereits die Transformation der Country-Vaterfigur in die „Hip-Ikone". Das U2-Album „Zooropa" mit „The Wanderer" kommt 1993 so ziemlich überall auf der Welt auf Platz 1 der Charts. Mit einem Schlag erreicht Johnny Cash eine jüngere Generation.

Bono und Johnny Cash lernen sich Ende der 80er bei einem Abendessen in Cashs Haus kennen. Noch im Nachruf erzählt Bono die Geschichte über das Abendgebet bei seinem Besuch bei Johnny Cash: „Als ich ihn einmal zu Hause besuchte, sprach er das schönste, poetischste Tischgebet. Er sagte: ‚Sollen wir die Köpfe neigen?' Wir alle neigten die Köpfe. Als er fertig war, schaute er mich und Adam Clayton an und sagte: ‚Aber ich vermisse die Drogen schon.' Damit wollte er nur sagen: ‚Ich bin kein Holy Joe geworden.' Er konnte einfach nicht selbstgerecht sein. Ich glaube, er war ein sehr gottesfürchtiger Mann, aber man spürte, dass er seine Zeit in der Wüste verbracht hatte."[24]

Die Wiederentdeckung von Johnny Cash durch eine jüngere Generation beginnt bereits ein paar Jahre früher. 1988 veröffentlicht eine Gruppe angesagter junger amerikanischer und britischer Musiker, darunter Michelle Shocked, Marc Almond und Peter Shelley, 1988 das Johnny-Cash-Tribute-Album „Til Things Are Brighter".

Und als Johnny Cash 1992 in die Rock and Roll Hall of Fame eingeführt wird, sind seine Bedenken, ob er im Genre Rock das ausreichende Standing hat, unbegründet. Alle zollen ihm Tribut, Keith Richards verblüfft ihn mit einem sehr unpopulären Cash-Song: „Ich stand am Pissoir, und Keith Richards kam herein, stellte sich hinter mich und begann, ‚Loading Coal' vom Album *Ride This Train* zu singen. Und dann sagte er: ‚Das muss man gesehen haben, ich pisse mit Johnny Cash. Wir brauchen ein Foto davon.' Ich sagte: ‚Nein Keith, wir brauchen *kein* Foto davon.'"[25]

Zur neuen Coolness trägt vermutlich bei, dass die kräftige Vaterfigur der 70er und 80er zusehends „verwittert"[26]. Ab dem Ende der 80er bis zum Lebensende hat Johnny Cash mit einer Folge schwerer Krankheiten zu kämpfen. Der weiter schwelende Drogengebrauch wird jetzt eher zu einem Teil der schlechten körperlichen allgemeinen Verfassung. Es beginnt im Dezember 1988 mit einem Klinikaufenthalt wegen Herzbeschwerden und dann einer schweren Lungenentzündung. 1990 sorgt die Entfernung eines Zahnabszesses für Komplikationen, es folgen über ein Dutzend Operationen,[27] die linke Kieferseite wird nie mehr schmerzfrei und das wird ab jetzt sein Aussehen mitprägen. Auf dieses „verwitterte" alttestamentarische Image zahlt „The Wanderer" ein. Nun ist das Alttestamentarische und Prophetische Johnny Cash auch vorher nicht völlig fremd gewesen. Sein vermutlich allererster Song, „Belshazzar" (John R. Cash), erzählt die Geschichte des Königs Belsazar, dem der Prophet Daniel angesichts der geheimnisvollen Schrift an der Wand den Untergang prophezeit. Aber jetzt rückt dieses Element in den Vordergrund. Ausgesprochen schwungvoll spielt er 1993 den Propheten als Gastkünstler in „The Devil Comes Back To Georgia"[28] von Mark O'Connor und Charlie Daniels. Johnny Cash ist im Video die Optimalbesetzung: Im schwarzen Mantel mit der Bibel in der Hand rezitiert er gegen den Teufel an, der ein neues Geigenduell in Georgia sucht.

Johnny Cashs Image verändert sich, das spektakuläre Comeback kommt nicht aus dem Nichts. Es hätte aber auch noch alles ganz anders kommen können. Im Frühjahr 1991 verkündet ein Investor einen Coup: In Branson/Missouri, einem Country-Hotspot, soll für 35 Millionen Dollar „Cash Country" entstehen – nicht nur eine Konzerthalle mit 2.500 Plätzen, sondern auch noch ein Vergnügungspark, eine Gokart-Bahn und ein Souvenirladen. Das Las-Vegas-Prinzip für alternde Showstars; es fehlt nur jeder Glamour. Rosanne Cash zufolge ist Johnny Cashs Ja dazu eine Augenblicksentscheidung,[29] getrieben von der Aussicht, ohne Tourstress weiter spielen zu können.

Das Ganze wird ein Desaster; der Investor geht pleite, lokale Bauunternehmer übernehmen. Alles wird immer schlimmer, die Zielgruppe verengt sich auf Reisebusgesellschaften, bei einem Konzert sind in der Halle nur 181 Zuschauer. Johnny Cash hat in Branson Engagements bis Ende 1994, dann steigt er aus. Mittlerweile hat er „American Recordings" mit Rick Rubin veröffentlicht.

KAPITEL 13: SCHMERZ

Am 27. Februar 1993 treffen sich im Rhythm Café im kalifornischen Santa Ana der Mann in Schwarz und der Mann mit dem Bart.[1] Der erste Eindruck des 61-jährigen Johnny Cash vom 30-jährigen Erfolgsproduzenten Rick Rubin: „Er war ein totaler Hippie. Oben war er kahl, aber seitlich hingen ihm die Haare bis über die Schulter. Sein Bart sah aus, als hätte er noch nie eine Schere gesehen (hatte er auch nicht), und seine Kleidung hätte einem Penner zur Ehre gereicht."[2]

Nun betrachtete Johnny Cash sich als „Halblanghaarigen" und hatte nie etwas gegen Langhaarige, Hippies oder Penner. Das Treffen haben natürlich die Manager vorbereitet. Rick Rubin ist der Produzent der Stunde, hat mit Hip-Hop-Größen wie den Beastie Boys, Run DMC, mit Heavy-Metal-Gruppen wie Slayer und den Red Hot Chili Peppers gearbeitet. Er hat einen Hang zum Crossover und hegt schon lange den Plan, eine außer Mode geratene Größe wieder aufzubauen. Das führt er nach Johnny Cash mit wechselndem Erfolg weiter.

Beim ersten Treffen mit Rick Rubin liegt Johnny Cash als Musiker nicht zerschmettert am Boden, er ist gut beschäftigt und auf dem Weg, als verwitterte Legende wieder cool zu werden. Trotzdem ist das Comeback von Johnny Cash mit Rick Rubin als Produzent eine der großen Geschichten populärer Musik und eine Marketing-Meisterleistung.

Mit den vier Rick-Rubin-Alben, „American Recordings" (1994), „Unchained" (1996), „Solitary Man" (2000) und „The Man Comes

Around" (2002) erstürmt Johnny Cash zwar nicht die Chartspitzen und scheffelt Millionen. Aber die Alben verkaufen sich ordentlich, alle gewinnen Grammys und vor allem: sie erschließen Johnny Cash ein neues, junges Publikum.

Der erste Höhepunkt des Comebacks ist der Auftritt beim Festival im englischen Glastonbury am 26. Juni 1994. 50.000 Fans, die vor allem wegen Bands wie Radiohead oder Rage Against The Machine dort sind, feiern Johnny Cash. Er spielt eine Mischung aus klassischen Johnny-Cash-Songs mit Band und Rick-Rubin-Songs solo. Extrem entspannt freut er sich im Backstage-Interview, dass sich alles anfühlt wie 1955. Und das Glück des Entertainers, wieder angesagt zu sein, wird komplett dadurch, dass das June einschließt:

„Auch für June tat sich bei den jungen Leuten eine ganz neue Welt der Anerkennung auf. Sie waren begeistert von den Klassikern der Carter Family, und sie waren begeistert von ihr. Eines Abends in England, kurz nachdem *American Recordings* herausgekommen war – die neue Welle der Begeisterung rollte erst an –, kam sie gerade von der Bühne herunter, als ein Neunzehnjähriger mit abgerissenen schwarzen Klamotten, Tätowierungen, Piercing, stacheligen Haaren und dem ganzen Drum und Dran ihr sanft auf die Schulter klopfte und sagte: ‚Mrs. Cash, Sie haben's wirklich voll drauf.' Ich erinnere sie immer gerne daran, wenn sie niedergeschlagen oder entmutigt ist. ‚Mrs. Cash, machen Sie sich keine Sorgen', sage ich dann: ‚Sie haben's wirklich voll drauf.'"[3] (Der originale Ausdruck „You kick ass" ist nicht leicht zu übersetzen.)

Die beiden Entertainer freuen sich ausgelassen über den neuen Ruhm. Aber ein Gefühl existenzieller Rettung, von der viele Interpreten erzählen, kann ich bei Johnny Cash selbst nicht wahrnehmen. Er nimmt den großen Wurf, den Rick Rubin mit ihm vollzieht, dankbar an, ohne sich die Persona, die er entwirft, ganz anzueignen.

Damit umgeht er die Falle, die eine der wenigen kritischen zeitgenössischen Stimmen sieht: „Ungeachtet des ganzen Medienrummels taumelt American Recordings unter seiner eigenen Selbstreflexion, angefangen mit dem Coverfoto des Albums. Auf einem Feld vor einem wolkenverhangenen Himmel stehend, wie ein dunkler Mose, ähnelt Cash der Art von prätentiöser Ikone, zu der Charlton Heston wurde, nachdem er ‚Die Zehn Gebote‘ gedreht hatte und begann, an seinen eigenen Mythos zu glauben. Angesichts der Art, wie schwacher Pop und Softrock weiterhin die Country-Charts dominieren, könnte man American Recordings als einen frischen Schritt zurück zu den Grundlagen begrüßen. Aber das offensichtliche Kalkül des Album-Marketings verhindert, dass es auch nur annähernd ein moderner Klassiker ist."[4]

Rick Rubin nimmt das Image, das der Künstler in der ersten Hälfte seiner Karriere entwickelt hat, den „Man in Black". Und dann passt er den Künstler wieder diesem Image an – der damit den Anschluss an den Trend und den Zeitgeist findet. Das ist das klassische Marketingkonzept einer Reduzierung auf den Markenkern. Entlang seiner Überzeugung, dass Johnny Cash Rock 'n' Roll ist und nicht Country, treibt Rubin ihm, soweit er kann, den Country aus.[5] Das fängt bei der Kleidung an – Johnny Cash trägt wieder Schwarz und nur das. Das gilt auch für das Artwork: zuerst zeigen die Cover Sepia-Töne, später nur noch schwarz-weiß, gern leicht bearbeitet. Dann sucht Rubin sich die richtigen angesagten Multiplikatoren und verknappt das Angebot: Das erste exklusive akustische Clubkonzert findet im angesagten Viper Room in Los Angeles statt. Besitzer des Clubs ist Johnny Depp, unter den Gästen sind Sean Penn und Pierce Brosnan.[6]

An dem Johnny-Cash-Image nach Rick Rubin fehlt vieles. Johnny Cash selbst merkt an, dass die Lebensfreude kaum noch zu entdecken ist.[7] Aber der reale Mann ist zu groß, als dass ein Produzent ihn einfach in ein beliebiges Image packen könnte. Das haben halbherzig viele verschiedene Produzenten versucht. Die Grundlage der fruchtbaren neuen Zusammenarbeit mit Rubin ist eine gute persönliche Beziehung. Von Rick Rubins Seite aus ist es wohl mehr als Respekt. Es ist eher die Art von Liebe, von der Schiller über sein Verhältnis zu Goethe schreibt, dass es „dem Vortrefflichen gegenüber keine Freiheit gibt als die Liebe". Und Johnny Cash fühlte sich in einer Atmosphäre des Vertrauens neu herausgefordert, bringt wieder Konzentration, Inspiration und Leidenschaft auf.[8] Für John Carter Cash macht den besonderen Stellenwert der Alben aus, in wie viel Leid und Krankheit sie entstanden.[9]

1993 beginnt also die Zusammenarbeit. Rick Rubin und Johnny Cash treffen sich mit dem Plan, ein Soloalbum akustisch aufzunehmen, ein lang gehegter Wunsch von Johnny Cash, der dafür schon einen Titel im Kopf hat: „Late And Alone". In mehreren Sessions, meist im Wohnzimmer von Rick Rubin, spielt Johnny Cash Hunderte von Liedern ein. Rick Rubin experimentiert mit weiteren Instrumenten, verwirft diese Idee dann aber für das erste Album.

1994 erscheint „American Recordings", 13 Titel, die meisten aus dem Wohnzimmer, zwei live aufgenommen. Von allen vier Alben ist das erste, auf dem nur Johnny Cash mit Gitarre und Gesang zu hören ist, am wenigsten Country. Es gewinnt denn auch den Folk-Grammy.

Und Rick Rubin fokussiert Johnny Cash auf ernste und schwerwiegende Lieder: „Ich habe immer versucht, Songs zu finden, die dem mythischen Image von Johnny Cash entsprechen. Was würde der ‚Man in Black' singen? Nun, der ‚Man in Black' würde ernste Lieder singen. Er würde gewichtige Lieder singen. Er würde vielleicht spirituelle Lieder singen. Es wären Lieder mit Schwerkraft."[10]

Was liegt näher, als von Mörderballaden auszugehen? Der Opener des Albums und die erste Single sind eine Art Remake[11] von „Folsom Prison Blues". „Delia's Gone" (Toops/Sibersdorf/Cash) über den Mord an einer untreuen Geliebten hat bereits eine sehr lange Geschichte hinter sich.[12] 1961 hat auch Johnny Cash den Song schon einmal aufgenommen, jetzt verdüstert er ihn noch einmal: „Um ihn zu schreiben, versetzte ich mich in den gleichen Zustand, in dem mir auch *Folsom Prison Blues* eingefallen war, und da ich inzwischen älter geworden war und die menschlichen Abgründe besser kannte, konnte ich auf ein paar noch dunklere Geheimnisse zurückgreifen als 1956."[13]

Den Mörder quält diesmal statt eines vorbeifahrenden Zuges, dass er in der Zelle Delias Schritte hört. Erkennbar als Nachfolger von „I shot a man Reno / just to watch him die" dienen die Zeilen „First time I shot her / I shot her in the side / Hard to see her suffer / But with the second shot she died". Aber das ist weniger das pure Böse von „Folsom Prison Blues", eher Kraftmeierei mit dem Bösen. Als Johnny Cash den Song in der früheren Version in der Johnny Cash Show singt, leitet er ihn mit dem sarkastischen Satz ein: „Das ist unser Liebeslied für heute Abend", und bei den Versen über die zwei Schüsse schaut er sehr lange und bewusst in die Kamera mit einem „Hey, das soll cool oder komisch sein und ist nicht zur Nachahmung empfohlen"-Lächeln. Bei Rick Rubin waltet dagegen blutiger Ernst. Das Video dazu ist spektakulär düster. Bei Johnny Cash ist schwer zu entscheiden, was noch zerfurchter ist: sein Gesicht oder die Stimme. Und die Leiche ist Kate Moss. Dass MTV ob der Härte des Videos Bedenken bekommt,[14] ist unbedingt gute Promotion.

„The Beast in Me" (Nick Lowe), der zweite programmatische Titel des Albums, wirkt wie ein sehr persönliches Bekenntnis. Johnny Cashs Ex-Schwiegersohn Nick Lowe hat den Song Anfang der 80er mit Johnny Cash vor dem geistigen Auge geschrieben. Auch die eigenen Songs bewegen sich im Markenkern „Man in Black": „Drive On" (John R. Cash) ist der bestmögliche Epilog[15] zur Vietnam-Ära aus der Sicht eines Veteranen. In „Let The Train Blow The Whistle" (John R. Cash) wird der Zug zum Begleiter der

Totenreise. Und auch die Hoffnung, dass sein Sündenkonto beim Tod gelöscht würde, ist in dem Song enthalten. Aber zu einem der Höhepunkte beim Glastonbury Festival wird der Song, weil er mustergültig genau das bedient, was ein junges Publikum von einem coolen Alten erwartet: Gefasst und gut gelaunt nimmt der Sänger Abschied, inklusive Mitsingen und Mitpfeifen und erwartbarem Szenenapplaus für die Aufforderung: „Have yourself another toke / from my basket full of smoke."

Weil der Grundton von Johnny Cashs Glauben aber Freude ist, kann das Sepia-Konzept bei den Gospelsongs nicht wirklich funktionieren. „Redemption" (John R. Cash) vertritt den Gospelpart auch in Glastonbury. Der Song erzählt davon, wie das Blut Jesu den Baum des Lebens wieder zum Blühen bringt. Letztlich liegt das recht nah an der Legende des Blutes Jesu, das auf das Grab Adams tropft, und der Song hinterlässt bei mir auch ein Gefühl wie in der Grabeskirche an einem schlechten Tag. Wenn er den Song im angesagten Viper Club für ein handverlesenes Publikum düster herausraunt, dann gehe ich davon aus, dass da nur allgemeine Bedeutungsschwere rund um Blut und Opfer ankommt, in einer Szene, in der das Kreuz weniger Glaubensbekenntnis als Modeaccessoire ist.[16] Es ist nicht so, dass Johnny Cash seinen Glauben irgendwie verbergen müsste. In Glastonbury trägt er, offensichtlich nicht aus modischen Gründen, ein großes silbernes Kreuz auf schwarzem Hemd.

Rick Rubin verzichtet darauf, ihm mit seinen christlichen Werten kollidierende Songs vorzuschlagen, und er ist nicht in der Position von Sam Phillips, ihm Gospel einfach verbieten zu können. Aber die Skepsis ist deutlich („He might sing sprituals"). Ja, Rick Rubin schätzt es, wie Johnny Cash „Bury Me Not on the Lone Prairie" (Trad.) mit einem Cowboygebet von 1906 kombiniert. Aber ich fürchte, in dem hippen Kontext mag er es, weil es auf ihn schräg oder skurril wirkt. Am überzeugendsten finde ich noch das tief demütige „Why Me?" (K. Kristofferson), das Kris

Kristofferson schrieb, als er Anfang der 70er mit Johnny Cash den Evangel Temple in Madison besuchte. Die Rick-Rubin-Methode, aktuelle Songs in einer Neuinterpretation gegen den Strich zu bürsten, biegt dann „Personal Jesus" (M. Gore) in die Richtung Gospel. Bei Depeche Mode eher gedacht als Entlarvung der Erlöserpose in einer Beziehung, nutzt Johnny Cash den Song, um über die Nahbarkeit von Jesus zu singen. Ein Thema, das ihm am Herzen liegt und über das er in „I Talk to Jesus Every Day" (John R. Cash) schon fröhlicher und überzeugender gesungen hat.

Auf den Rick-Rubin-Alben tritt der Christ deutlich einen Schritt zugunsten des Künstlers zurück. Ohne aber abzudanken. John Carter Cash erzählt eine großartige Hintergrundgeschichte zu einer legendären Aktion. Rick Rubin möchte 1998 angesichts der jüngsten Erfolge der Nashville-Musikindustrie einen einschenken und veröffentlicht eine große Anzeige im Branchenblatt „Billboard". Der Blickfang ist das berühmte „Finger-Foto" von 1969: Johnny Cash streckt den Mittelfinger in die Kamera, alles an ihm ist pure Energie, pure Aggression. Dazu höhnt der Text: „American Recordings und Johnny Cash möchten sich beim Musik-Establishment von Nashville und beim Country-Radio für die Unterstützung bedanken."

Sein Sohn erzählt, wie Johnny Cash entscheidet, ob er Rick Rubin erlaubt, das Foto zu verwenden. Nach einem Gespräch mit Billy Graham lässt er es letztlich von Gott abnehmen: „Das Bild, auf dem Dad der Kamera den Stinkefinger zeigt und das im Familienkreis ‚Bird Shot' genannt wird, ist eins der berühmtesten Fotos von ihm. Es entstand bei den Proben für sein Livekonzert in San Quentin und drückt wie kein zweites die rebellische Seite seines Charakters aus. ‚Ich habe zuerst Nein gesagt', fuhr Dad fort. ‚Dann habe ich Billy angerufen. Er hat mir weder zu- noch abgeraten. Nach dem Gespräch habe ich gebetet. Dann habe ich Rick zurückgerufen und ihm grünes Licht gegeben.'"[17]

Er wird dem Image der „hippen Ikone" nicht so weit dienen, dass sein Seelenheil gefährdet ist. Sein Anspruch und seine Hoffnung bleiben, dass sein Gesamtwerk Gott gefällt – nachzulesen auf seinem Grabstein: „May the words of my mouth and the meditation of my heart be acceptable in thy sight, O Lord, my strength and my redeemer." (Psalm 19,15: Lass dir wohlgefallen die Rede meines Mundes und das Gespräch meines Herzens vor dir, HERR, mein Fels und mein Erlöser (Luther 2017).)

American Recordings III: „Solitary Man", 2000, und IV: „The Man Comes Around", 2002, entstehen mit einem zunehmend schwerkranken Künstler. Zu seinen diversen körperlichen Leiden, dazu gehören auch mehrere schwere Lungenentzündungen, kommt noch eine Nervenkrankheit, die zunächst als Parkinson diagnostiziert wird, dann als Shy-Drager-Syndrom, die Ärzte geben ihm noch 18 Monate.[18] Am Ende steht die eher diffuse Diagnose „autonome Neuropathie", eine Schwächung des Nervensystems. Wegen der Nervenkrankheit endet Johnny Cashs Tourneekarriere am 25. Oktober 1997 in Flint/Michigan. Er wird kein vollständiges Konzert mehr geben. Im Herbst 1997 muss er wegen einer doppelten Lungenentzündung ins künstliche Koma verlegt werden, June Carter bittet die Fans, für ihn zu beten. Johnny Cash kommt durch, mit dem Ende der Konzertreisen wird die Studioarbeit für ihn umso wichtiger. Immer schwächer werdend und am Ende auch erblindend, nimmt er bis zu seinem Lebensende Songs im Studio auf.

Familie, Freunde und Journalisten betonen, wie tapfer und gefasst Johnny Cash mit Leid und Schmerz umging. Und wenn Menschen so mit Leid und Schmerz umgehen, finden das alle immer irgendwie gut – und sei es, weil so der Leidende das Umfeld weniger belastet. In der Essaysammlung „Die Philosophie bei Johnny Cash" schaut Pfarrer Stephen Bilynski etwas genauer hin: Leid und Schmerz können in einer langen Tradition auch in weltlicher Perspektive mit Sinn aufgeladen werden. Ihre Bewältigung zahlt auf die Bildung des Charakters und die Entwicklung von Tugenden ein. Johnny Cash folgt diesem Gedanken gerade nicht. Er sieht die Bewältigung von persönlichem Leid wie dem Tod des Bruders Jack nicht im Zusammenhang mit seiner Charakterbildung, sondern als Segnung durch seinen christlichen Glauben: „Er ist davon überzeugt, dass seine Reife und Erlösung nicht vorrangig das Ergebnis seiner erfolgreichen Reaktion auf sein Leid sind, sondern gnädiges Ergebnis des Leidens des Erlösers."[19]

So wie Johnny Cash als Künstler in seinem letzten Lebensjahrzehnt immer öfter Posen alttestamentarischer Propheten einnimmt, so nimmt in seinem Glauben eine alttestamentarische Figur immer größeren Platz ein: „Oft identifizierte er sich mit Hiob, und auch ihm war das Leid vertraut. (...) Ich glaube aber, dass er, wie Hiob, nie mit Gott haderte, sondern seine Bürde trug, so gut das ein Mensch kann."[20]

Nun ist Hiob so zutiefst menschlich darin, dass er nicht für statisches und passives Dulden steht, sondern für einen äußerst spannungsreichen Prozess mit den groben Stufen Selbstmitleid, Selbstbehauptung und Selbstergebung.[21] Johnny Cash hat ein langes Gedicht über Hiob geschrieben. In der Mitte des Gedichtes fühlt sich Hiob von Gott so ungerecht behandelt, dass er ihn „face to face"[22], von Angesicht zu Angesicht, stellen möchte. Hiob als Identifikationsfigur spricht also nicht dagegen, dass Johnny Cash auch einmal mit einem Boxkampf mit Gott liebäugelt, aber Hiob liefert auch die Gründe, warum er aussichtslos ist.

> Hiob antwortete und sprach: Ja, ich weiß wohl, es ist so: Wie könnte ein Mensch recht behalten gegen Gott. Hat er Lust, mit ihm zu streiten, so kann er ihm auf tausend nicht eines antworten. Gott ist weise und mächtig; wer stellte sich ihm entgegen und blieb unversehrt?
> Hiob 9, 2-4 (Luther 2017)

Im Jahr 2000, drei Jahre vor seinem Tod, schreibt er in den Liner Notes zu „Solitary Man" über seine Krankheiten: „Die Zukunft steht außer Frage, aber für mich ist sie ein Weg des Lichts. Erleuchtet von denen, die ich kenne und die mein Leben bereichern. Der Herr des Lebens hat es gut mit mir gemeint. Er schenkt mir jetzt Gesundheit und hilft mir, weiter das zu tun, was ich liebe. Er hat mir die Kraft gegeben, mich vergangenen Krankheiten zu stellen, und dem Sieg im Angesicht der Niederlage."

Mit dem Schmerz umzugehen, das lehrt ihn nicht nur Hiob. Ebenso wichtig ist für Johnny Cash die Art und Weise, wie Paulus Krankheit und Elend akzeptiert. Was der „Pfahl im Fleisch" ist, von dem Paulus berichtet, das lässt sich nicht dechiffrieren, aber viel spricht für eine chronische Krankheit. Johnny Cash befasst sich viel mit Paulus' Aussage und bringt sie auch in die Erziehung seines Sohnes ein: „Als ich noch klein war, habe ich mir den Finger in der Autotür eingeklemmt. Der Nagel wurde abgerissen, und es dauerte lange, bis es verheilt war. Ich befürchtete, dass mein Finger nie wieder derselbe sein würde, dass ich ihn nie wieder wie früher benutzen könnte. Als ich meinem Vater von meinen Ängsten erzählte, lächelte er und sagte: ‚Mein Sohn, ich bin sicher, dass dein Finger bald wieder in Ordnung sein wird, aber wenn er nicht richtig heilt, kannst du ihn als Dorn in deinem Fleisch nutzen.' ‚Aber Papa, da ist doch kein Dorn drin', sagte ich verwirrt.

Und damit ich mich wegen der hohen Offenbarungen nicht überhebe, ist mir gegeben ein Pfahl ins Fleisch, nämlich des Satans Engel, der mich mit Fäusten schlagen soll, damit ich mich nicht überhebe. Seinetwegen habe ich dreimal zum Herrn gefleht, dass er von mir weiche. Und er hat zu mir gesagt: Lass dir an meiner Gnade genügen; denn meine Kraft vollendet sich in der Schwachheit. Darum will ich mich am allerliebsten rühmen meiner Schwachheit, auf dass die Kraft

> Christi bei mit wohne. Darum bin ich guten Mutes
> in Schwachheit, in Misshandlungen, in Nöten,
> in Verfolgungen und Ängsten um Christi willen;
> denn wenn ich schwach bin, bin ich stark.
> 2. Korinther 12, 7-10 (Luther 2017)

‚Gott kann deine Verletzungen und Schwächen zu einem Gewinn für uns machen', sagte er, ‚und schließlich auch zu seinem.'"[23]

Der Umgang von Johnny Cash mit Leid und Schmerz ist tief in seinem christlichen Glauben fundiert, aber es ist hier wie in seiner gesamten Karriere: Sein Hit zum Thema „Schmerz" ist kein spiritueller, sondern ein weltlicher Song. „Hurt" (T. Reznor) entstammt dem Album „The Man Comes Around" von 2002, das letzte zu Lebzeiten veröffentlichte Album, und ist der erfolgreichste Song der American-Recordings-Phase.

Rick Rubin ist es, der den acht Jahre alten Song des gerade angesagten Industrial-Rock-Projekts „Nine Inch Nails" von Trent Reznor vorschlägt. Johnny Cash tut sich zuerst schwer mit dem Song.[24] Ich führe das zum Teil auf Widerstand gegen eine Zeile zurück, in der der Sänger sich mit einer Dornenkrone auf dem Kopf sieht. Aber dann ist es wohl doch einfach zu attraktiv, den Song des jungen Heroinsüchtigen in das Lied des alten Cash zu verwandeln, musikalisch radikal reduziert auf Akustikgitarren, Tasteninstrumente und Johnny Cashs Stimme.

Natürlich kann Johnny Cash etwas mit der Figur des Drogensüchtigen anfangen, der den Schmerz sucht, um überhaupt noch etwas zu spüren, und der sich bewusst ist, dass er jede und jeden enttäuschen und verletzen wird. Aber es ist wie immer bei Songs: den Sinn erzeugt nicht das geschriebene Wort, sondern die Performance. Geleitet allein vom Songtitel „Hurt" wird die Allgegenwart des Schmerzes des gebrechlichen Sängers inszeniert. Dazu kommt eine kräftige Dosis barocker Vergänglichkeits- und

Nichtigkeitserfahrung, wenn der Sänger der Welt sein „empire of dirt", sein Reich aus Staub, vor die Füße wirft. Und die Geste hat eine ganz andere Wucht, wenn sie nicht von einem aufstrebenden 29-jährigen Industrial Rocker kommt, sondern vom 70-jährigen Johnny Cash mit seinem Lebenswerk und seiner Geschichte. Der Song manifestiert das, was sich in der Abfolge der Rubin-Alben entwickelte: die Transformation des „Man in Black" in den Schmerzensmann.

Endgültig zu einem Stück Musikgeschichte wird „Hurt" im Zusammenspiel mit dem Video. Alle Elemente des Videos einzeln sind nicht unbedingt geschmackssicher: Die Art und Weise, wie Johnny Cashs Hinfälligkeit inszeniert wird. Das geschlossene Museum „House of Cash" als Symbol des Niedergangs. Die Jesus-Referenzen in den eingeschnittenen Sequenzen aus Dokus, Videos und auch aus „Gospel Road".

Lustig darf Johnny Cash nur backstage sein. Als der Regisseur June um einen Auftritt bittet, schlägt er ihr vor, nackt auf dem Klavier zu tanzen. Es bleibt dann aber bei einem kurzen mitleidenden Blick von June.[25] Den Rotwein über das Bankett zu schütten, ist wohl eine Idee von Johnny Cash und sorgt für eine gewisse Erholung in der bleischweren Ambition, mit dem Video die Summe eines Lebens zu präsentieren. Alles zusammengenommen ist die Performance aber sicher große Videokunst.

Rosanne Cash erinnert sich: „,Hurt' war fast zu schmerzhaft. Dad und June haben es mir in seinem Büro gezeigt, und natürlich habe ich geweint und geweint, und June saß da und hat mir auf die Schulter geklopft und gesagt: ,Nun, wir haben eine Menge Zeug rausgenommen.' Ich bin froh, dass ich das nicht gesehen habe! Aber mein Dad und June haben das Auge eines Künstlers. Sie können ihre privaten Personen von dem trennen, was sie tun, oder dem Werk, das sie geschaffen haben, und es einfach mit unerschrockener Klarheit betrachten. Das ist ein großartiges Werk."[26]

Selbst wenn eine gewisse Portion Neid oder ein gewisser Anspruch auf den „wirklich wahren Cash" mitschwingen mag, leuchtet mir Jack Clements Einschätzung ein: „Ich halte es für ein Meisterwerk. Es ist ein brillanter Film, in dem sie ihn die Rolle eines müde aussehenden alten Mannes spielen ließen, und er hat diese Rolle gut gespielt."[27]

Ein MTV-Award für das Video wird einer der letzten Preise, die Johnny Cash zu Lebzeiten bekommt – und er kann ihn, obwohl er es plant, nicht mehr selbst entgegennehmen.

KAPITEL 14: DIE WIEDERKEHR JESU

Bei den American-Recordings-Platten gibt es eine recht gut wahrnehmbare Unterteilung in Rick-Rubin-Songs und Johnny-Cash-Songs. „Hurt" ist ein Rick-Rubin-Song, der Titeltrack „The Man Comes Around" (John R. Cash) ein Johnny-Cash-Song. Ein Stück, auf das er in einem Maß stolz war, das seinem Stolz auf „Gospel Road" nahekommt. In den Liner Notes zum Album „The Man Comes Around" schreibt er nur über diesen Song und beschränkt sich für die anderen Titel auf den Hinweis, dass es sie gibt.[1]

Während in der Rick-Rubin-Ära der Christ gegenüber dem Künstler bisher deutlich zurücktrat, kommt er jetzt nach vorn und

prägt den Titel und den Titelsong des letzten zu Lebzeiten veröffentlichten Albums von Johnny Cash. Johnny Cash wird entschieden eschatologisch, er singt sehr ernsthaft von den letzten Dingen, vom Weltende und vom Weltgericht. Vom Weltgericht zu sprechen zieht, so wie die Rede vom Teufel, eine Linie. Viele gläubige Christen vermeiden es, diese Linie zu überqueren, um nicht einem verbreiteten Vorurteil Vorschub zu leisten: Christsein hieße, im irdischen Jammertal auf ein besseres Leben im Jenseits für die „Guten" und die ewige Verdammnis für die anderen zu warten.

Nachbiblisch wurde aus der Hölle ein System gemacht, mit Höllenkreisen und präzise auf Sünden bezogenen Strafarten. Da liegt es sehr nahe, Menschen am Werk zu sehen, etwa die Hoffnung der verfolgten frühen Christen auf einen Gerechtigkeitsausgleich im Jenseits oder auch einfach mittelalterliche Machtinteressen.

Aber Weltende und Weltgericht sind ein genuiner Bestandteil der Bibel. Das Wissen um eine Endzeit begründet die Notwendigkeit für den Einzelnen, umzukehren und anders zu leben. Und so prägt es unsere Kultur über Jahrtausende mit tiefen Wirkungen auch in der säkularen Welt: das Nachdenken über die letzten Dinge, über den eigenen Tod, das persönliche Jenseits, das persönliche Gericht, das Weltende und das Anbrechen der Gottesherrschaft, kurz, die vier letzten Dinge: Tod, Gericht, Hölle, Himmel.

Die säkulare Mehrheitsgesellschaft hat nichts gegen die Themen Apokalypse, Weltende oder Jüngstes Gericht. Sie werden nicht mehr religiös verstanden oder ernst genommen, sondern sind Stoff für Actionfilme, Fantasybücher, Comedy und Computerspiele.

Johnny Cash singt zwar Lieder über Tod und Jenseits, das Jüngste Gericht aber ist bislang nicht sein Lieblingsthema gewesen. Im Vordergrund standen eher Gottvertrauen und Erlösungsfreude, nicht einmal seine Auseinandersetzung mit dem Teufel war ausgesprochen eschatologisch ausgerichtet. Er stand eher für Gottferne als Hölle bereits Hier und Jetzt. Aber ausschließlich wie in „I Was There When It Happened" das Reich Gottes bereits im Hier und Jetzt zu besingen, ist unvollständig ohne den Verweis auf das Reich Gottes am Ende der Zeit.

> Jetzt hörte ich eine gewaltige Stimme im Himmel rufen: „Nun hat Gott den Sieg errungen, er hat seine Stärke gezeigt und seine Herrschaft aufgerichtet! Alle Macht liegt in den Händen dessen, den er als König auserwählt und eingesetzt hat: Jesus Christus! Denn der Ankläger ist gestürzt, der unsere Brüder und Schwestern Tag und Nacht vor Gott beschuldigte. Sie haben ihn besiegt durch das Blut des Lammes und weil sie sich zu dem Lamm bekannt haben. Für dieses Bekenntnis haben sie ihr Leben eingesetzt und den Tod nicht gefürchtet."
>
> Offenbarung 12, 10-11 (Hfa)

Jesus ist der, der da ist und der da war und der da kommt. Als Erlöser aus unseren irdischen Nöten verweist er immer auch auf Jesus als letzten Richter und auf den finalen Sieg über das Böse.

Nun sind die letzten Dinge ein weites Feld, und es gibt viele Anlässe und Ziele, das Weltgericht heraufzubeschwören. Eine Motivation ist bei Johnny Cash für die Kultur und die Zeit, in der er singt, auffällig unterrepräsentiert[2]: Er predigt nicht einer abgrundtief sündigen und verkommenen Welt den baldigen Untergang, wie das viele seiner christlichen Zeitgenossen tun, besonders erfolgreich Hal Lindsey in seinem Bestseller „Alter Planet Erde wohin?". Das Buch popularisiert die „prämilleniaristische" Weltsicht, also die Überzeugung, dass es vor der Wiederkunft Christi und dem 1000-jährigen Friedensreich mit dieser Welt grundlegend bergab gehen wird, die Gläubigen aber vorher entrückt werden. Bob Dylan hält das Buch bei seinen Konzertpredigten von 1979 von 1980 oft in der Hand.[3]

Johnny Cashs Blick auf das Ende steht weniger im Zeichen der Unheilsankündigung, bei ihm überwiegt bei Weitem die Verheißung auf den Himmel, tief beeinflusst von der afroamerikanischen Tradition. Wenn der Gospel-Train abfährt, der Jordan überquert wird, die Trompeten ertönen, die Heiligen einmarschieren, der Löwe neben dem Lamm liegt, dann geschieht das meist im Tonfall der Hoffnung, der Freude, der Sehnsucht. Und das ist auch der Ton der Lieder über das Jenseits auf den ersten beiden Hymnen-Alben von Johnny Cash, auf denen das Thema mit Coversongs und nicht in erster Reihe präsent ist.

1975 veröffentlicht er mit „Precious Memories" dann doch ein Album mit traditionellen Gospelsongs. Und auf dem findet sich „Farther Along" (Trad.), ein großartiges Lied zum „Gerechtigkeitsausgleich", also der Annahme, dass die Guten hier auf Erden zwar leiden und es den Bösen gut geht, dass sich das aber im Jenseits umkehren wird. Der Song geht extrem charmant damit um: Ja, wir wundern uns so oft, warum wir in Bedrängnis leben, während es anderen, die weniger nett sind, so gut geht. Es kann sein, dass es den in Freuden lebenden Ungerechten im Jenseits schlecht gehen wird, es kann aber auch nicht sein. Der Trost ist, dass wir das alles später verstehen werden. Und die Botschaft, dass wir uns von der Frage nicht die Laune verderben lassen sollten.

Auf „The Soul Of Truth" geht es häufig und facettenreich um Tod und Jenseits.

„Over The Next Hill We'll be Home" (John R. Cash) ist eins seiner Lieblingslieder in dieser Phase. Es gibt mehrere Versionen, er singt es gern auf den Crusades und beginnt seine Autobiografie „Man in Black" 1975 damit, wie der Song auf einer Autofahrt gemeinsam mit June Carter entstanden ist.[4] Es ist ein sehr entspanntes Lied über das Jenseits, die Zuversicht, dass nach einer Fahrt durch Täler und Berge hinter dem nächsten Berg Erlösung und ewige Heimat warten. Und es ist großartig, wie June und Johnny das gemeinsam voller Wärme und voller Vertrauen singen. Freude auf das Zukünftige, ein Gefühl von Heimkehr, das ist meist der Tonfall, wenn Johnny Cash über seinen Tod singt. Und das gilt in „When He Comes" (John R. Cash) auch für Weltgericht und Auferstehung. Johnny Cash singt im Duett mit seiner Tochter Rosanne, in diesem wunderschönen Song entfaltet sich triumphale Freude mit sattem Bläserklang. Zur überschwänglichen Freude gehört die Erwartung, an der ersten Auferstehung teilzuhaben. Es geht strikt um die eigene Rettung – das Schicksal anderer spielt keine Rolle.

Der „Gospel Boogie (A Wonderful Time Up There)" (L. R. Abernathy) aus dem Repertoire von Rosetta Tharpe führt dann ganz weit zurück. Das Lied nimmt für Johnny Cash eine zentrale Position ein. In „Man in Black" erzählt er, dass er die Zeilen „Everybody's got religion and glory" gesungen hat, als seine Mutter ihn das erste Mal nach dem Stimmbruch hört und seine Stimme als „Gabe Gottes" identifiziert.[5] Aus dem Lied spricht schiere Freude, fast Partystimmung: Es wird eine wundervolle Zeit da oben werden – und zwar für alle.

Dass die einen in den Himmel gehen, die anderen in die Hölle, und das auf ewig, das ist im Christentum nicht so klar, wie es die Parole „Turn or Burn" oder auch der Blick von außen auf das Christentum nahelegen. Der christliche Gelehrte Origines steht im 3. Jahrhundert am Beginn des Strangs christlichen Denkens, der davon ausgeht, dass ganz am Ende die Gnade Gottes alle umfasst – als letztes auch den Teufel. Das ist die Vorstellung einer „leeren Hölle", der Hölle als eines schrecklichen, aber temporären Zustandes der Gottesferne. Eigentlich alle Bibelstellen, die Johnny Cash liebt und in „Gospel Road" aufnimmt, deuten in diese Richtung. Ja, die Vorstellung eines inklusiven Jüngsten Gerichtes widerspricht menschlichen Vorstellungen von einem ordentlichen Gericht, aber das spricht nicht gegen sie. Und es passt zum „inklusiven Patriotismus" – allerdings nicht zu Billy Graham, der von diesen universalistischen Vorstellungen nichts hält.[6]

> Jetzt geht das Gericht über die Welt; nun wird der Fürst dieser Welt hinausgestoßen werden. Und ich, wenn ich erhöht werde von der Erde, so will ich alle zu mir ziehen.
> Johannes 12, 31-32 (Luther 2017)

Aber letztlich ist wenig damit gewonnen, alle Bibelstellen mit Bezug auf das Jüngste Gericht auf eine Strafstatistik nach menschlichem Verständnis abzuklopfen.[7] Als ein Jünger die Prozent-Frage zum Jüngsten Gericht aufwirft, verweigert Jesus die Antwort und fordert seine Zuhörer auf, den Blick auf sich zu richten. Aber er gewährt auch nicht die Zuversicht, dass es schon für alle gut ausgehen wird.

> Auf dem Weg nach Jerusalem fragte ihn ein Mann: „Herr,
> stimmt es wirklich, dass nur wenige Menschen gerettet
> werden?" Jesus antwortete: „Setzt alles daran, durch das enge
> Tor in Gottes Reich zu kommen! Denn viele versuchen es,
> aber nur wenigen wird es gelingen."
> Lukas 13, 23-24 (Hfa)

Das ist die Richtung und die Stimmung von „The Man Comes Around". Das Lied setzt einen deutlich ernsteren und sorgenvolleren Ton als die meisten anderen Jenseitssongs von Johnny Cash. Gericht statt Party.

The Man Comes Around (John R. Cash)

(Intro gesprochen:)
And I heard, as it were, the noise of thunder
One of the four beasts saying,
‚Come and see' and I saw, and behold a white horse.

> Und ich sah, dass das Lamm das erste der sieben Siegel
> auftat, und ich hörte eines der vier Wesen sagen wie
> mit einer Donnerstimme: Komm! Und ich sah, und siehe,
> ein weißes Pferd.
> Offenbarung 6, 1-2 (Luther 2017)

There's a man goin' 'round takin' names
And he decides who to free and who to blame
Everybody won't be treated all the same
There'll be a golden ladder reachin' down
When the man comes around

Und ich sah die Toten, Groß und Klein, stehen vor dem Thron, und Bücher wurden aufgetan. Und ein andres Buch wurde aufgetan, welches ist das Buch des Lebens. Und die Toten wurden gerichtet nach dem, was in den Büchern geschrieben steht, nach ihren Werken.

Offenbarung 20, 12 (Luther 2017)

The hairs on your arm will stand up
At the terror in each sip und in each sup
Will you partake of that last offered cup
Or disappear into the potter's ground?
When the man comes around

Während er [Jakob] schlief, hatte er einen Traum:
Er sah eine Treppe, die auf der Erde stand und
bis zum Himmel reichte. Engel Gottes stiegen hinauf
und herab.

1. Mose 28, 12 (Hfa)

Denn sie werden den Kelch, der mit Gottes Zorn gefüllt ist,
bis zur bitteren Neige leeren müssen.

Offenbarung 14,10 (Hfa)

Hear the trumpets hear the pipers
One hundred million angels singin'
Multitudes are marchin' to the big kettledrum
Voices callin', voices cryin'
Some are born and some are dyin'
It's alpha and omega's kingdom come
And the whirlwind is in the thorn tree
The virgins are all trimming their wicks

The whirlwind is in the thorn tree
It's hard for thee to kick against the pricks

> Und ich sah, und ich hörte eine Stimme vieler Engel um den
> Thron und um die Wesen und um die Ältesten her, und ihre
> Zahl war zehntausendmal zehntausend und vieltausendmal
> tausend; die sprachen mit großer Stimme: Das Lamm, das
> geschlachtet ist, ist würdig, zu nehmen Kraft und Reichtum
> und Weisheit und Stärke und Ehre und Preis und Lob.
> Offenbarung 5, 11-21 (Luther 2017)

Till armageddon no shalam, no shalom
Then the father hen will call his chickens home

> Jerusalem, Jerusalem, die du tötest die Propheten und
> steinigst, die zu dir gesandt sind! Wie oft habe ich deine Kinder
> versammeln wollen, wie eine Henne ihre Küken versammelt
> unter ihre Flügel: Und ihr habt nicht gewollt!
> Matthäus 23, 37 (Luther 2017)

The wise man will bow down before the throne
And at his feet they'll cast their golden crowns
When the man comes around

Whoever is unjust let him be unjust still
Whoever is righteous let him be righteous still

> Wer Böses tut, der tue weiterhin Böses, und wer unrein ist, der
> sei weiterhin unrein; aber wer gerecht ist, der übe weiterhin
> Gerechtigkeit, und wer heilig ist, der sei weiterhin heilig.
> Offenbarung 22, 11 (Luther 2017)

Whoever is filthy let him be filthy still
Listen to the words long written down
When the man comes around

Hear the trumpets hear the pipers
One hundred million angels singin'
Multitudes are marchin' to the big kettledrum
Voices callin', voices cryin'
Some are born und some are dyin'
It's alpha and omega's kingdom come

> Ich bin das A und das O, spricht Gott der Herr,
> der da ist und der da war und der da kommt,
> der Allmächtige.
> Offenbarung 1, 8 (Luther 2017)

And the whirlwind is in the thorn tree
The virgins are all trimming their wicks
The whirlwind is in the thorn tree
It's hard for thee to kick against the pricks
In measured hundredweight and penny pound
When the man comes around

(Outro)
And I heard a voice in the midst of the four beasts
And I looked, and behold a pale horse
And his name that sat on him was death,
and hell followed with him

> Und als es das vierte Siegel auftat, hörte ich die Stimme
> des vierten Wesens sagen: Komm! Und ich sah, und siehe,
> ein fahles Pferd. Und der darauf saß, dessen Name war:
> der Tod, und die Hölle zog mit ihm einher.
>
> Offenbarung 6, 7-8 (Luther 2017)

Der Song beginnt und endet mit Lesungen aus der Bibel, die klingen wie eine Stimme aus einem sehr verrauschten Radio. Der Song wird dann getragen von der ebenso trockenen wie kraftvollen Rhythmusgitarre, die gar nicht so weit entfernt ist von fröhlichen Songs wie „Locomotive Man" (John R. Cash). Zusätzlich wird nur präzise akzentuiert, bisweilen macht ein Orgelsound etwas Druck oder streut das Klavier düstere Spitzen ein. Im Mittelpunkt stehen dunkle Worte, die Melodien sind eher angedeutet als ausgespielt. Mehr prophetischer Gestus in populärer Musik geht kaum. Musikalisch wabert und wummert es nicht apokalyptisch und auch der Text enthält nicht genug Destruktion für einen attraktiven Katastrophenfilm. Keine Feuerstürme, keine Erdbeben, keine Meere von Blut – Johnny Cash entnimmt der Offenbarung des Johannes eher eine Atmosphäre der Bedrohung als wüste Zerstörungsszenarien. „The Man Comes Around" ist wohl das ambitionierteste Songwriting von Johnny Cash, und es zieht sich über sieben Jahre bis zur Fertigstellung.

„Ich hatte es als Gedicht geschrieben (…), das lose auf dem Buch der Offenbarung in der Bibel beruhte, und ich ging von einer Interpretation zur anderen in dessen sehr komplizierter Deutung – zumindest für mich ist sie sehr kompliziert –, bis ich schließlich einige Worte fand, die funktionierten. Ich habe wahrscheinlich vierzig oder fünfzig Verse geschrieben, die ich nicht verwendet habe."[8]

„The Man Comes Around" ist nicht einfach ein „Best of" der Offenbarung von Johannes, es ist eine hochkomplexe eigene Textschöpfung aus verschiedenen Quellen. Ich habe mich hier auf einige

Bibelstellen als Referenz konzentriert, ausführlicher geht den Verweisen Richard Beck nach.[9] Wie er es bei „What on Earth Will You Do (For Heaven's Sake)" mit der Bergpredigt gemacht hat, arbeitet Johnny Cash mit der Offenbarung, indem er direkte Zitate mit Verweisen, weiteren Bibelstellen und eigenen Zusätzen verschränkt.

> „Wenn der Menschensohn kommt, wird es in seinem himmlischen Reich sein wie bei zehn Brautjungfern, die bei einer Hochzeit dem Bräutigam mit ihren Lampen entgegengingen. Fünf von ihnen verhielten sich klug, die anderen waren leichtfertig und dumm. Die klugen Mädchen hatten sich nämlich vorher mit ausreichend Öl für ihre Lampen versorgt. Die fünf anderen dachten überhaupt nicht daran, einen Vorrat an Öl mitzunehmen. Als sich die Ankunft des Bräutigams verzögerte, wurden sie alle müde und schliefen ein. Plötzlich um Mitternacht wurden sie mit dem Ruf geweckt: ‚Der Bräutigam kommt! Geht und begrüßt ihn!' Da sprangen die Mädchen auf und bereiteten ihre Lampen vor. Die fünf, die nicht genügend Öl hatten, baten die anderen: ‚Gebt uns etwas von eurem Öl! Unsere Lampen gehen aus.' Aber die Klugen antworteten: ‚Das können wir nicht. Unser Öl reicht gerade für uns selbst. Geht doch zu einem Händler und kauft euch welches!' Da gingen sie los. In der Zwischenzeit kam der Bräutigam, und die Mädchen, die darauf vorbereitet waren, begleiteten ihn in den Festsaal. Dann wurde die Tür verschlossen. Später kamen auch die fünf anderen. Sie standen draußen und riefen: ‚Herr, mach uns doch die Tür auf!' Aber er erwiderte: ‚Was wollt ihr denn? Ich kenne euch nicht!' Deshalb seid wachsam und haltet euch bereit! Denn ihr wisst weder an welchem Tag noch zu welchem Zeitpunkt der Menschensohn kommen wird."
>
> Matthäus 25, 1-6 (Hfa)

Ein Vers, der zweimal gesungen wird, sticht besonders aus dem Kontext heraus: „The virgins are all trimming their wicks." Sein Sohn fragte ihn einmal nach der Bedeutung dieser Jungfrauen, die die Dochte kürzen. Und stolz präsentiert sein Vater den Verweis auf Matthäus 25.[10]

Johnny Cash ist bibeltreu und geht dennoch beherzt mit der Bibel um. Ich kann die Dochte in der Bibel nicht finden. Ich nehme an, er hat sie eingeführt, um der Hoffnung Ausdruck zu verleihen, dass alle Jungfrauen aus dem Gleichnis wachsam sind, ohne der Bibel offensiv zu widersprechen. In Johnny Cashs Sicht ist das das Wunschergebnis: Gott hat den Menschen den freien Willen gegeben, und seine Hoffnung ist, dass alle sich am Ende für ihn entscheiden. Auch das Bild der freilaufenden Hühner, die nach Hause gerufen werden, findet Eingang in den Song.[11]

Auf der Ebene einer Analyse des Textes verlässt der Song die universalistische Position nicht und droht niemandem ewige Verdamnis an. Aber es bleibt ein Song mit Trompeten, Armageddon und fahlen Pferden, der mit den düster gesprochenen Worten „Tod" und „Hölle" endet, er erzeugt eine bedrohliche Jüngstes-Gericht-Atmosphäre.

Fast ebenso auffällig ist der ebenfalls zweimal gesungene Vers: „It is hard for thee to kick against the pricks", der Satz stammt aus dem Gespräch zwischen Jesus und Paulus auf der Straße nach Damaskus. Das Bild steht für den Widerstand eines Schafs gegen den Treiberstachel, dagegen, in den Pferch zurückzukehren. Es geht um Widerstand des Einzelnen gegen den Hirten Jesus, das Gegenstück zu „Back in the Fold".

> Als ich darum nach Damaskus reiste mit Vollmacht und im Auftrag der Hohenpriester, sah ich mitten am Tage, o König, auf dem Weg ein Licht vom Himmel, heller als der Glanz der Sonne, das mich und die mit mir reisten umleuchtete.

> Als wir aber alle zu Boden stürzten, hörte ich eine Stimme zu mir reden, die sprach auf Hebräisch: Saul, Saul, was verfolgst du mich? Es wird dir schwer sein, wider den Stachel zu löcken. Ich aber sprach: Herr, wer bist du? Der Herr sprach: Ich bin Jesus, den du verfolgst;
>
> Apostelgeschichte 26, 12-14 (Luther 2017)

Über wen hier gerichtet wird, dazu gibt Johnny Cash selbst den entscheidenden Hinweis, indem er das Lied auf einen Traum zurückführt, den er 1993 als Gast auf einer Europatour von U2 hatte. Der Weg zu dem Song führt über Johnny Cashs extrem weitgefächerte Lektüre: „Die ursprüngliche Idee für den Song kommt aus einem Traum, den ich vor sieben Jahren hatte. Ich war in Nottingham, England, und hatte ein Buch mit dem Titel ‚Von der Königin träumen‘ gekauft. In dem Buch ging es um die große Anzahl von Menschen in diesem Land, die träumen, dass sie Königin Elisabeth II. treffen. Ich träumte, dass ich in den Buckingham-Palast ging und dort saß sie und strickte oder nähte. Sie hatte einen Korb mit Stoffen und Spitzen. Eine andere Frau saß neben ihr, und sie unterhielten sich und lachten. Als ich näher kam, sah die Königin zu mir auf und sagte: ‚Johnny Cash! Du bist wie ein Dornbusch in einem Wirbelwind.‘ Dann wachte ich natürlich auf und merkte, dass mir ‚Dornbusch im Wirbelsturm‘ bekannt vorkam. Schließlich entschied ich, dass es biblisch war, und ich fand es im Buch Hiob. Von da aus entwickelte es sich zu einem Lied, und ich fand dann noch viel in der Offenbarung des Johannes. Daraus wurde ‚The Man Comes Around‘."[12]

Der Vers zum Dornbusch im Wirbelwind ist vier Mal wiederholt die Schaltstelle des Liedes. Johnny Cash positioniert sich als Hiob, der als Dornbusch Gott als Wirbelwind (in deutschen Übersetzungen Sturm oder Wettersturm) Rede und Antwort stehen muss, und kombiniert das mit der Offenbarung. Jesus kommt zurück und damit das Weltgericht, der Song fokussiert sich auf einen Angeklagten, Johnny Cash, und der Ausgang ist offen. Die Jenseitshoffnung, das freudige Vertrauen, das die meisten seiner Gospelsongs prägt, fehlt in „The Man Comes Around". Wenn etwas Johnny Cashs christlichen Glauben von Beginn an kennzeichnet, dann ist es Heilsgewissheit. Die schließt dunkle Gedanken ob der eigenen Sünden und des Jüngsten Gerichtes nicht aus,[13] aber begrenzt die Angst im Vertrauen auf Gottes Gnade. In „The Man Comes Around" gibt es Zeichen dieser Heilsgewissheit, aber sie haben es schwer im allgemein bedrohlichen Szenario. Ein auffälliger Stimmungswechsel.

> Dann aber redete der HERR mit Hiob. Er antwortete ihm aus
> dem Sturm: „Wer bist du, dass du meine Weisheit anzweifelst
> mit Worten ohne Verstand? Tritt mir gegenüber wie ein Mann
> und gibt mir Antwort auf meine Fragen!"
> Hiob 38, 1-3 (Hfa)

Vielleicht hat hier der künstlerische Ausdruck Vorrang. „The Man Comes Around" ist der christliche Song, der mit seinem düsteren Klang noch am besten in das American-Recordings-Image passt. Eine Ikone kann eher stylish-prophetisch raunen, als sich ausgelassen aufs Jenseits zu freuen. Aber der hohe persönliche Wert, den der Song für Johnny Cash hat, spricht dagegen. Vielleicht ist es auch ein Bekenntnis zum ganzen Jesus, menschlich und göttlich, Lehrer, Hirte, Erlöser, Lamm Gottes und Weltenrichter.

Seit er sich 1975 in seiner ersten Autobiografie heftig gegen die Tendenz gewehrt hat, Jesus zu einem philosophischen Weltverbesserer zu degradieren, sind über 20 Jahre mit genau dieser Tendenz vergangen. Und letztendlich liegt auch die persönliche Ebene nahe. Vielleicht ist der Tod Ende der 90er für Johnny Cash so konkret nahe gerückt, dass Gospelfreude allein das nicht mehr auffängt.

Was auch immer zu „The Man Comes Around" führt, mit dem Titel und dem Titelsong des letzten Albums setzt Johnny Cash ein deutliches Zeichen. Er wird nicht auf den letzten Metern zu jemandem, der das Höllenfeuer predigt. Aber bei dem Kampf Gut gegen Böse, den er lebenslang in sich spürt, bei der Wahl zwischen Liebe und Hass, Gottvertrauen und Gottferne geht es um etwas. Und Johnny Cash lässt uns als Christ und Künstler, sofern wir nicht einfach nur den düsteren Klang cool finden, an seiner Beunruhigung teilhaben.

KAPITEL 15: AM JORDAN

Das Album „The Man Comes Around" wird am 5. November 2002 veröffentlicht. Am 15. Mai 2003 stirbt June Carter Cash an Herzversagen. Bereits ein paar Tage später geht Johnny Cash wieder ins Studio und arbeitet bis kurz vor seinem eigenen Tod an weiteren Songs.

So öffentlich wie Johnny Cashs Leben war, so öffentlich ist sein Sterben. Drei Wochen vor seinem Tod gibt er sein letztes TV-Interview. Ganz am Ende möchte der Interviewer Kurt Loder einen schönen Abschlusssatz über den Tod haben, aber auch nicht zu dreist danach fragen. Also muss Johnny Cash etwas nachhelfen:

Kurt Loder: Wohin gehen wir, danach?
Johnny Cash: Wohin wir gehen? Wenn wir sterben, meinen Sie? Nun, wir alle hoffen: in den Himmel.[1]

Das Interview enthält auch die „Keine Reue"-Passage, die Vivian Cash so irritiert.[2] Eine fast schon freche Variante von „Vergib uns unsere Schuld, wie auch wir vergeben unseren Schuldigern".

Kurt Loder: „Wenn Sie zurückblicken auf alles, was Sie getan haben – bereuen Sie etwas, was Sie getan haben, oder denken Sie, es ist ... Ich meine, Sie haben so viel erreicht?"
Johnny Cash: „Früher habe ich das getan, aber jetzt nicht mehr – ich habe mir vergeben (lacht). Wenn Gott mir vergeben hat, dann denke ich, ich sollte das auch. Also ist alles jetzt in Ordnung."[3]

Dass sich Vivian Cash in ihren Erinnerungen so sehr an diesem Spruch stört, hat mir den Spaß an ihm etwas verdorben. „Ich bereue nichts" – das ist eine Lieblingspose der Popkultur, die dem autonomen selbstgerechten starken Menschen huldigt.[4] Das ist eigentlich nicht Johnny Cashs Haltung. Ich denke, in diesem Gespräch mischt sich Johnny Cashs lebenslanges Vertrauen auf einen gnädigen Gott mit der Sympathie für gute Interviewsprüche. Kurt Loder arbeitet hart an dem großen finalen Glaubensbekenntnis – und er bekommt es:

Johnny Cash: „Ich gehe davon aus, dass mein Leben bald endet. Ich bin einundsiebzig Jahre alt. Aber ich habe einen großen Glauben. Ich habe einen unerschütterlichen Glauben. Ich war nie wütend auf Gott, ich habe ihm sozusagen nie den Rücken gekehrt. Ich habe nie gedacht, dass Gott nicht da ist. Ich wusste, dass er mein Ratgeber, meine Weisheit ist. Alle guten Dinge in meinem Leben kommen von ihm."[5]

Am 12. September 2003 stirbt Johnny Cash und wird am 15. September in Hendersonville/Tennessee beerdigt.

Zum letzten Jahr im Leben von Johnny Cash gibt es so viele Geschichten, so viele Perspektiven, so viele Deutungen der Art, wie er sich von der Welt verabschiedet. Und es gibt einen magischen Ort: die Cash Cabin. Die Hütte hatte er auf seinem Anwesen in Henderson/Tennessee als Zufluchtsstätte gebaut, dann wurde sie zunehmend zum Tonstudio für die späten Aufnahmen.[6]

In den Geschichten über seine letzte Zeit ist oft die Gier der anderen nach den definitiv letzten Worten oder dem einen finalen Song zu spüren, und das beginnt schon zu Lebzeiten. Ein Song steht glücklicherweise nicht zur Auswahl: Rick Rubins Vorschlag, „My Way" (C. Francois/P. Anka) aufzunehmen, lehnt Johnny Cash glattweg ab. Dieser in Musik gefasste Stolz auf den eigenen autonomen Weg ist seine Sache nicht.[7] Realisiert wird aber der Plan, als letztes Lied des letzten zu Lebzeiten veröffentlichten Albums ein säkulares Lied aufdringlich zur spirituellen Interpretation anzubieten: „We'll Meet Again" (R. Parker/H. Charles). Bei dem im Zweiten Weltkrieg populär gewordenen Lied über die erhoffte Rückkehr der Soldaten dürfen beim letzten Refrain noch einmal ganz viele mitsingen.

Was nach seinem Tod mit seinen Aufnahmen gemacht wird, ist von sehr unterschiedlicher Qualität. Zweifellos fast ein Geniestreich ist Rick Rubins Umgang mit „A Satisfied Mind" (J. Hayes/J. Rhodes), das Johnny Cash 2002 aufnahm. Ein traditioneller Song über den Wert eines guten Gewissens am Lebensende. Der Song wird 2004 in Quentin Tarantinos Film „Kill Bill 2" eingesetzt und auf dem Soundtrack veröffentlicht. Einer der Killer-Kollegen von Uma Thurman hört das Lied als Auftakt zu einer Reihe von Gewaltexzessen, die er nicht überlebt. Wie Johnny Cashs Stimme da aus einem Radio in der Wüste neben einem Wohnwagen ertönt, das ist schon sehr guter „Man in Black"-Stil.

Die posthumen American-Recordings-Alben V „Hundred Highways" (2006) und VI „Ain't No Grave" (2010) enthalten dann viele Lieder, die Johnny Cash nach „The Man Comes Around" noch aufgenommen hat. 2006 erscheint als Single und als Video „God's Gonna Cut You Down" (Trad.), ein recht überzeugend auf Rhythmus und Handclapping reduzierter Memento-Mori-Song. Die allererste Garde der Showwelt singt in dem Schwarz-Weiß-Video lippensynchron mit oder agiert anderweitig bedeutungsvoll. Der Song macht sich gut in TV-Serien und Computerspielen und taugt auch als Auflauflied für Basketballer.

In einem seiner letzten Lieder widmet sich Johnny Cash „1 Corinthians 15:55" (John R. Cash). Absolut glaubwürdig, dass diese Bibelstelle für ihn jetzt eine besondere Bedeutung annimmt. Aber das Arrangement beschränkt sich darauf, die sehr brüchig gewordene Stimme auszustellen. Was dann auch für „Ain't Not Grave" (Trad.) gilt, das 2010 dem Album American Recordings VI den Titel gibt.

> Denn es wird die Posaune erschallen und die Toten werden auferstehen unverweslich, und wir werden verwandelt werden. Denn dies Verwesliche muss anziehen die Unverweslichkeit, und dies Sterbliche muss anziehen die Unsterblichkeit. Wenn aber dies Verwesliche anziehen wird die Unverweslichkeit und dies Sterbliche anziehen wird die Unsterblichkeit, dann wird erfüllt werden das Wort, das geschrieben steht: „Der Tod ist verschlungen vom Sieg. Tod, wo ist dein Sieg? Tod, wo ist dein Stachel?"
>
> 1. Korinther 15, 52-55 (Luther 2017)

Die Auferstehung spielte für Johnny Cash auch schon früher eine Rolle, aber in einem ganz anderen Stil. In einer entschieden freudigen und schwungvollen Version gehört zu seinem Repertoire auch „(I'll Have A New Body) I'll Have a New Life" (L. G. Presley)[8]. In der Johnny Cash TV Show singt er es mit June und Tennessee Ernie Ford. Der erzählt, dass er die Fernsehleute für seine eigene Show erst davon überzeugen musste, dass Gospelsongs nicht dazu da sei, das Publikum stimmungsmäßig runterzubringen. Die Tendenz sei „up" und Johnny Cash ergänzt: „It's happy music."[9] Wie genau sich das mit unserem neuen Körper nach der Auferstehung verhält, bleibt spekulativ. Aber ein übersinnliches körperloses Dasein nach dem Tod dürfte für Johnny Cash, der mit „Flesh and Blood" (John R. Cash) 1970 einen Nr. 1-Hit hatte, keine attraktive Alternative gewesen sein:

„Der christliche Himmel ist anders als der platonische Himmel kein Hafen für unsterbliche Seelen, die dem irdischen Gefängnis entfliehen. Stattdessen ist es der neue Himmel und die neue

Erde – unser altes Universum in neuer und anderer Gestalt. Und da Johnny Cash wohl ein ziemlich bodenständiger Kerl war, wette ich, daß er lieber einen neuen Himmel und eine neue Erde wollte als eine geheimnisvoll transzendente Realität."[10]

Auf American V findet sich dann auch der wohl letzte von Johnny Cash geschriebene Song: In „Like the 309" (John R. Cash) kombiniert er die gern genommenen Themen „Eisenbahn" und „Tod" mit dem Wunsch, in einer Kiste auf dem Zug 309 die letzte Fahrt anzutreten. Der Ausgangspunkt im Song ist, dass der Sänger keine Luft mehr bekommt. Leider wurde das Lied nicht unter dem Arbeitstitel „Asthma Coming Down Like the 309"[11] veröffentlicht. Die posthumen Rick-Rubin-Alben überstrapazieren für meinen Geschmack drei und sieben Jahre nach Johnny Cashs Tod das Thema „Alter kranker Mann setzt sich mit ersterbender Stimme vor dem Mikrofon mit dem Tod auseinander". Aber das Konzept funktioniert: American V ist das einzige der American-Recordings-Alben, das es an die Spitze der Pop- und Country-Charts schafft.

Die beiden Alben setzen auf den Solokünstler und reflektieren damit nicht, dass Johnny Cash kurz vor seinem Tod intensiv an Duetten und Tributalben arbeitete, vorrangig mit seiner Familie. „September When It Comes" (R. Cash/J. Leventhal), das Duett mit seiner Tochter Rosanne für ihr Album „Rules of Travel", wurde noch zu seinen Lebzeiten veröffentlicht. Der Song befasst sich zwar auch mit dem Sterben des Vaters, aber nicht mit dem Holzhammer, sondern als entspannte Vater-Tochter-Geschichte. Mit June Carter Cash arbeitete er an ihrem Album „Wildwood Flowers". Und seine letzte Studioaufnahme ist wohl ein Beitrag zu dem Carter-Family-Tribute-Album „The Unbroken Circle" seines Sohns. Wenig erstaunlich, dass es in „Engine One Four Three" (A. P. Carter) um einen Lokomotivführer geht, dessen letzten Worte lauten „Nearer my God to Thee".

So viele posthume Geschichten über Johnny Cashs Ende. Ich möchte noch einmal zurückgehen in sein letztes Lebensjahr, zu den letzten Konzerten des Live-Künstlers, eine Inszenierung, die er selbst in der Hand hat. Im kleinen intimen Rahmen der „Carter Family Fold" gibt Johnny Cash noch einige kurze Konzerte. Vor „Daddy Sang Bass" (C. Perkins) als Finale singen am 28. September 2002 bei ihrem letzten gemeinsamen Konzert June und Johnny Cash „Far Side Banks of Jordan" (T. Smith). Die Geschichte eines alten Liebespaares, beide sind nicht lebensmüde, aber lebenssatt. In der Welt hält sie nichts mehr, ihr einziges Bedauern ist es, den Geliebten oder die Geliebte zurücklassen zu müssen.

Aber das Versprechen steht: Wer auch immer zuerst geht, wird am anderen Ende des Jordanufers warten, Bilder in den Sand malen, und, wenn es so weit ist, aufspringen und dem anderen im flachen Wasser die Hand reichen.

Ein Lied, das erst zu ihrem wurde. Von dem Lehrer und Teilzeit-Songwriter Terry Smith geschrieben, ist es zunächst eher Nashville-Standardware über die in Amerika sehr beliebte Vorstellung des Jordan als Jenseitsgrenze.

Zunächst nimmt Johnny Cash das Lied solo auf, dann eignen es sich June und Johnny für das Album „The Last Gunfighter Ballad" (1977) als Duett an. In der Veröffentlichung 1977 ist es ein gutes, nicht spektakuläres Lied, das nicht einmal die B-Seite der Single wird. Aber die magischen Momente sind bereits darin angelegt. Allem voran die Frage, wer zuerst geht – darin ist noch ein Hauch des Wettbewerbs zu spüren, der die Duette der beiden immer kennzeichnet. June tippt auf sich und hat damit am Ende recht.

Das Lied wächst über viele folgende Versionen live und im Studio. In ihrem Oster-TV-Special „Return to the Promised Land"

(1992) singen die zwei es am Ufer des Jordan. Ich komme als Deutscher nicht ganz daran vorbei, etwas zu lächeln, weil „über den Jordan gehen" im Deutschen komplett entwertet ist. Und so inspirierend sieht der Jordan auch nicht aus. Aber die beiden machen klar, wie viel ihnen „Crossing the Jordan" bedeutet. Johnny Cash, der sich auch im Jordan taufen ließ, singt vorher noch für seine Mutter ihr Lieblingslied „I Won't Have to Cross Jordan Alone" (T. Ramsey). Und June Carter Cash macht in der Anmoderation klar, was das Lied für beide bedeutet: die perfekte Symbiose aus Liebeslied und Spiritual.

Die letzte Studioversion erscheint 1999 auf Junes Soloalbum „Press On" als Duett, das Lied hat sich bereits markant verändert, reduziert auf die beiden Stimmen und einigen Gitarrenzauber.[12] Im September 2002 bei ihrem letzten gemeinsamen Auftritt kommen sich Kunst und Leben so nah wie möglich, und das ist herzzerreißend. Mit minimaler musikalischer Begleitung, mit einem Johnny Cash, der sich am Anfang erkennbar voller Schmerzen zu einer bestmöglichen Performance zwingt. Er lehnt die eher als Stütze gedachte Hand von June zuerst ab, um sie dann an der Stelle im Song anzunehmen, zu der sie gehört. Das sind nicht nur zwei alte Leute, die ihre Liebe bekennen, sondern auch zwei Künstler, die ihre Liebe zusammen inszenieren. Ein finales Zeugnis einer der größten Künstlerlieben der Welt.

Und es ist ein anderer Tonfall als auf den posthumen Rick-Rubin-Alben. Das Ende wird sehr anschaulich und ziemlich locker präsentiert und es geht um Zuversicht, um Freude. In dieser Performance ist zu erahnen, was sein Sohn später über den sterbenden Johnny Cash schreibt: „Noch am selben Abend, während ich mit meinen Schwestern Rosanne und Kathy an seinem Bett saß, verließ er diese Welt. Ich glaube, das stärkste Gefühl, das ihn erfüllte, als er von uns ging, war die unbändige Freude darauf, das Gesicht meiner Mutter wiederzusehen."[13]

Sein letztes Konzert gibt er in der „Carter Family Fold" am 5. Juli 2003, zwei Monate vor seinem Tod. Er spielt sieben Lieder. Keins davon hat er zu Lebzeiten mit Rick Rubin veröffentlicht. Zuerst die größten Hits, „Folsom Prison Blues" und „I Walk the Line", der Johnny Cash konstituierende Doppelschlag – das bereute Böse und das gefährdete Gute. Dann kommt „Sunday Mornin' Comin' Down", vielleicht als Statement über Einsamkeit, Sucht und Rausch – oder einfach nur, weil der Bühnenkünstler Johnny Cash mit dem folgenden „Ring of Fire" vier der fünf im Lauf seiner Karriere meistgewünschten Lieder[14] gespielt hat, er verzichtet nur auf den Uptempo-Song „Orange Blossom Special".

Es folgen noch drei Lieder. Zuerst das traditionelle „Oh Come, Angel Band" (Trad.)[15], ein Song über den Moment, in dem die Prüfungen vorbei sind und der Sänger die Engel ruft, um sich auf schneeweißen Flügeln in die ewige Heimat aufzumachen. Die Wurzeln des Liedes verlieren sich im 19. Jahrhundert. Es ist das Lied, das die Familie sang, als June Carter Cash starb.

Aber die tröstliche Nähe von Engeln in Johnny Cashs Leben geht viel weiter zurück, bis zu dem Tag, an dem sein Bruder Jack starb: „Aber plötzlich wurde er ruhig und klar. Er schaute sich um und sagte: ‚Ich bin froh, daß ihr alle da seid.' Er schloß seine Augen: ‚Es ist ein schöner Fluß', sagte er. ‚Er fließt in beide Richtungen ... Nein, da gehe ich nicht entlang ... Ja, *das* ist die Richtung, in die ich will ... Aaaah, Mama, kannst du es nicht sehen?' ‚Nein, mein Junge, ich kann es nicht sehen', sagte sie. ‚Aber kannst du die Engel hören?' ‚Nein, mein Junge, ich kann keine Engel hören.' Seine Augen füllten sich mit Tränen. ‚Ich wünschte, du könntest es', sagte er. ‚Sie sind so schön ... Es ist so wundervoll, und wie schön es dort ist.' Dann bewegte er sich nicht mehr."[16]

Johnnys Sohn fragt seinen Vater später, ob er an Engel glaube. Ja, einmal habe er ziemlich sicher einen Engel getroffen, nach Jacks Unfall, vor dessen Tod:

„"Wer war bei dir, Daddy?'

,Es war ein Mann mit einem grauen Anzug', sagte Dad.

,War es ein Engel, Daddy? Hatte er Flügel?'

Dad lächelte: ,Nein, mein Sohn. Keine Flügel. Aber ich wusste, dass er ein Engel war.' Dad blätterte wie beiläufig in der Bibel, die stets auf dem Tisch lag. Ich fragte ihn, ob er auch mich nähme anstelle meines Bruders Jack. Aber er verneinte das und meinte, meine Zeit sei noch nicht gekommen."[17]

Der letzte Gospel, den Johnny Cash live singt, führt an das Ende eines Weges, der begann, als sein Bruder starb. Der Bruder, der sein stetiger Begleiter blieb; der Bruder, der vor dem Einschlafen die Bibel las, während er Radio hörte. Johnny Cash konnte Jacks Berufung zum Prediger nicht übernehmen, aber wenn er Gospel singt, dann schwingt immer der Wunsch mit, auf seine Art dem Erbe des Bruders treu zu bleiben. Aber der Auftritt ist noch nicht zu Ende. Es folgt „Big River", mit „Folsom Prison Blues" und „I Walk the Line" für mich einer der drei großen von Johnny Cash selbst geschriebenen Songs. Und von den drei Songs lässt „Big River" sich, wenn man es darauf anlegt, am meisten mit Abschied und Tod verbinden, die ergebnislose Jagd den Fluss entlang bis zur Mündung mit der letzten Zeile „And I'm gonna sit right here until I die".

Die Auswahl des letzten Songs aber setzt jeder gediegenen Interpretation einen unüberwindbaren Widerstand entgegen: „Understand Your Man" (John R. Cash). Die Melodie hat bereits eine lange Aneignungsgeschichte aus den Tiefen der Appalachen hinter sich, als Bob Dylan sie für sein Abschiedslied „Don't Think Twice" (B. Dylan) vereinnahmt. Johnny Cash schreibt daraufhin seine eigene Version, die es 1963 bis auf Platz 1 der Country-Charts schafft. 1969 singen beide bei ihrer Session mit viel Spaß ihre Versionen gegeneinander. Geschrieben hat Johnny Cash „Understand Your Man" als Abschiedslied auf dem Höhepunkt der Auseinandersetzungen mit Vivian und kurz vor der Trennung. Nein, sie braucht ihm nicht hinterherzurufen, der Sänger wird gehen, ohne auch nur den Kopf zu wenden. Die Bitten, ihn mit dem altbekannten Gejammer und Geheule zu verschonen und keine Verwandten zu schicken, die auf ihn einreden, das ist so wenig gentlemanlike wie die Aufforderung, im Bett zu bleiben und den Mund zu halten. Ein Fall von drogengetriebener Badass-Aggression.

Johnny Cash wird es zumindest für möglich gehalten haben, dass das hier sein letztes Lied auf seinem letzten Konzert ist, also: Was will uns der Künstler damit sagen? Oder: Will er uns überhaupt etwas damit sagen? In Sachen Vivian jetzt noch nachzutreten, ergibt überhaupt keinen Sinn. Etwa zur Zeit des Konzerts haben sich die beiden getroffen und Johnny Cash hat ihrem Buch seinen Segen gegeben.[18]

Einen kleinen Hinweis, was der Song ihm jetzt bedeutet, gibt es: Er hat ihn in den Rick-Rubin-Sessions noch einmal aufgenommen, veröffentlicht wurde die Version kurz nach seinem Tod in der Sammlung „Unearthed". In den Liner Notes erzählt er: „Nein, das habe ich nicht für June gesungen, aber ich habe es für all die anderen Frauen gesungen – hahaha! Das ist ein Lied, das mich zurückbringt in die wilden alten Zeiten."[19]

Vielleicht ist das die Botschaft: Ich bleibe unberechenbar und verabschiede mich mit einem Song aus den wilden alten Zeiten. „That's a ‚kiss my butt good-bye, I'm leavin" song (laughs). That's exactly what it says."

Eine andere Perspektive: In Country und Folk wird sich gerne von der „mean old world" verabschiedet. Ein guter Teil des Songs lässt sich auch so lesen, dass der Sänger der Welt den Rücken zukehrt, indem er nichts mitnimmt, was seine Reise verlangsamt, seinen Geist entwirrt und nur noch Luft atmet, die noch nie geatmet wurde. Vielleicht dient „Understand Your Man" jetzt, wo alle Menschen, denen der Song mal galt, verblassen, als etwas rüderer Abschiedsgruß an die Welt.

Aber vielleicht ist es auch viel einfacher und schöner. So kündigt Johnny Cash den Song an: „Hier ist ein Lied, das ich seit fünfundzwanzig Jahren nicht mehr live auf der Bühne gespielt habe. Und ich habe eine Menge Anfragen dazu bekommen."[20]

Gerade im Kontrast zu all den von anderen inszenierten Abschieden mag ich diese Möglichkeit: Der Live-Künstler Johnny Cash beendet sein letztes Konzert mit einem sehr lange nicht mehr gespielten Song, einfach weil ihn jemand hören will.

DANKSAGUNG

Die Inspiration durch so viele Menschen aus der Christlichen Medieninitiative pro und der Stiftung Christlicher Medien hat mich auf dem Weg zu diesem Buch begleitet. Ohne Karoline Kuhn wäre ich nicht ans Ziel gekommen.

Ich danke Sarah Koller und dem ganzen Team des adeo Verlages für die überwältigende Aufnahme des Sachbuch-Neulings und ihr Können, aus einem Manuskript ein Buch zu machen.

Dank an Professor Norbert Finzsch und Elias Huff für die kritische Lektüre, Warner Chappell Music, Sony/Columbia, Universal Music, Bear Family Records und an meinen Bruder für die Unterstützung.

Dank der Rückkehr des Vinyls begleitete mich beim Schreiben Johnny Cashs Stimme nur über den Plattenspieler.

Danke, dass ich in der Predigergemeinde Erfurt den christlichen Glauben leben kann, statt nur über ihn zu schreiben.

Mehr noch als für Nachsicht und Anfeuerung danke ich meiner Frau Susanne, meiner Tochter Friederike und meinem Sohn Elias dafür, dass ich Teil dieser Familie sein darf.

ANMERKUNGEN

VORWORT

1 Johnny Cash mit Patrick Carr: „Cash. Die Autobiographie." Palmyra: Heidelberg, 1999. S. 16. (=Cash)

2 „Rolling Stone: Cash". Crown: New York, 2004. S. 155. Übersetzung des Autors von allen nur auf Englisch veröffentlichten Zitaten.

3 John Carter Cash: „Mein Vater Johnny Cash. Die Biografie mit unveröffentlichten Fotografien, Gedichten & Songtexten." Knesebeck: München, 2011, S. 10. Auf Englisch ist das Buch auch ohne die aufwendigen Reproduktionen als Taschenbuch erhältlich: John Carter Cash: „House of Cash. The Legacies of My Father, Johnny Cash." Cash Productions: 2011.

4 Ich bemühe mich, Zitate so gut zu belegen wie möglich. Das ist nicht immer nach wissenschaftlichen Standards möglich. Rock- und Country-Autoren zitieren selbst bisweilen lässig oder greifen wie z.B. Robert Hilburn und Steve Turner nicht immer ganz transparent auf eigene Gespräche zurück. Bisweilen wäre die Rückverfolgung der originären Quelle auch so aufwendig, dass ich die Sekundärquelle zitiere.

5 Zuerst bekam er von der „Christian International School of Theology" einen „associate degree of theology", dann ließ er sich als Pfarrer ordinieren. S. Steve Turner: „The Man Called Cash. The Life, Love, and Faith of an American Legend." W Publishing Group: Nashville, 2004. S. 160.

6 Greg Laurie: „Johnny Cash: The Redemption of an American Icon." Salem: Washington, 2019. S. 209.

7 Johnny Cash: „Man in Black". Zondervan: Grand Rapids, 1975. S. 17.

8 Einen eigenen umfassenden Blick auf Johnny Cash wirft Franz Dobler in: „The Beast in Me. Johnny Cash ... und die seltsame und schöne Welt der Countrymusik". Heyne: München, 2004. Wenn Franz Dobler in seiner Einleitung schreibt: „Jetzt am Ende der Arbeit scheint es mir, als hätte ich seine religiösen Platten mehr beachten sollen und weniger seine Drogenjahre" (S. 14), erntet er von mir ein heftiges Nicken. Aber diesem schwungvoll geschriebenen und engagierten Buch verdanke ich bis auf den christlichen Bereich viel. Die umfassende, über 800 Seiten lange Biografie von Robert Hilburn: „Johnny Cash. Die Biografie." Berlin: München/Berlin, 2016 marginalisiert seinen christlichen Glauben weitgehend, im Unterschied zu Steve Turners autorisierter Biografie. Leider ist zurzeit nur noch Robert Hilburns Buch auf Deutsch erhält-

lich. Nur auf Englisch liegen die beiden Bücher amerikanischer Autoren zum Thema vor. Den Erkenntnisgewinn von Greg Lauries Buch über Steve Turner hinaus finde ich überschaubar. Interessanter und zupackender ist Richard Becks „Trains, Jesus, and Murder. The Gospel According to Johnny Cash". Fortress: Minneapolis, 2019. Von seinen Erfahrungen als Gefängnispastor ausgehend versucht er gerade in den raueren weltlichen Songs Johnny Cashs dessen christlichen Glauben zu greifen. Demgegenüber versuche ich etwas Einfacheres: seinen christlichen Glauben im Schwerpunkt in seinen Gospelsongs und christlichen Projekten zu finden. Angehörige sind nicht unbedingt die besten Biografen von Künstlern, aber John Carter Cash hat mit ihm auch eng zusammengearbeitet und ich finde alles, was er schreibt, sehr wertvoll, vor allem „Mein Vater Johnny Cash".

9   Ein Privatmitschnitt des Konzertes und der Beitrag aus der Aktuellen Stunde/WDR unter dem Titel „Johnny Cash in Hamburg 2" auf You-Tube.

10 „Ich habe kein Problem mehr. Ich habe es Gott anvertraut und das klappt sehr gut. Ich fühle mich gut."

11 John Huss, David Werther: „Die Philosophie bei Johnny Cash". Wiley: Weinheim, 2009. S. 13.

12 Unter diesem Titel veröffentlichte Columbia 1966 eine Kurzfassung der „Ballads of the True West". Etwas widerspricht das meiner Annahme, dass Johnny Cash sorgfältig darauf achtete, nicht gegen den christlichen Glauben aufgebaut zu werden, aber möglicherweise war 1966 auf dem Höhepunkt seines Drogenabsturzes die Kontrolle nicht sehr ausgeprägt.

13 Der Musiker Rick Scott in einem Interview mit Greg Laurie. „The Redemption of an American Icon", S. 208.

14 Time, 22.9.2003. Interview Lev Grossmann mit Johnny Cash vom 25. Juli 2003. Auch erwähnt in „The Beast in Me", S. 316.

15 Auch wenn sich während des Schreibens immer mehr Bücher und Platten ansammelten – ich habe weder alles gehört noch gelesen, Fehleinschätzungen sind jederzeit möglich, ich hoffe, nicht in den großen Linien.

16 Rolling Stone: Cash, S. 139.

17 Rolling Stone: Cash, S. 280. „Sissies" heißen die „Weicheier" auf Englisch.

18 Rolling Stone: Cash, S. 206.

19 Kris Kristofferson erzählt das in der Anmoderation zu Johnny Cash und June Carter, die zum Bob Dylan Tribute-Konzert 1992 im Madison Square Garden „It Ain't Me, Babe" (B. Dylan) beitragen, erwähnt auch in „The Man Called Cash", Seite IX.

20 Rolling Stone: Cash, S. 205.

21 Interview mit Peter McCabe und Jack Killion 1973. In: Michael Streissguth: „Ring of Fire: The Johnny Cash Reader." Da Capo: Cambridge,
2002. S. 131.

22 Man in Black, S. 39.

23 „Cash Unearthed. Writings and Interviews by Silvie Simmons." Veröffentlicht als Textbuch auf der „Unearthed"-CD Box, American Recordings: 2003. S. 86.

KAPITEL 1: ERLÖSUNG

1 Mit der Formulierung Friedrich Schleiermachers aus „Über die Religion".

2 Das auch auf Plakaten weit verbreitete Zitat geht zurück auf die Zeitschrift „Life" von 1972, die in der Titelgeschichte „The Great Jesus Rallye in Dallas" auch Bühnenansprachen von Johnny Cash enthält.

3 Man in Black, S. 213.

4 Man in Black, S. 91.

5 Blaise Pascal: „Gedanken". Anaconda: Köln, 2011. S. 40 (Aphoris-
mus 16).

6 June Carter Cash, in: John Carter Cash: „Anchored in Love. An Inti-
mate Portrait of June Carter Cash". Nelson: Nashville, 2007, S. 24.

7 Ring of Fire, S. 196.

8 Thorsten Dietz: „Menschen mit Mission. Eine Landkarte der evangelikalen Welt." SCM: Holzgerlingen, 2022, S. 15. Thorsten Dietz greift die
vier vom britischen Historiker David Bebbington beschriebenen As-
pekte „Bekehrung/Conversionism, Aktivismus/Activism, Biblizismus/
Biblicism, Kreuzeszentrierung/Crucicentrism" auf. (S. 15 ff.) Jürgen
Mette legt den Fokus noch stärker auf die Bekehrung: „Das signifikan-
teste Kennzeichen der Evangelikalen ist die Betonung der Notwendigkeit einer freiwilligen Glaubensentscheidung, durch die das Geschenk
der Gnade bewusst angenommen wird." Jürgen Mette: „Die Evangelikalen. Weder einzig noch artig. Eine biografisch-theologische Innenan-
sicht." Gerth: Asslar, 2019, S. 37.

9 Vor allem die Bücher von Thorsten Dietz und Jürgen Mette dienen mir
als Orientierung, was Evangelikalismus bedeutet.

10 „Der Protestantismus wurde in Deutschland geboren, aber der über-
zeugende, bekennende und missionarisch-diakonische ,Drive' ist seit
den Sechzigerjahren des vergangenen Jahrhunderts als ,US-Import' in
die beiden Mutterländer der Reformation getragen worden. In evange-
listischer Hinsicht vertreten durch Billy Graham und in theologischer
Hinsicht durch John Stott, England." („Die Evangelikalen", S. 8 f.) „Ohne
die weltweiten Evangelisationen und die damit verbundene Bekannt-

heit und ohne die Netzwerktätigkeit von Billy Graham gäbe es das heutige Netzwerk und die Marke ‚evangelikal‘ wohl nicht." („Menschen mit Mission", S. 72 f.).

11 Dazu Menschen mit Mission, S. 91 f.
12 Man in Black, S. 32 f.
13 Johnny Cash: „Man in White. A Novel About the Apostle Paul." Nelson: Nashville, 1986. Vorwort, S. XIII.
14 Johnny Cash. Die Biografie, S. 575.

KAPITEL 2: BAUMWOLLFELDER

1 Cash, S. 25. Die Erfahrung aus der Kindheit beeinflusst vermutlich auch seine spätere politische Positionierung, charakteristisch für die Evangelikalen der Zeit ist eher die Ablehnung des „New Deal": „Die meisten Evangelikalen standen dem *New Deal* von Roosevelt mit seiner Intensivierung staatlicher Steuerung in die Wirtschaft skeptisch bis ablehnend gegenüber." („Menschen mit Mission", S. 33).
2 Man in Black, S. 30. Hier variieren die Angaben sehr, wenn Johnny Cash das Wassertragen auf 4 Jahre datiert, erscheint mir das sehr früh, aber es muss ja auch keinen Übergang von Kindheit zu Vollzeit gegeben haben.
3 Cash, S. 71 f.
4 In seiner Sammlung „Classic Cash" für Mercury ist es der letzte Song, auf der Columbia/Sony-Kompilation „Life" ist es der erste Song.
5 Für den hohen Wert mütterlicher Liebe spricht auch ein seltsamer Fremdkörper auf: Johnny Cash „The Holy Land"/Columbia Records. In Track 3: „(Narrative) A Mother's Love" erzählt er eine eher schauerromantische Legende über mütterliche Liebe, die selbst die Ermordung der Mutter durch den Sohn übersteht.
6 Dass Paulus' Hohelied der Liebe in theologischer Perspektive nicht wirklich eine Anleitung für die gelingende Ehe ist, hindert Johnny Cash nicht daran, es bei der Heirat seines Sohns zu lesen, s. „Anchored in Love", S. 151.
7 Man in Black, S. 31.
8 Man in Black, S. 38 f. und Johnny Cash. Die Biografie, S. 29. Nach Johnny Cash selbst findet der Altar Call vor Jacks Tod und auch in seiner Anwesenheit statt; nach Robert Hilburn, der aus einem Gespräch von Johnny Cash mit einem Freund zitiert, danach als Reaktion auf den Tod. Und natürlich gibt es mehr Quellen und Versionen. Unter Vorbehalt würde ich hier dann doch eher Johnny Cash selbst folgen. Und auch bei ihm ist der Altar Call eng an die Erinnerung an Jack gebunden.
9 Man in Black, S. 33.
10 Cash, S. 22 ff.

11 So in dem Interview WDR/Aktuelle Stunde, „Johnny Cash in Hambur".

12 Cash, S. 77.

KAPITEL 3: TEENIESTAR

1   In seinem Song „I Will Rock and Roll With You" (John R. Cash) spielt er mit „Rock and Roll" als Musik, Tanz, Sex: Er hätte nie viel Rock and Roll gespielt, dafür hätte er zu viel Country in seiner Seele, aber wenn seine Partnerin ihn auffordert, würde er, wenn es sein muss, mit ihr rocken und rollen.

2   Cash, S. 117.

3   S. Paul Metzger: Der Teufel. Marix: Wiesbaden, 2012. Metzger verfolgt die Assoziierung des Teufels mit Musik entlang von Bibelstellen wie Jesaja 14, 11-12 und Hesekiel 28, 12-15, zeitgenössisch führt er für diese Tendenz u.a. den Prediger Derek Prince: „Der Satan war für Prince ein Erzengel, der im Himmel die Aufgabe hatte, für die Anbetung Gottes zu sorgen: Er war ein Musikexperte und benutzt auch heute noch Musik, um Menschen zu fesseln und zu faszinieren." (S. 104)

4   Zuerst schlägt er Jerry Lee Lewis vor, Gospel einzustreuen, und rückblickend resümiert er: „Ich glaube, für Jerry Lee ist diese Sache immer noch ein ganz heißes Thema. Vielleicht hat er ja auch recht." (Cash, S. 117)

5   Nach The Man Called Cash, S. 242.

6   Das ist wesentlich das Vorgehen von Richard Beck. Er folgt dabei einem Motto William Stringfellows: „The first place to look for Christ is in Hell." („Trains, Jesus, and Murder", S. 29)

7   Vgl. The Beast in Me, S. 114 f.

8   Cash. In der englischsprachigen Version: Johnny Cash: „Cash. The Autobiography." HarperCollins: New York, 1997, S. 76.

9   1956 zielt Ralph Gleason in dem Artikel „It Looks As If Elvis Has a Rival – From Arkansas" auch auf die Authentizität des Songschreibers ab. Ring of Fire, S. 46 f.

10 Ausführlich geschildert in Johnny Cash. Die Biografie, S. 88 f.

11 Johnny Cash. Die Biografie, S. 99. Ich würde übrigens nicht darauf wetten, dass Luther den Spruch „Er spielt viele Töne, weil er noch sucht, ich habe sie gefunden" erfunden hat, das scheint mir ein Standard-Rockspruch des 20. Jahrhunderts.

12 Rolling Stone: Cash, S. 205.

13 June Carter, Liner Notes zu „Love". 2000 veröffentlicht Columbia die 3-CD Anthologie „Love, God, Murder", jede CD auch einzeln erhältlich und mit ausführlichen Liner Notes. 2004 folgt „Life". Ich verweise jeweils auf den einzelnen CD-Titel.

14 Sehr ausführlich zitiert Franz Dobler in „The Beast in Me" Dolly Parton, aber leider ohne Quellenangabe (S. 222). Etwas Sinnverwandtes erzählt Dolly Parton aber auch 1997 in der TV-Sendung „Johnny Cash – On the Record" (YouTube). Der O-Ton von Dolly Parton wird in das Interview mit Johnny Cash eingespielt, er soll das kommentieren und beschränkt sich darauf zu sagen, dass er das schätzt und nett von ihr findet.

15 Zit. nach The Beast in Me, S. 96 f.

16 Johnny Cash übernimmt sehr viel vom „Crescent City Blues" von Gordon Jenkins. Es ist unklar, ob eher Johnny Cash oder Sam Phillips die Anlehnung bei den Credits ignoriert. Jenkins wird später an den Tantiemen beteiligt. Näheres z.B. in „Johnny Cash. Die Biografie", S. 70 f. Alles in allem ein gutes Beispiel für den wie üblich in der Zuschreibung unsicheren Spruch „Talent ahmt nach, Genie klaut". Auch mit sehr viel Diebesgut ist „Folsom Prison Blues" etwas Eigenes und deutlich Besseres. Und vermutlich trägt die Art und Weise, wie Johnny Cash einen Song über die Großstadtsehnsucht eines Provinzmädchens mit wenigen Änderungen in einen Gefängnissong umbricht, zur Dynamik des Songs bei.

17 Liner Notes zu „Murder".

18 Liner Notes zu „Murder".

19 Rolling Stone: Cash, S. 24.

20 Johnny Cash. Die Biografie, S. 137.

21 „A Thousand Times A Day" (G. Burr/G. Nicholson) von Patti Loveless als eins von sehr vielen Beispielen.

22 Die Bibelstelle aus Prediger zitiert Johnny Cash in einem ermahnenden Brief an seinen Sohn, „Mein Vater Johnny Cash", S. 129.

23 Auch hier beweist Sam Phillips guten Instinkt, Johnny Cash plante das als langsame Ballade, Sam Phillips überrumpelt ihn mit der Veröffentlichung der schnelleren Version. Vgl. „Johnny Cash. Die Biografie", S. 139 f.

24 Das lässt sich recht gut im Finale der All Star Tribute Show to Johnny Cash am 6. April 1999 im Hammerstein Ballroom in New York beobachten.

25 Nach Johnny Cash. Die Biografie, S. 139.

26 Rolling Stone: Cash, S. 68. Auch in: Ring of Fire, S. 206.

KAPITEL 4: WURZELN

1 Das Bild für den Fortschritt in Wissenschaft und Kultur scheint bis ins 12. Jahrhundert zu Bernhard von Chartres zurückzuverfolgen zu sein.

2 Mit der Sonderrolle des westlich-modernen Menschen beschäftigt sich Joseph Henrich: „Die seltsamsten Menschen der Welt". Suhrkamp: Berlin, 2022. „Wer sind Sie? Vielleicht sind Sie sonderbar, aufgewachsen in einer Welt, die westlich, gebildet, industrialisiert, reich und demokratisch

ist, dann sind Sie wahrscheinlich psychologisch ziemlich merkwürdig. Im Gegensatz zum Großteil der heutigen Welt wie auch zu den meisten Menschen, die je gelebt haben, sind wir Sonderbaren höchst individualistisch, selbstverliebt, kontrollorientiert, nonkonformistisch und analytisch eingestellt. Wir konzentrieren uns mehr auf uns selbst – auf unsere Eigenschaften, Leistungen und Bestrebungen – als auf unsere Beziehungen und sozialen Rollen" (S. 41). Das Akronym „w.e.i.r.d." – western, educated, industrialized, rich, democratic – ist auf Deutsch nicht nachzubilden. Die Kultur, in der Johnny Cash aufwuchs und der er sich verbunden fühlt, ist natürlich ein Teil westlicher Moderne, aber einer, in der diese Sonderbarkeit eher schwach ausgeprägt ist.

3   The Beast in Me, S. 59.

4   Cash, S. 70.

5   So der politische Korrespondent Julian Hawthorne 1900 in einer der frühesten Charakterisierungen des Hillbillies. Zit. n. Anthony Harkins: „Hillbilly: A Cultural History of an American Icon". Oxford University: New York, 2005, S. 49. Ausführlich mit dem Begriff setzt sich Bill Malone auseinander: „Country musicians and fans have always reacted ambivalently to the term, sometimes resenting it as a presumed denigration of their music and the way of life it supposedly represents, but often proclaiming it proudly as an accurate description of their musical und cultural tastes. Many country entertainers in modern times, such as Waylon Jennings, Steve Earle, and Dwight Yoakam, privately described themselves as hillbillies but responded bitterly if someone else called them that." Bill C. Malone, Tracey E. W. Laird: „Country Music USA." University of Texas Press: Austin, 2018, S. 48.

6   Über die kulturelle „Entbettung" des Christentums schreibt Thorsten Dietz in „Menschen mit Mission", S. 273, mit Verweis auf Charles Taylor.

7   Zu Lebzeiten gibt es als sehr vergessene Single allerdings „Praise the Lord and Pass That Soup (A. Hammond)", posthum „Help Me" (L. Gatlin) und „God's Gonna Cut You Down (trad.).

8   Cash, S. 24. Wenn Johnny Cash hier vom Umzug nach Dyess spricht, dann läge das (1935) vor dem Punkt, an dem er vierjährig seine Mutter singen hört. In der erzählerischen Logik aber würde ich das Hören vor das Singen legen – auf jeden Fall sind „Black" und „White" Gospel gleichberechtigte Wurzeln.

9   Die Unterscheidung „Black Gospel" und „White Gospel" benutzt er z.B. im Interview mit der Academy of Achievement von 1993. Das Interview befindet sich im Bewegtbild und als Text auf www.achievement.org (zuletzt aufgerufen am 14.06.2023), es findet sich auch auf YouTube.

10 2003 als Teil des Box-Sets „Unearthed" (American Recordings) veröffentlicht, 2004 eigenständig, enthält das Album vor allem Aufnahmen, die als Beifang der frühen Rick-Rubion-Sessions 1993 bis 1994 entstan-

den. Auch wenn die Solodarbietungen beeindruckend sind, finde ich „The Soul of Truth" facettenreicher und stärker.

11 Eine sehr detaillierte Darstellung finde ich unter www.bluegrassmessengers.com/bound-for-the-promised-land--spiritual-tubman.aspx (zuletzt aufgerufen am 14.06.2023).

12 Sarah Bradford: „Harriet Tubman – The Moses of Her People (Reprint: Applewood Books: Bedford) erschien 1886 noch zu Lebzeiten Tubmans und beschreibt „I Am Bound For The Promised Land" als Goodbye-Song Tubmans, der Film „Harriet – der Weg in die Freiheit" (2019) übernimmt das.

13 „Johnny Cash: The Last Interview and Other Conversations." Melville: Brooklyn/London, 2020. S. 85.

14 „Through the spirituals, slaves made the Christian religion their own." Samuel A. Floyd jr.: „The Power of Black Music. Interpreting Its History from Africa to the United States." Oxford: New York/Oxford, 1995, S. 40. Im Kapitel „Transformations" beschreibt Samual A. Floyd jr. den Prozess: „In the early days of the African's transformation into African Americans, the spiritual was the most widespread, or at least the most widely known, of all African-American genres. It was created by American slaves as they participated in the process that Christianized them and as they performed their ring rituals, striving to retain their African cultural memory." S. 39.

15 Billy Graham: „Hear My Heart. What I Would Say to You". Authentic: Bletchley, 2014. S. 142.

16 Martin Luther: Von der Freiheit eines Christenmenschen. In: ders., Schriften: Reclam, Stuttgart, 1962. S. 117.

17 Country Music USA, S. 78.

18 S. Jimmie Rodgers - Waiting for a Train/Daddy and Home/BlueYodel (https://www.youtube.com/watch?v=iyHulWOZBpk; zuletzt aufgerufen am 14.06.2023).

19 Cash, S. 13.

20 The Last Interview, S. 109.

21 Cash, S. 71.

22 Er erwähnt ihn darüber hinaus nur sehr schmallippig anlässlich der Treffen mit Hank Williams' Witwe Billie Jean nach dessen Tod (Cash, S. 133). Auf dem Album „Johnny Cash Sings Hank Williams" sind nur die ersten vier Stücke Hank-Williams-Songs, und keine wird zur Single. Und die Hank-Williams-Erinnerungssongs, die er auch mit den Highwaymen singt, stammen nicht aus seiner Feder, „The Night Hank Williams Came to Town" (C. Williams, B. Braddock) oder „Are You Sure Hank Done It This Way" (W. Jennings).

23 Dass er beim Gesangsunterricht überhaupt Hank Williams gesungen hat, dafür wird es chronologisch sehr eng. Er machte schon Musik, als

Johnny Cash Gesangsunterricht bekam, aber kaum welche, die Johnny Cash gehört haben könnte. Und das erst 1950 veröffentlichte „Long Gone Lonesome Blues" (H. Williams) kann es erst recht nicht sein. In dem Academy of Achievement Interview 1993 stolpert er selbst über die Datierung. Er erzählt die Geschichte hier leicht anders: Einen aktuellen Country-Hit habe er ganz anders gesungen als im Radio, die Lehrerin nennt ihn daraufhin einen „Song Stylist" und fordert ihn auf, es auf seine Weise zu tun. Er legt sich hier fest, er ist 12 Jahre alt, nennt zuerst Hank Williams, stellt dann fest, dass es dafür zu früh ist und fährt nach einem „Whatever the song is" mit der Geschichte fort. (www. achievement.org) Dass er vier Jahre später in der Autobiografie wieder bei Hank Williams ist, spricht stark dafür, dass er hier um erzählerische und weniger historisch-faktische Wahrheit geht.

24 Prominent dafür ist der Name eines jährlichen Blues-Festivals in Helena/Arkansas – das „King Biscuit Festival" geht auf die von einer anderen Mehlmarke gesponsorte „King Biscuit Flour Hour" zurück.

25 Johnny Cash. The Biografie, S. 114 ff.

26 „It is ironic that Williams, whose style was so firmly grounded in rural tradition, did as much as any one individual to broaden the music's base of acceptance, thereby contributing to the dilution of its rural nature." („Country Music USA", S. 287).

27 „Williams style and repertory were curious blends of country gospel and honky-tonk, a mixture rare in Hank's own day and almost unkown now." („Country Music USA", S. 282) „Die Art, wie er und seine Drifting Cowboys spielten, kopierte nicht mehr das Fußstampfen in billigen Honky-Tonk-Schuppen, sondern hatte einen eleganten Swing." („The Beast in Me", S. 91).

28 „The love-hate songs pour out of him." June Carter Cash „From the Heart". Prentice: New York, 1987. S. 122.

29 Johnny Cash. Die Biografie, S. 758.

30 Zugunsten der besseren Lesbarkeit alle Songcredits für diesen kurzen Abschnitt hier in der Abfolge ihrer Erwähnung: Jane Morgan: „A Girl Named Johnny Cash" (M. Mull). Rodney Crowell „I Walk the Line (Revisited) (R. Crowell/J. Cash). Tracy Byrd/Jason Aldean „Johnny Cash" (Rich/Clawson/McGehee). Marteria „Cadillac" (Conen/Berger/Lacini/Schlippenbach). Haiyti: „Barrio" (Gelin/Auth/Zschoche). Yelawolf: „Johnny Cash" (Honer/Manuel/Gosling/Reeves/Atha). Kid Rock: „American Badass" (Hetfield/Ulrich/Ritchie). „Johnny Cash" (R. Ritchie). Katy Perry: „The One That Got Away" (Perry/Gottwald/Martin). Pink: „(Hey Why) Miss You Sometime" (Martin/Monroe/Schuster). Rascal Flatts: „Hoping You Were Looking" (Barlowe/Frasure/Mooney/Smyers). Rainey Qualley: „Me and Johnny Cash" (Qualley/Ramey/East). Lenny Kravitz: „Johnny Cash" (L. Kravitz). Okher: „Como Johnny Cash" (O. Sanjurjo).

KAPITEL 5: JESUS

1 Das Interview mit Harry Reasoner aus dem Format „60 Minutes" gibt es in vielen Varianten auf YouTube.
2 Ring of Fire, S. 47.
3 Jefferson Bethke: „Warum ich Religion hasse. Und Jesus liebe." Gerth Medien: Asslar, 2015.
4 „Insofern gehört Jüngerschaft in Form der Befähigung von Gläubigen, über Jesus zu reden, zum Zentrum einer evangelistischen Haltung." („Menschen mit Mission", S. 83).

KAPITEL 6: LIEBE

1 „Die Geschichte von June und Johnny ist das Märchen der Country-musik." („The Beast in Me", S. 129).
2 Cash, S. 280.
3 The Beast in me, S. 130.
4 Cash, S. 189.
5 Cash, S. 142.
6 Cash, S. 190.
7 Der radikale Unterschied zieht sich durch die sehr lesenswerten Erinnerungen von: Marshall Grant: „I Was There When It Happened. My Life With Johnny Cash." Cumberland: Nashville, 2006.
8 The Man Called Cash, S. 112.
9 Cash, S. 162.
10 Country Music USA, S. 76. Er schreibt den Ausdruck Nolan Porterfield, u.a. Biograf von Jimmie Rodgers, zu.
11 Vgl. Country Music USA, S. 78.
12 Vgl. Country Music USA, S. 78.
13 Cash, S. 170.
14 Der Carter Lick und sein Einfluss ausführlicher beschrieben in Country Music USA, S. 79.
15 Mein Vater Johnny Cash, S. 62.
16 Die Beispiele aus Anchored in Love, S. 40.
17 Man in Black, S. 17.
18 Mein Vater Johnny Cash, S. 62 f.
19 Vgl. From the Heart, S. 122.
20 Tom Petty in Cash Unearthed, S. 24.
21 John Carter Cash 2007 zeichnet in „Anchored in Love", vor allem im Kapitel „Sunday Morning Coming Down" und „The Fall of Camelot" ein wohl sachliches und detailliertes Bild. Die Arzneitasche der Carter Family wird auch erwähnt u.a. in „Johnny Cash. Die Biografie", S. 569.

22 Vivan Cash: „I Walked the Line. My Life With Johnny Cash." Simon & Schuster: London, 2008. S. 316. Über die Gespräche zum Buch mit Johnny Cash, das er befürwortet, S. 6 f.

23 I Walked the Line, S. 312.

24 June Carter Cash, Liner Notes zum Album „Love".

25 Mein Vater Johnny Cash, S. 75.

26 Anchored in Love, S. 189.

27 Cash, S. 279.

28 Man in Black, S. 140.

29 Cash, S. 209 f.

30 Cash, S. 157 ff.

31 I Was There When It Happened, S. 182, dort auch mehr über diese Phase. Über den Verzicht auf die Jagd: Interview 1973 in: „Ring of Fire", S. 133.

32 Ring of Fire, S. 133.

33 Mein Vater Johnny Cash, S. 74. Dort auch zur Abwesenheit körperlicher Gewalt, wie auch in „Anchored in Love", S. 70 ff.

34 Der Song „The Beast in Me" (N. Lowe) erscheint auf dem ersten American Recordings-Album, Franz Dobler wählt ihn als Untertitel für sein Buch.

35 Anchored in Love, S. 58.

KAPITEL 7: IM GEFÄNGNIS

1   Peter la Farge in: Ring of Fire, S. 57.

2   The Man Called Cash, S. 114.

3   Johnny Cash. Die Biografie, S. 15.

4   Z.B. Vivian Cash in I Walked the Line, S. 301, und in The Man Called Cash, S. 36.

5   Die Philosophie bei Johnny Cash, S. 263 f.

6   The Last Interview, S. 86. Im Interview nimmt Johnny Cash Formulierungen von Patrick Carr auf.

7   Differenziert beschrieben im sehr lesenswerten „Country Musik USA", Kapitel 5: „The Cowboy Image and the Growth of Western Music".

8   Cash, S. 237.

9   Ring of Fire, S. 121.

10 „So trägt die Idee der bleibenden Gottebenbildlichkeit wesenshaft zur Menschenwürde bei: Gleich auf welcher Stufe von Kultur, Religion, Sittlichkeit oder Zivilisation stehend, ist und bleibt jeder Mensch ‚Bild Gottes', mag dieses Bild auch durch die Sünde verunstaltet sein." (Arnold Angenendt: „Toleranz und Gewalt. Das Christentum zwischen Bibel und Schwert". Aschendorff: Münster, 2009. S. 114). Diese groß

angelegte wissenschaftliche Auseinandersetzung mit populären Vorurteilen über das Christentum hat in deutlich kürzerer, populärer Form vorgestellt: Manfred Lütz: „Der Skandal der Skandale. Die geheime Geschichte des Christentums." Herder: Freiburg, 2018.

11 Billy Graham: „Friede mit Gott." SCM: Holzgerlingen, 2018. S. 180.
12 The Beast in Me, S. 193.
13 Abmoderation „Dark As a Dungeon".
14 In der Abmoderation von „Long Black Veil" fordert er ein Glas Wasser, erinnert sich dabei an das letzte Glas Wasser, das er hier bekam: Es schmeckte, als wäre es aus Luther Perkins Stiefel geflossen.
15 Es wird nicht einfach das Konzert 1:1 veröffentlicht, es wird in der Produktion geschnitten und gestaltet. Über die Jahre ist das eine relativ komplizierte Veröffentlichungsgeschichte. Es gab zwei aufeinanderfolgende Konzerte, das erste war entschieden stärker, die ursprüngliche Platte besteht im Wesentlichen aus Songs des ersten Konzertes.
16 Es gibt dazu eine Beschreibung von Marschall Grant in: Michael Streissguth: „Johnny Cash at Folsom Prison. Die Geschichte eines Meisterwerks." Rogner & Bernhard: Berlin, 2012. S. 112.
17 Mein Vater Johnny Cash, S. 41.
18 Liner Notes zur Vinylveröffentlichung 2015 von „At Folsom Prison".
19 Johnny Cash at Folsom Prison, S. 20.
20 The Man Called Cash, S. 91. Er schreibt den Ausdruck hier Saul Holiff zu, der ihn für breiteres Publikum aufbauen wollte.
21 S. The Beast in Me, S. 219 f.
22 Rolling Stone: Cash, S. 80 f.
23 Als einziger Song aus dem zweiten schwächeren Nachmittagskonzert für die Platte übernommen.
24 Man in Black, S. 153, Cash zitiert eine Ansprache in einem Gefängnis in Nevada.
25 Penthouse Interview 1975 in: Ring of Fire, S. 157.
26 Bono in: Liner Notes „God".
27 Man in Black, S. 153.
28 Interview 1973 in: Ring of Fire, S. 138.
29 Ausführlich und gut dargestellt in: „Johnny Cash, die Gefängnisreform und die Todesstrafe." Von David Kyle Johnyon und Lance Schmitz. In: Die Philosophie bei Johnny Cash, S. 207 ff.
30 Johnny Cash at Folsom Prison, S. 188.
31 Johnny Cash at Folsom Prison, S. 190–194.
32 Johnny Cash at Folsom Prison, S. 188 f.
33 I Was There When It Happened, S. 189.
34 I Was There When It Happened, S. 102 und S. 188.
35 I Was There When It Happened, S. 214.
36 Mein Vater Johnny Cash, S. 19.

1 Facebook-Post Rosanne Cash, 16. August, 1.58 pm. 2017. Auch zitiert in Trains, Jesus, and Murder, S. 126.

2 Die Evangelikalen, Jürgen Mette, S. 209.

3 Cash, S. 243.

4 In einem Interview mit Barney Hoskins 1996 erzählt er, dass Gäste in seiner TV-Show sich freuten, jemand mit langen Haaren im TV zu sehen, obwohl seine Haare nicht wirklich lang waren. „Johnny Cash on the Gospel." „Blank on Blank"/PBS Digital Studios/YouTube.

5 Auf: Bob Dylan: Travelin' Thru. Bootleg Series 15. Columbia Legacy.

6 Vgl. Ring of Fire, S. 159.

7 In der Doku „Bob Dylan: Odds and Ends", Sony, 2021.

8 Im Interview mit Dorothy Gallagher 1971 empfiehlt er den Kids zwar, kein Marihuana zu rauchen, solange es illegal ist, aber er stimmt mit ihnen überein, dass das Gesetz ungerecht ist, und es wäre ja bald an ihnen, das zu ändern. (Ring of Fire, S. 121) Und im Penthouse-Interview 1975 hält er das für die Marihuana-Bekämpfung aufgewendete Geld für schlecht angelegt und bekennt, er hätte in seiner heftigen Drogenphase viel Gras geraucht: „But when I smoked it, I was usually on amphetamines, so I really can't say whether marijuana did me any good or any harm." (Penthouse-Interview 1975, in: Ring of Fire, S. 149)

9 Über die verschiedenen „Man in Black"-Aspekte erzählt er u.a. in Man in Black, S. 73 und 201 f. und Cash, S. 83 ff.

10 Johnny Cash at Folsom Prison, S. 167 ff.

11 „I thought that was awful clever of me at the time – and now I wonder where I ever got that stupid line." (Penthouse-Interview 1975, in: Ring of Fire, S. 153) „(...) Anyway, please forgive me for saying I'm a dove with claws." (Ring of Fire, S. 153 f.)

12 Chris Willmann: „Rednecks & Bluenecks. The Politics of Country Music." The New Press: New York, 2005, schreibt: „Whether we belong over there or not/Somebody here loves 'em and need'em": It firmly established country's pro-troops-even-if-we're-wrong mantra once and for all." (S. 156) In seinem sehr lesenswerten Buch verfolgt Willmann, wie gerade für Deutsche irritierend die Unterstützung für die Truppen auch im Lauf der Zeit auch in der Countrymusik eben nicht in einem einfachen „Links-rechts"-Schema aufgeht, wie überhaupt die Angelegenheit durch die starke, sehr konservative Tradition der „Southern Democrats" ambivalenter und komplizierter ist.

13 Cash, S. 255. Hinzu kommt wohl, dass er im Weißen Haus ungern mit stark mit anderen Künstlern verbundenen Songs auftreten wollte.

14 Zit. nach Menschen mit Mission, S. 78. In seiner Autobiografie beschreibt er, wie er Johnny Cash bat, im Weißen Haus für Richard Nixon

zu spielen, und schreibt auch: „It was naive of me, I suppose, to think that such a close relationship with a president would never be used to serve his political ends." (Billy Graham: „Just As I Am. The Autobiography of Billy Graham." HarperCollins: New York: 1997. S. 767)

15 „(...) but all I said was that I didn't feel that an entertainer had any business going to political conventions. I still feel that way. It had nothing to do with the Republicans or Democrats, or the President." (Interview 1973, in: Ring of Fire, S. 137).

16 Penthouse-Interview 1975, in: Ring of Fire, S. 157.

17 Die berühmte Formulierung aus der „Geburt der Tragödie" lautet: „Denn nur als ästhetisches Phänomen ist das Dasein und die Welt ewig gerechtfertigt."

18 Ring of Fire, S. 85 f.

19 „Um Mahatma Gandhi (1869 – 1948) zu zitieren: Eine Nation kann danach beurteilt werden, wie sie ihre Schlechtesten behandelt, also etwa ihre Gefangenen." (Die Philosophie bei Johnny Cash, S. 252 f.) Johnny Huss benutzt dieses schöne Zitat im Aufsatz „Johnny Cash und die Gerechtigkeit", auf der Suche nach dem Originalzitat aber verschwindet auch dieser Satz im Quellennebel geflügelter Worte, es war wohl eher nicht Gandhi.

20 „His pacifism and inclusive patriotism were two of his most defining characteristics". Facebook-Post Rosanne Cash, 16. August, 1.58 pm. 2017. Auch zitiert in Trains, Jesus, and Murder, S. 126.

21 Im Penthouse-Interview 1975 (Ring of Fire, S. 155): „I may be dead wrong, of course, but I think Watergate is gonna make us a better democracy: the people are going to rule. That's really what I say in ‚the Ragged Old Flag.' (...) Well, the flag is symbolic of the spirit of the people and of the way of life we've cut out for ourselves."

22 Wiedergegeben nach Rolling Stone, S. 43. Video auf: The Highwaymen Live. American Outlaws. Disc 4: Concert Film. Sony, 2016.

23 Vgl. Ring of Fire, S. 59.

24 Rolling Stone: Cash, S. 142.

KAPITEL 9: DER TEUFEL

1 Unterkapitelüberschriften gibt es nur in der deutschen Ausgabe.

2 Cash, S. 245 f.

3 So zitiert Johnny Cash den Produzenten in „Man in Black", S. 198.

4 Es kursieren da mehrere leicht unterschiedliche Varianten, eine auf Deutsch bei „Johnny Cash. Die Biografie, S. 496. Nachdem ich das Testimonial dann doch im Netz fand (auf YouTube unter „Johnny Cash sings I Saw a man!"), übersetze ich nach dem gesprochenen Wort.

5   Aus dem Interview 1993 der Academy of Achievement www.achieve-ment.org. Ich korrigiere hier den Text zugunsten des gesprochenen Wortes bei: „His desire is" statt „It desire". Er sagt eher „God loved us" und nicht „God loves us", aber das ist nicht eindeutig.

6   Der letzte Satz „I'd like to get in one more good lick for Number One" ist nicht wirklich auf Deutsch zu übersetzen.

7   „The Devil Went to Georgia" (Crain/Daniels/Marshall/Gregorio/Ed-wards/Hayward).

8   „Certainly not be holier than thou" heißt es im Original, das ist mit „als Pharisäer aufspielen" nur sehr ungefähr wiedergegeben.

9   „Some call it a constitutional weakness; the Bible calls it sin. The Bible describes sin as the free act of an intelligent, moral, responsible being asserting himself against the will of the maker." „Hear My Heart", 2014, S. 12. Vergleichbar in „Friede mit Gott", S. 41 ff. Im deutschen Kontext beschäftigt sich Thorsten Dietz 2016 intensiv mit der Sünde: Thorsten Dietz: „Sünde. Was Menschen heute von Gott trennt." SCM: Holzger-lingen, 2016. Zu Sünde als Misstrauen und Trennung von Gott S. 34.

10 Hear My Heart, S. 28.

11 The Man Called Cash, S. 17, er schrieb das in ein „Parents journal" einer Tochter.

12 Johnny Cash-Interview in 60 Minuten auf YouTube. Er bezieht sich hier auf den Roy Orbison-Song „Best Friend" (Orbison/Dees), den er auf dem Album „Any Old Wind" covert und in dem es heißt, ein Diamant ist ein Diamant, ein Stein ein Stein, der Mensch aber ist „part good and part bad".

13 Marty Stuart in „Trains, Jesus, and Murder", S.113.

14 „Evangelikale glauben von sich selbst, das Thema Sünde ernster zu neh-men als die gegenwärtigen Volkskirchen. Faktisch jedoch sind sie in der Regel im Blick auf den wiedergeborenen, gehorsamen Gläubigen sehr viel optimistischer als die Reformatoren. Vielfach sind sie überzeugt davon, im gläubigen Gehorsam mit der Sünde brechen zu können, dass sie gerecht handeln können. Die Reformatoren waren hingegen davon überzeugt, dass es eine durchgängige Gebrochenheit auch des gläubigen Menschen gibt. Luther brachte das auf die Formel simul iustus et peccator. Der Gläu-bige ist gerecht – in Jesus Christus. Natürlich kann er gerecht handeln und in Liebe leben, aber die Reformation ging von der stets bleibenden Zwei-deutigkeit aller Menschen aus." (Menschen mit Mission, S. 393)

15 „Never laugh at the devil/Cause he ain't to be outsmarted/Bout the time you think you whipped him/You will find out that he's just started." In: Johnny Cash: Forever Words. Canongate: Edinburgh, 2016. S. 109.

16 Martin Luther: „Kleiner und großer Katechismus." Jazzybee: Alten-münster. S. 88 f. (Großer Katechismus, „Die sechste Bitte.")

17 Rosanne Cash: „My Dad Johnny Cash." In: Rolling Stone: Cash, S. 14.

18 Man in Black, S. 179.
19 www. Luther2017.de (zuletzt aufgerufen am 14.06.2023): „Des Reformators befreites Lachen".
20 Cash, S. 250.
21 U.a. The Man Called Cash, S. 157 f.
22 „There's so many people that would like to rip of the factory." (Ring of Fire, S. 178) Über Identität in dem Song philosophiert Randall M. Jensen im Aufsatz „Auferstehung: Eins nach dem Anderen" in: „Die Philosophie bei Johnny Cash", S. 271 ff. Ich finde den Ertrag der Aufsätze in „Die Philosophie bei Johnny Cash" sehr unterschiedlich, es wird schwächer, umso mehr Johnny Cash nur der Anlass ist, philosophische Theorien zu entfalten. Und natürlich finde ich, dass Christliches bei Johnny Cash weiterbringt als das Dao.
23 Cash, S. 235.

KAPITEL 10: IM HEILIGEN LAND

1 Nach The Man Called Cash, S. 146.
2 Ich folge hier dem Artikel von Tony Carnes, „ An unlikely friendship" in: „Hear My Heart" 237 ff.
3 House of Cash, S. 52.
4 Man in Black, das Kapitel „Just As I Am" S. 36 ff.
5 Penthouse-Interview 1975 in: Ring of Fire, S. 152.
6 „He had more love for the sinner than He did for the hypocrite". Johnny Cash in: Charles Paul Conn (1973): „The New Johnny Cash". Fleming H. Revell: Old Tappan, 1973. S. 71.
7 Gospel Road, etwa Minute 15.
8 Ich hatte vor Kurzem das Glück, in einem Leipziger Plattenladen in einem sehr hippen Ambiente die Originalplatte von 1969 zu finden, noch mit der dünnen Plastikfolie und den Stickern darauf, neben dem Sticker für die Single auch das Preisschild von K-Mart, sie kostete 4.27 Dollar und verkaufte sich für ein Gospelalbum gar nicht so schlecht.
9 Interview 1973 in: Ring of Fire, S. 128.
10 Interview 1993. www.achievement.org
11 Cash S. 273. Der Einschub entspricht der betont gelassenen Atmosphäre 1997 in „Cash". In „Man in White" heißt es 1986 noch: „Please understand that I believe the Bible, the whole Bible, to be the infallible, indisputable Word of God. I have been careful not to take no liberties with the timeless Word." („Man in White", Vorwort, S. XXVII)
12 Cash, S. 227 f.
13 Luther, Assertio 81, zit. nach Jörg Lauster: Die Verzauberung der Welt. Eine Kulturgeschichte des Christentums. Beck: München, 2016, S. 301.

14 Gospel Road, etwa Minute 14.

15 Johnny Cash at Folsom Prison, S. 48. Streissguth zitiert dort eine ent-
sprechende Einschätzung aus dem Nachruf der „Christian Century.“

16 Bei Franz Dobler kommt es nicht vor, Robert Hilburn erwähnt kurz die
Produktionsbedingungen. Bei Steve Turner und Richard Beck spielt es
eine geringe Rolle, und Greg Laurie liefert einen Verriss: „I remember
seeing it as a young man, and, though impressed with certain elements
of it (mostly Johnny's singing), to me the acting seemed non-existent
and failed to connect on many levels. It was far too ambitious a project
to undertake with so little preparation.“ („The Redemption of an American Icon“, S. 203) Laurie zitiert dann auch die Times, die sich darüber
lustig macht, dass Gott von Johnny Cash gesprochen einen Südstaaten-
akzent hat. Das würde Johnny Cash nicht als Fehler führen.

17 Ich folge hier den Angaben von Johnny Cash selbst, „Ring of Fire“, S. 130.

18 Ring of Fire, S 128.

19 Johnny Cash. Die Biografie, S. 511.

20 Jesus Christ Superstar erscheint 1970 als Album, hat im Oktober 1971
als Musical Premiere, wird 1972 gedreht, 1973 veröffentlicht.

21 Dazu Ring of Fire, S. 128 f.

22 Dokumentation: „The Gospel Music of Johnny Cash. A story of Faith and
Redemption. Hosted by Dan Rather.“ 2007. A Spring House Production.
(DVD) Im unmittelbaren Umfeld äußert auch Marshall Grant die Über-
zeugung, in „Gospel Road“ wäre der ganze Johnny Cash zu finden.

23 Ring of Fire, S. 131.

24 I Was There When It Happened, S. 196 f.

25 „Since then, it has been one of the best evangelistic film tools that BGEA
has had, with hundreds of prints in circulation. Missionaries are using it
in video vans in Africa, India and elsewhere.“ („Just as I Am“, S. 740 f.)

26 S. Turner, S. 151 f. Zu Billy Graham: Graham 2014, S. 248 und 252 ff.

KAPITEL 11: IN DER HERDE

1 Johnny Cash. Die Biografie, S. 572 ff.

2 Ich finde das nur im Nazareth-Narrative auf „The Holy Land“ als Erzählung von seiner Mutter und mit Bezug auf Reisen nach Israel. (Vgl. „The
New Johnny Cash“, S. 81)

3 Interview in „On the records“, 1997, auf YouTube.

4 So verstehe ich zumindest die Anordnung auf „The Soul of Truth“

5 Nach The Man Called Cash, S. 164.

6 Johnny Cash in einem Brief an Prediger Floyd Gresset: „My ‚name‘
doesn't have any bearing. My heart is a pauper like all men. Only I as a
‚soldier‘ will be judged.“ (Nach „The Man Called Cash“, S. 95)

7   Nach The Man Called Cash, S. 144.

8   In „Friede mit Gott" ist das die vierte der christlichen Lebensregeln: *Besuche regelmäßig den Gottesdienst.* John Wesley sagte einmal: ‚Die Bibel weiß nichts von einer einsamen Religion.' Das Christentum ist eine Religion der Gemeinsamkeit." (S. 153)

9   Hear My Heart, S. 96 ff., „Extending the invitation" und „The Inquiry Room".

10 Hear My Heart, S. 25.

11 In einem Interview mit Larry King, nach John Carter Cash, S. 142. Ähnlich auch in „The Last Interview", S. 72: „As a good daddy and husband."

12 The Man Called Cash, S. 164. Er zitiert aus einem „Country Music People"-Interview.

13 Wenn man nach der Veröffentlichung „Personal File" gehen darf, schrieb er ihn 1973, veröffentlicht ihn auf dem Album „Ragged Old Flag", performt ihn auf Crusades, er ist vorgesehen für das 1975er-Album und wird auf „A believer sings the truth" veröffentlicht, jeweils in anderen Versionen. Ich zitiere nach der Fassung auf „Ragged Old Flag" 1974.

14 Die „children of the night" finde ich indirekt in 1. Thessalonicher 5,5: „Denn ihr seid alle Kinder des Lichtes und Kinder des Tages. Wir sind nicht von der Nacht noch von der Finsternis." Ähnlich in Epheser 5,9. „Proper seed" kann sich auf Jesus als Sämann in Markus 4 beziehen, aber es gibt da mehrere Möglichkeiten. Zu den „lowly hearts" im Text.

15 Robert Leicht: „Die Bergpredigt. Zusage oder Gebote?". In: Wolfgang Wieland (Hg.): „Jetzt verstehe ich die Bergpredigt." KBW: Stuttgart, 2009. „Die ‚Erfüllbarkeitsdiskussion' verfehlt den Kern." (S. 9) „Die vielen Versuche über die Jahrhunderte weg, die Imperative und Lebensmodelle der Bergpredigt zu domestizieren, verdienen als Ansätze, diesen Text in der Lebenspraxis ernst zu nehmen, großen Respekt – und gründliches Studium. Ich finde aber nicht, dass es gegen die Bergpredigt spricht, wenn alle diese Bestrebungen nicht aufgehen, weil für mich der existenzielle Kern der Bergpredigt jenseits unseres Interesses an ihrer ethischen Praxis liegt – nämlich im Vorschein des endgültigen richtigen Lebens hinter der Folie unseres vorläufigen, im besten Fall bemühten Lebens." (S. 12)

16 In „Johnny Cash: Personal file". Columbia Legacy.

17 John Stott: „The Message of the Sermon on the Mount: A Christian Counterculture". IVpress: Downers Grove, 1978.

18 „The Soul of Truth" (LP-Version), Einleitung zu Seite 3, Track 2.

19 Die Evangelikalen, S. 141.

20 Gospel Road, etwa Minute 29.

21 Gospel Road, etwa Minute 33.

22 In diese Richtung schreibt John Stott in „The Message of the Sermon

on the Mount", S. 149 ff. Näher an Johnny Cashs radikalerer Auslegung finde ich Helga Kaiser: „Sie haben da etwas im Auge ..." in: „Jetzt verstehe ich die Bergpredigt", S. 86 ff.

23 House of Cash: „Dad was not a judgmental type of Christian." (S. 42) „Just as Dad was nonjudgmental, so was Billy." (S. 44) Die deutsche Ausgabe „Mein Vater Johnny Cash" blendet den schwierig zu übersetzenden Begriff aus bzw. übersetzt einmal mit „vorurteilsfrei", aber das ist etwas anderes.

24 Interview 1979, in: Ring of Fire, S. 195 f.

25 Vgl. Ring of Fire, S. 203.

26 Vgl. Johnny Cash. Die Biografie, S. 575 ff.

27 Vgl. The Man Called Cash, S. 170.

28 Vgl. Johnny Cash. Die Biografie, S. 581.

29 Liner Notes „Unchained".

KAPITEL 12: JESUS ALS COWBOY

1 Cash, S. 213 ff.

2 Cash, S. 220 ff.

3 Cash, S. 215: „Ich war also wieder voll im Rennen, aufgekratzt, eingelullt, beschleunigt, abgebremst, total abhängig, ich amüsierte mich prächtig und durchlebte die Hölle."

4 Cash, S. 222.

5 Karen Robin nach The Man Called Cash, S. 175.

6 Cash, S. 302.

7 „His heart was so expansive and his mind so finely tuned that he could contain both darkness and light, love and trouble, fear and faith, wholeness and shatteredness, old-school and postmodern, the sacred and the silly, God and the Void." (Rolling Stone: Cash, S. 13).

8 The Man Called Cash, S. 186.

9 The Man Called Cash, S. 183.

10 John Carter in den Liner Notes zum Album „Out Among the Stars"/ Columbia.

11 Ring of Fire, S. 147.

12 Johnny Cash Concert 1988 in Westberlin, Backstage Interview. Auf You-Tube.

13 Dazu gibt es eine bewegende Schilderung. Der Journalist Dan McCullough, dezidiert vorher kein Cash- oder Country-Fan, beschreibt in dem Artikel „Johnny Cash's Best Performances Was Off Stage" 1989 ein Backstagetreffen von Johnny Cash mit zwei geistig beeinträchtigen Freunden des Journalisten. Noch mehr als die halbe Stunde beeindruckt ihn, dass Johnny Cash ihnen so viel Aufmerksamkeit widmet, als

wären sie Plattenbosse, und der Ton einer Plauderei unter drei Nachbarjungs waltet. („Ring of Fire", S. 211 ff.)

14 Anchored in Love, S. 2 ff.

15 Im Original von Guy Clark hat das noch mehr von der distanzierten Geschichte eines Jüngeren über einen älteren seltsamen Gesellen.

16 Rolling Stone: Cash, S. 142.

17 June Carter Cash in den Liner Notes von „The Mystery Of Life".

18 Hier ist ein Dank fällig an den ZDF-Moderator Gregor Steinbrenner. Ich hatte Johnny Cash lange aus den Augen verloren, bis der noch recht jugendliche Gregor in Pausen am TV-Set irgendwann 1994 stetig „Beans for Breakfast" sang und ich über ihn mitbekam, dass Johnny Cash wieder angesagt war.

19 Alanna Nash, Rezension „The Mystery Of Life", in: „Ring of Fire", S. 210.

20 Johnny Cash. Die Biografie, S. 551.

21 „Lift up" – das wird im Carter-Cash-Umkreis vor allem June Carter zugeschrieben, „We got to lift him up" gilt als ein für sie sehr typischer Satz.

22 Mein Vater Johnny Cash, S. 27.

23 Nach The Man Called Cash, S. 191.

24 Rolling Stone: Cash, S. 208.

25 Rolling Stone: Cash, S. 139.

26 So in schönster Musikmagazin-Poesie die Zeitschrift Rolling Stone 1992: „the tall weathered Man in Black". In: Rolling Stone: Cash, S. 136.

27 Ich folge hier allgemein „Johnny Cash. Die Biografie", dazu S. 650 f.

28 „The Devil Comes Back to Georgia" (Daniels, Spicher, Crain, O'Connor, Di Gregorio, Stuart, Edwards Hayward, Marschall, Kott, Storey).

29 Johnny Cash. Die Biografie, S. 656, dem ich auch in der gesamten Darstellung folge.

KAPITEL 13: SCHMERZ

1 Die knackige Formulierung finde ich in „Cash Unearthed".

2 Cash, S. 305.

3 Cash, S. 310.

4 Chris Dickinson in: Ring of Fire, S. 252.

5 Ring of Fire, S. 218.

6 The Man Called Cash, S. 197.

7 Ich folge Franz Dobler, der sich auf die „No Depression"-Ausgabe 42 im Nov./Dez. 2002 bezieht. „The Beast in Me", S. 314.

8 „He gave Dad this wonderful focus, inspiration and passion." John Carter Cash nach „The Man Called Cash", S. 196.

9 Mein Vater Johnny Cash, S. 22.

10 The Man Called Cash, S. 196.

11 „Delia's gone" is the devil's deed of daring" said Cash. „We were talking about ‚Folsom Prison Blues' and ‚I shot am man in Reno just to watch him die' – and I said, I want another song like that. So Rick and I started listening and we found ‚Delia's gone'. We realized I had recorded it in the '60s, but not the way I've recorded it on American, and that I should work it up and do it over." Aus einem Interview mit dem Mojo-Magazin, zitiert nach: www.countrythangdaily.com (zuletzt aufgerufen am 14.06.2023).

12 „Delia's gone" wäre wohl eine Seminararbeit wert. Ausgangspunkt ist der Mord an der 14-jährigen Delia Green durch ihren Freund Mose Houston am Heiligabend 1900. Es folgen unzählige Songs in zwei Traditionslinien, einmal aus der Sicht des Mörders, einmal aus der Sicht eines Delia Nahestehenden. Der ist die Dylan-Version verpflichtet, die er, wieder so eine Spiegelung, 1993 auf seinem Soloakustikalbum „Bob Dylan: World Gone Wrong"/Columbia veröffentlicht. Bei Johnny Cashs Version von „The Sound of Johnny Cash" (1962) sind die zwei Schüsse bereits Teil der Tradition, der Zusatz „hard to see her suffer" scheint mir, ohne jede Gewähr, der Textversion von Johnny Cash zu entstammen. Gegenüber 1962 verzichtet Johnny Cash auf alles, was dort noch etwas überdreht sprachkomisch ist, z.B.: „some give to you presents/clothes and cars and wine/I burned her clothes and I drove her car and I drank up all the wine". Diese Version singt er auch verkürzt in der Johnny Cash TV-Show.

13 Cash, S. 308.

14 Johnny Cash. Die Biografie, S. 687.

15 „Drive On' was a hit only in the closed circles of the Americana genre, but that very special episode of polarization in the United States known as the Vietnam era couldn't have a better belated epilogue". („Rednecks & Bluenecks", S. 156).

16 Ring of Fire, S. 252.

17 Mein Vater Johnny Cash, S. 133.

18 Johnny Cash. Die Biografie, S. 701. Ich stütze mich bei diesen Beschreibungen wesentlich auf Robert Hilburn, aber diese Informationen finden sich ähnlich auch bei Steve Turner, Greg Laurie und anderen.

19 Die Philosophie bei Johnny Cash, S. 298.

20 Mein Vater Johnny Cash, S. 22.

21 Ich folge hier John Stott, „Glaube und das Buch Hiob", in: John Stott: „Das Kreuz". SMD: Marburg, 2019. S. 422 ff.

22 Forever Words, S. 93.

23 John Carter Cash, Nachwort zu „Man in White", S. 193 f.

24 Vgl. Last Interview, S. 108.

25 Vgl. The Beast in Me, S. 317.

26 Rosanne Cash nach: Cash Unearthed, S. 32 f.

27 Jack Clement nach: Cash Unearthed, S. 33.

KAPITEL 14: DIE WIEDERKEHR JESU

1   Johnny Cash Liner Notes „The Man Comes Around": „The fifteen songs that follow in this album take fifteen different directions. I hope you enjoy each one of it."

2   In die Richtung geht das mit June Carter geschriebene und 1973 veröffentlichte „Matthew 24 (Is Knocking At The Door)" (John R. Cash/J. Carter) „Going by the Book" (CR. Lester) auf dem Album „The Mystery of Life" bedient noch am ehesten das Apokalypse-Genre mit etwas Krieg, bleichen Kriegern, weinenden Mütter und schallenden Trompeten. Das Video mit nur einem Set und Nachrichtenfootage wird auch keine Rieseninvestition von Mercury Records gewesen sein.

3   Vgl. Menschen mit Mission, S. 215.

4   „Man in Black", S. 15 f. Er erzählt das auch in einem Intro zu dem Song auf „Personal File".

5   So erzählt es Johnny Cash in „Man in Black", S. 62.

6   „That brings us to one of the most important points of confusion in the mission of the church today: are men really lost? The great weight of modern theological opinion is against the fact that anyone is ultimately lost. The various shades of universalism prevalent throughout the church have done more to blunt evangelism and take the heart of the missionary movement than anything else." (Billy Graham, Hear My Heart, S. 71) In Bezug auf Johnny Cash setzt sich Richard Beck mit dem inklusiven Jüngsten Gericht eher positiv auseinander, „Trains, Murder, and Jesus", S. 177 f.

7   Das versucht etwa Dr. Ludwig Neidhart in einem auf www.ludwig-neidhart.de (zuletzt aufgerufen am 14.06.2023) veröffentlichten Artikel mit einem knappen Punktsieg für die universalistische Position.

8   Cash Unearthed, S. 31.

9   Trains, Murder, and Jesus, S. 169 ff.

10   Mein Vater Johnny Cash, S. 108.

11   Vgl. S. 109.

12   Johnny Cash: Liner Notes zu „The Man Comes Around".

13   Das unterscheidet sie nach Luther von der nicht zu empfehlenden Heilssicherheit, der securitas.

KAPITEL 15: AM JORDAN

1   The Last Interview, S. 114.

2   Vgl. S. 73.

3   The Last Interview, S. 109.

4   „Popkultur und Pop-Psychologie dagegen schätzen eine Haltung von

,Keine Reue!' Warum? Wenn wir nichts bereuen, betrachten wir uns als stark. (Ist das Stärke oder will man damit einfach keinerlei Verletzlichkeit und Furcht vor Schmerz und Sorgen zulassen?)" Dan Haggerty in „Die Philosophe bei Johnny Cash", S. 243.

5   The Last Interview, S. 114.

6   Vgl. Anchored in Love, S. 144. Er erzählt, wie die Cabin zunächst für „Press On", das 1999 veröffentlichte Album seiner Mutter, ausgebaut wurde.

7   „Rubin rief während der Session an und machte dabei einen der wenigen Vorschläge, die Cash ohne zu zögern ablehnte: Frank Sinatras Hit ,My Way'. Cash war kein Sinatra-Fan und empfand diese persönliche Unabhängigkeitserklärung als unangenehm." („Johnny Cash. Die Biografie", S. 768).

8   Unter dem Titel sang es schon Hank Williams, auf dem seltenen Album „I believe" wird es 1984 als „I'll Have a New Life" veröffentlicht und ist auch auf „The Soul of Truth" enthalten.

9   www.youtube.com/watch?v=skACrYDPL1Q (zuletzt aufgerufen am 14.06. 2023)

10   Randall M. Jensen in: Die Philosophie bei Johnny Cash, S. 281.

11   S. Johnny Cash. Die Biografie, S. 775.

12   Mein Vater Johnny Cash, S. 147. John Carter Cash erzählt, dass er bei dieser Aufnahme seine Eltern das letzte Mal gemeinsam stark erlebt habe und alle fest überzeugt waren, dass sein Vater zuerst stirbt.

13   Mein Vater Johnny Cash, S. 140. Ich übersetze den zweiten Satz näher am Original, in dem es heißt „overwhelming excitement to see my mother's face again". („House of Cash", S. 119).

14   Er benennt diese fünf Lieder in einem Interview 1996, also ein Jahr vor dem Ende seines Tourens. „No matter where I go, they're my top five requested songs. So they're kind of universal." („Ring of Fire", S. 260)

15   Die Urheberfrage ist da allein schon bei Johnny-Cash-Veröffentlichungen uneinheitlich, auf „The Soul of Truth" wird „Trad., Arr. J. R. Cash" angegeben, in „Anchored in Love" wird der Text „Jefferson Hascall" zugeschrieben.

16   Cash, S. 40.

17   Mein Vater Johnny Cash, S. 31.

18   I Walked the Line, S. 6 f.

19   Cash Unearthed, S. 45.

20   Es gibt verschiedene Videos von dem Konzert auf YouTube, ganz oder ausschnittsweise; meist kommt „Final Performance" im Titel vor.

QUELLENVERZEICHNIS

LIEDTEXTE

The Man Comes Around
Words and Music by Johnny Cash – Copyright © 2002 Song Of Cash Music – All Rights Administered by BMG Rights Management (US) LLC – Rights Reserved Used by Permission of Hal Leonard Europe Limited

What On Earth Will You Do (For Heaven's Sake)
Words and Music by Johnny Cash – Copyright © 1973 Song Of Cash Music
Copyright Renewed – All Rights Administered by BMG Rights Management (US) LLC – Rights Reserved Used by Permission of Hal Leonard Europe Limited

The Greatest Cowboy Of Them All
Words and Music by Johnny Cash – Copyright © 1978 Song Of Cash Music – All Rights Administered by BMG Rights Management (US) LLC – Rights Reserved Used by Permission of Hal Leonard Europe Limited

BILDER

S. 7: Johnny Cash: American Recordings. American Recordings (Universal), 1994 / S. 9: picture alliance, ZUMAPRESS.com, Wade Godfrey / S. 24: Johnny Cash: American VI: Ain't No Grave. American Recordings (Universal), 2010 / S. 29: Elvis Presley, Carl Perkins, Jerry Lee Lewis, Johnny Cash: Million Dollar Quartet, RCA Records, 2006 / S. 34: Johnny Cash: The Man in Black. 1954–1958. Bear Family Records. / S. 38: Johnny Cash: Murder. Columbia Legacy, 2000. / S. 51: I Am Sad and Weary – Jimmie Rodgers Revisited. Bear Family Records, 2003. / S. 54: Hank Williams: Only Mother's Best. BMG (Warner), 2020. / S. 59: Johnny Cash: Hymns From the Heart. Columbia Records, 1962. / S. 68: picture alliance, ASSOCIATED PRESS / S. 70: The Carter Family – In the Shadow of Clinch Mountain. Bear Family Records, 2000. / S. 75: Carryin' On With Johnny Cash & June Carter. Columbia Records, 1967. / S. 82: Johnny Cash: Bitter Tears. Columbia Records, 1964. / S. 87: Johnny Cash At Folsom Prison. Columbia Records, 1968. / S. 105: Johnny Cash: Ragged Old Flag. Columbia Records, 1974. / S. 115: Johnny Cash: Look at Them Beans. Columbia Records, 1975.; Johnny Cash: Johnny 99. Columbia Records, 1983. / S. 119: Johnny Cash: The Holy Land. Columbia Records, 1969. / S. 123: picture alliance, Everett Collection, ©20thCentFox/Courtesy Everett Collection / S. 129: Johnny Cash: The Soul of Truth. Columbia Legacy, 2012. / S. 147: Johnny Cash: Out Among the Stars. Columbia Legacy, 2014. / S. 152: Johnny Cash: The Mystery of Life. Mercury (Universal), 1990. / S. 159: Johnny Cash: American II: Unchained. American Recordings (Universal), 1996. / S. 172: Johnny Cash: American IV: The Man Comes Around. American Recordings (Universal), 2002. / S. 192: Johnny Cash & June Carter: Duets. Columbia Legacy, 2006.

BIBELSTELLEN

Die Bibel nach Martin Luthers Übersetzung, revidiert 2017
© 2016 Deutsche Bibelgesellschaft, Stuttgart.
Hoffnung für alle®.
© 1983, 1996, 2002 by Biblica Inc.™.
Hrsg. von fontis – Brunnen Basel.